北京印刷学院"新闻与传播专业硕士授权点建设"专项资助项目,专项代码:21090114001;中国博士后科学基金第59批面上资助项目:新媒体背景下出版产业发展与规制革新互动研究(资助编号:2016M591095);国家出版基金资助项目:中国出版产业发展研究。

中国数字出版产业政策研究

A Research on the Industry Policy of Chinese Digital Publishing

侯欣洁 著

中国传媒大学出版社
·北京·

序:改革是出版发展的唯一路径

中国传媒大学副校长 蔡翔

国家新闻出版广电总局近期发布了最新的产业分析报告。从"十二五"期间的产业数据看,我国出版业呈现出良性发展态势,且不乏亮点和拓展空间,再次增强了我们的士气和信心。"十二五"期间,图书出版营业收入大幅增长且年年增长,2015年达到822.6亿元,5年增幅达261亿元,增长了46.4%。传统出版与新兴出版的融合发展势头强劲,作为新业态的数字出版五年增长了318.7%,且每年增速超过30%,已成为增长最快的板块。出版业整体资本实力显著增强,据世界银行发布的资料,我国出版业投融资能力已稳居世界第一位,在跨国兼并中,中国已经成为第一大主力阵营。从以上这些分析我们不难看出,在中国的文化产业建设中,出版产业堪称中流砥柱。出版产业做不好,文化产业成为支柱产业就有可能成为空话;只有出版做强做大,文化才能真正强大起来。

我们亲历并紧密关注出版业发展,是出于产业思考,更是出于文化情怀。出版作为内容产业和文化事业,是人类知识积累和文化传承的重要力量,寄托了一代又一代文化人的理想和情怀。出版传承文化的本质不会随着时代更迭和技术变革而发生变化,其本质与产业化运营并不相悖,产业是出版的载体,产业化运营是出版更好发挥社会功用的引擎,这已经被过去十几年我们出版业翻天覆地的变化所验证,也是身处其间的我们真切感受到的。

2002年,党的十六大正式提出发展文化产业,十七届六中全会决定把文化产业发展成国民经济支柱型产业。我们的出版管理部门敏锐地捕捉到改革对于推动文化产业成为支柱产业的重大意义。以柳斌杰署长为代表的一代改革派,在其后的十年间,和支持者、同行者们一起,坚定地拉开了改革的序幕,推动了中国出版市场化的进程,有力地提升了文化产业在我国国民经济体系中的影响力、活跃度和话语权。

如今回首,从时间进程上看,这十年的中国出版体制改革具有渐进性特点,并表现出明显的阶段性。2003年,国家开展文化体制改革试点工作,出版体制改革拉开帷幕。2005年,随着中央《关于深化文化体制改革的若干意见》出台,出版体制改革工作全面展开,并按照区别对待、分类指导、循序渐进、逐步推开的原则,在出版全行业不断深化。改革不仅有路线图,更有时间表,始终有条不紊,稳扎稳打,取得一系列突破性成果。例如,国有经营性出版单位相继有序实现转企改制;又如,出版行业突破障碍开展跨地区、跨部门、跨行业并购重组,经此催生的大型出版集团和企业开始尝试上市融资,运用资本的力量不断提升市场地位……2009年,新闻出版总署《关于进一步推进新闻出版体制改革的指导意见》出台,增强了改革的攻坚力度,使改革总体上保持着积极稳妥、有效有序的态势。行至2011年"十二五"开局之时,全国581家图书出版单位除四家公益性出版社和部队出版单位外,地方、高校和各部委出版社基本完成转企改制任务,正式成为市场主体,走出与市场接轨的关键一步。到2012年十八大召开之际,原定十八大前完成的改革目标基本如期完成。

2002年至2012年间的改革成果丰硕,为中国出版业开拓了全新的局面。首先,改制帮助出版企业确立了市场主体地位,经营活力得以激发,出版生产力得到释放,全行业发展动力强劲,产业规模不断扩大。统计表明，2012年新闻出版业总产出达1.6万亿元，而作为改革试点起始年的2003年这一数据仅为3 000亿元，改革十年，产值提高了5.33倍。其次，改制推动了出版业的市场化进程，市场逐步成为配置出版资源的主要手段，出版业跨区域、跨媒体的资源整合不断深化，战略性重组所培育的大型出版传媒集团产业地位突出，竞争力越来越强。2011年年底前，全国已组建出版集团33家，其中不乏江苏凤凰出版传媒集团这样的百亿级产业航母。再次，改制使中国出版业探索资本化运营的勇气和信心不断增强，驾驭资本力量的手法也越来越娴熟。这一过程中，资本无孔不入地渗透到出版业各个角落，提升着中国出版业的活力。无论是上市融资，还是战略重组，资本越来越成为中国出版业得心应手的武器。而最后，最能激发中国出版人激情的是，改制使中国出版业开始放眼世界，坚定地迈步"走出去"。国际化是中国出版业未来发展战略的重要一环，是提升中国文化软实力的重要方向，事实上，这也是改革后产业强大带来的必然结果。

2012年是出版体制改革的一个分水岭。虽然中央确定的十八大前的改革任务至2012年年底业已完成，但改革并没有就此停步。党的十八大报告就文化领域发展提出了"促进文化和科技融合，发展新型文化业态，提高文化产业规模化、集约化、专业化水平"的新要求，中国出版业要实现这种优化升级，必须进一步深化改革，解放出版生产力。2002年至2012年仅走完改革的第一阶段，为我们出版业奠定了良好的发展基础，最大程度扫清了"拦路石"，但束缚出版生产力的因素依然存在。改革进入"深水区"，需要出版人以更大的信念、勇气和魄力破解深层次矛盾与问题。其时，我们抱以最大热情的出版业伴随改革进程也出现了一些不尽如人意之处，引发不少争议甚至非议，需要我们正本清源、继续前行。

所有的矛盾、问题、争议、非议，归结起来在这几个方面。其一，产业发展初期重规模轻质量的做法给我们出版行业带来很多泡沫，如在我相对熟悉的学术出版领域，推出了不少平庸之作乃至垃圾作品，引发整个学术共同体的不安。必须解决发展是追求规模还是追求质量的矛盾,质量优先的发展方式才是可持续的。其二,出版产业的市场竞争力还不够强。由于体制机制等各方面的限制,目前很多出版企业产权改革仍不到位,还没有真正成为市场主体。其三,我们的法律制度环境还不够完善,统一开放、竞争有序、健康繁荣的大市场体系还没有完全建成,致使产业资源配置难以进一步优化,出版业资本运营遭遇瓶颈。而最后也是最重要的是,中国出版在当今世界出版格局中仍"大而不强",我们现在的作品还不能进入具有世界影响力作品的行列,还不能用触及人类文明根本的话题引发世界的共鸣。在看到出版业天翻地覆的变化时,冷静审视这些客观存在的问题,继续拓展前行之路,是我们出版人的使命和义务。我们都有一个共识:改革是发展的根本动力,只有坚持改革,才能有发展;改革难免遇到问题和挑战,也正是改革让各种矛盾和问题愈加凸显,问题的背后往往潜藏着深刻的制度根源,而改革遭遇的问题恰恰只能通过深化改革、继续发展来解决。

改革是一代出版人的事业,只有置身于改革历程中的人,才能体味它所带来的诸般况味,有荣耀有光环,也有误解和遗憾。达成通过改革谋发展共识的"我们",是这十几年出版改革的亲历者,包括新闻出版总署、各出版传媒集团以及出版研究机构有远见的领导们,他们曾是出版改革的推动者,同时,也是深入思索出版的过去、现在和未来的专家和学者。"我们"也有着中坚一代的成员,积极参与了出版改革的进程,并且正在后改革时代,主持和推动着出版产业的优化升级。"我们"还有出版学界培养的大量年富力强、充满创造力的年轻学人。

出版就是这样一个产、学、研息息相关的行业,理论积极指导着行业实践,行业变迁不断修正着我们的理论,形成了有机、良性互动的生态。作为柳斌杰先生的弟子,我很荣幸在先生指引下,主持了中国传媒大学出版社的转企改制,并创立了中国传媒大学编辑出版研究中心,比较全面地参与到2002年至今的出版改革进程中。前者的市场化进程开启于2002年,后者则创立于2004年,十数年来,两者从不同角度见证了中国出版业的凤凰涅槃,自身也因侧身其间得以不断成长和壮大。某种程度上讲,我们的编辑出版研究中心,地处首都、背靠传媒,有效整合了政府、学界和业界的优势资源,已经成为中国出版人才培养和决策参考的一块高地。我们的导师团队,汇聚了近三十位充满改革意识和创新思维的新闻出版界元老、出版传媒集团新锐领导以及出版管理机构、科研院所的专家学者,他们和中心的硕士、博士、博士后一起,形成了学界、业界有效联动的学术和产业共同体。这个共同体,一直以客观辩证的眼光,对中国出版改革进行着系统总结、剖析与反思。

这套出版产业发展研究丛书是中心的阶段性成果,被推荐列为2015年度国家出版基金项目。原中国出版集团总裁,现任韬奋基金会理事长聂震宁先生在推荐语中称:当下的中国出版业机遇和危机共存,要实现从出版大国到出版强国的转变,需要探索具有中国特色的当代出版产业发展路径。"中国出版产业发展研究"项目直面深化出版体制改革、出版产业政策调整、当代出版文化等重大前沿问题,多视角、全方位地为中国出版产业发展提供理论支持和智力支持,具有重要的学术价值与现实价值。原中国新闻出版研究院院长,现任中国编辑学会会长郝振省先生也对丛书给予了积极的评价,认为丛书内容系统、全面,涵盖了出版产业政策、产业转型、投融资、技术创新、国际传播、数字出版、媒介融合、文化自觉、大学出版等热点问题,是一套具有完整意义的出版产业观察丛书;同时,丛书并不止于产业研究,更从文化的角度诠释了中国出版业对人类、对中国、对世界的意义。作为主编,我很欣慰地看到丛书的正式推出,也很感谢两位前辈的支持和推荐。我们中心将陆续推出丛书的第二辑,第三辑……不断跟进、记录并反思中国出版改革以及优化升级的进程,并以更为客观的视角和理性的积淀为此进程源源不断地贡献力量。目前第一辑的作者大多还是中心的博士或博士后，他们都很年轻，普遍缺乏行业的历练，看问题的辩证性还有所欠缺。但他们的优点也很明显，没有桎梏、思维活跃、有跨学科背景、有国际化视野，是我们出版和文化产业研究的新鲜力量。丛书中《当前出版企业转型问题研究》《出版传媒上市公司投融资研究》《中国出版产业政策研究：社会转型与价值观建构》《中国数字出版产业政策研究》等都是对中国出版体制改革的客观观察，其中不乏尖锐的批评；《媒介融合趋势下的出版变迁与转型》《自出版管理问题研究》《中国数字出版内容国际传播研究》《中文人文社会科学学术期刊评价体系研究》等都能在相对开阔、与国际出版市场和评价体系对接的语境中谈论中国问题；《论出版的文化自觉》《大学精神与大学出版：民国时期"学人办刊"研究》则史论结合，从出版本质、出版价值这些更为根本的视角，以史为鉴，对中国出版产业发展的走向提出一己之见。

我很珍视丛书体现出的朝气和活力，我们的出版产业也正需要以这种朝气和活力不断推陈出新，打好深化出版体制改革、融合发展、内容创新的攻坚战；按照十三五的规划，建成文化保护传承体系、文化公共服务体系、文化产业发展体系等"六大"体系。在此过程中，值得关注和深入分析的问题还很多，包括公共服务体系如何建构、融合发展如何真正落实、学术出版机制如何调整、社会化出版现象如何看待、出版传媒法制建设如何推进、资本市场如何突破体制壁垒，等等，"中国出版产业发展研究"丛书后续将陆续推出同人的思考。我期待丛书真正成为一个开放性平台，聚合起更多同行者的力量，为出版行业、为文化产业的发展提供更多的理论和思想动力。我们的出版产业改革一直"在路上"，我们的研究和行业观察也会一直"在路上"。

目录 Contents

致　谢　/ 1

绪　论　/ 1
  第一节　选题的提出　/ 1
  第二节　国内外研究综述　/ 5
  第三节　研究内容和研究方法　/ 22

第1章　我国数字出版产业政策相关概念分析　/ 28
  第一节　数字出版概念界定　/ 28
  第二节　产业政策的概念及其分类　/ 39
  第三节　产业政策理论研究基础　/ 44

第2章　国内外经济环境发展变化与产业背景分析　/ 50
  第一节　国内外经济环境发展变化　/ 50
  第二节　我国数字出版产业发展推动力和产业生命周期　/ 53

第3章　中国数字出版产业政策框架分析　/ 66
  第一节　研究框架的选取　/ 66
  第二节　数字出版产业政策内容分析　/ 71
  第三节　地方性数字出版政策梯度联系
     ——以北京为例　/ 127

第4章　国际视野下数字出版产业政策比较分析　/ 136
  第一节　中外数字出版产业模式分析　/ 136

第二节　中外数字出版产业政策比较　/ 145

第5章　基于情景分析法的我国数字出版产业政策趋势探析　/ 156
　　第一节　情景分析方法和技术路线　/ 156
　　第二节　我国数字出版产业情景发展与模拟　/ 158

结　论　/ 169

附录：近三年重要政策文本　/ 173
1. 关于印发《2013年新闻出版改革发展工作要点》的通知
   （2013年）　/ 173
2. 国务院关于促进信息消费扩大内需的若干意见（2013年）　/ 177
3. 关于延续宣传文化增值税和营业税优惠政策的通知
   （2013年）　/ 186
4. 关于加强数字出版内容投送平台建设和管理的指导意见　新出政
   发［2013］11号　/ 189
5. 关于推动新闻出版业数字化转型升级的指导意见
   （2014年）　/ 193
6. 国务院关于推进文化创意和设计服务与相关产业融合发展的若干
   意见　国发［2014］10号　/ 198
7. 关于推动新闻出版业数字化转型升级的指导意见　新广出发
   ［2014］52号　/ 206
8. 网络出版服务管理规定　国家新闻出版广电总局中华人民共和国
   工业和信息化部令第5号　/ 211

参考文献　/ 223

致　谢

走过三年博士生活,蓦然回首,有太多滋味杂陈心间。有过欣喜、有过迷茫、有过感动、有过泪水,但最重要的是,在整个博士学习旅程中有良师益友和家人相伴,他们是那样地珍贵。

先生之风,是我成长的动力和源泉。思维是世界上最美丽的花朵,导师教给我的第一课那样地鲜活而又智慧。如何学习、做文章以及体会人生的道理,导师娓娓道来。好的文章选题就像一颗种子,要让它生根、发芽、长成大树。在选题敲定、大纲设计和论文写作修改过程中,柳斌杰老师给予了太多的启迪与帮助,让我受益匪浅。从研究方法的重要性、论述三重逻辑的对应,到政策宏观与微观的把握,老师提供了宝贵的建议和意见。感谢老师,铭记师恩!

在论文写作的过程中,我也经历了一个充满好奇却又迷茫辗转,直至最后豁然开朗,但仍觉遗憾尚有未填筑空白的心理体验。在这个痛并快乐的过程中,有很多帮助过我的老师和同学,他们的鼓励让我勇敢前行。编辑出版专业各位博导不吝赐教,在论文写作各环节提供了宝贵的建议。

蔡翔老师关心指导论文的各个环节,并搭建了我们与业界、学界大家交流的平台。通过聆听阎晓宏老师、聂震宁老师、郝振省老师、张养志老师以及其他多位老师的演讲和与各位老师面对面的交流,让我厘清了论文写作的思路。

感谢在访谈过程中,给予我帮助与指点的王灿发老师,李频老师,社科院娄伟老师,新闻出版研究院张立老师、汤雪梅老师、李游老师,《京华时报》云战略中心王思伟主任,中版集团数字传媒有限公司战略总监余红老师和《知识产权报》总编欧剑老师。同时,还要感谢所有师兄、师姐、师弟对我的热心关怀与真诚帮助;感谢同学们三年真挚的同窗情谊和论文写作中的相互鼓励。感谢陈锐同学的技术指导与帮助。

感谢我的父母和家人,是你们让我体味生活的滋味,给予我爱的港湾。父母厚重的爱让我坚强,那样善意的谎言让我成长;长辈们给我发送的心灵鸡汤,让我体会温暖;爱人静静的话语和踏实的臂膀,让我感受宁静和力量。感谢家人们的爱!

空谷传声,虚堂习听。尺璧非宝,寸阴是竞。博士论文写作是一件愉悦的事情,是研究领域文本与现实世界头脑风暴的呈现,更是学术训练的重要环节。知、行、愿,在学术训练中得以统一。通过理性的训练,情感涵养得以升华与凝练。博士阶段是最好的人生修炼的阶段,既是对生活意义的挖掘,又是对学术走向与灵感源泉的洞悉。希望能够在当下和未来继续体会生活的意义与价值,能够过俭朴的生活,能够过高尚的生活,更能过谦卑的生活。

绪 论

第一节 选题的提出

一、选题背景

（一）数字出版发展迅速,战略地位凸显

随着电子化技术手段的发展和数字化制式的出现,从存储介质到生成方式,再到网络化渠道和数字化流程,出版经历了一场革命性的数字化浪潮。数字出版是建立在数字技术符码生成、转化、存储和流程再造基础上的内容生产、复制和分发的新兴产品形态和业态。在过去15年间发生的数字变革正在转变出版产业链的每一个环节,从阅读、书写、印刷到售卖。在发达国家中这些变化尤为明显,像苹果、亚马逊、谷歌、索尼和三星这样的企业正在真实地重塑整个出版格局。[1]

数字出版公开"提法"最早见于2005年。2006年首次发布数字出版发展的相关统计结果。这一数字以每年50%的速度递增,2010年突破千亿大关,达到1 051亿元。[2] 高速发展的数字出版已经成为新闻出版业新的重要经济增长点。2012年数字出版规模再

---

[1] Octavio Kulesz. Digital Publishing in Developing Countries: The Emergence of New Models[J]. *Pub Res Q*,2011(27):311 - 320.DOI 10.1007/s12109-011-9241-4.
[2] 汤雪梅:《2011—2012年中国数字出版发展述评》,《编辑之友》2012年第6期,第74页。

创新高,位居新闻出版全行业第三。① 数字出版带动了产业结构的重塑。

新闻出版领域网络化、数字化、集约化和智能化,已成为带动传统产业升级的外部推动力和内在刺激力。而由于其产品与服务所具备的文化性与低能耗特点,使得发展数字出版业态具有推动绿色产业升级和文化产业竞争力提高的潜能。

柳斌杰认为,数字出版已成为世界出版潮流,现已进入数字转型重要阶段。② 计算机技术、网络服务开发以及数字化呈现技术的发展,奠定了数字出版产业发展的技术基础。但目前来看,数字出版产业链发展尚未完善,传统出版向数字出版转型的阻碍因素依然存在。国内发展情况与国际数字出版发展状况具有一定的差异。内容提供者的内容资源优势并不能天然转化为数字出版的内容优势,渠道与平台博弈、议价能力偏弱,技术投入与转化成本高等问题普遍存在。而这些问题,无疑需要政府与市场的双重力量来进行调节。从政府层面来讲,必要的政策环境对数字出版产业发展具有一定的引导作用。而数字出版的外部性可能会导致资源配置的市场失灵,技术、渠道商的垄断压力作用于内容商,都需要进行必要的干预。

(二)政策扶持成为重要推动力

国内外日益关注数字出版产业的潜在发展能力,例如英国政府通过了数字经济法案,试图打破原有影响有声书进入公共图书馆的障碍,将其从版权中脱离并纳入到公共借阅权范畴中。③ 这是法律层面推动数字出版产业发展的举措之一。一些国家的行业组织推动按需出版的实验计划。阿拉伯国家利用发展数字出版来克服已有发展障碍,尽早作出决策以预防发达国家的数字入侵。④

10年来,国家和地方政府发布一系列推动数字出版发展的相关政策,涉及财政、金融和税收优惠等,从规制完善和行政审批放松等角度促进数字出版转型的有序、良性发展。

---

① 程晓龙:《2012:真实与幻象之中国数字出版脉络》,《出版广角》2013年第1期,第23页。
② 柳斌杰:《以数字出版为突破口推动文化改革发展》,《中国新闻出版报》2011年11月14日, http://news.xinhuanet.com/newmedia/2011-11/14/c_122276915.htm? prolongation=1。
③ Guy Whitehouse. Developments and Tensions in the UK and US Audiobooks Market.[J].*Pub Res Q*, 2010(26):176 - 182. DOI 10.1007/s12109-010-9165-4.
④ Bodour Al Qasimi. Digital Publishing and its Impact on the Publishing Industry in the Arab World.[J]. *Pub Res Q*,2011(27):338 - 344. DOI 10.1007/s12109-011-9236-1.

国家的信息化与文化发展规划,涉及公益性和产业化的数字出版战略规划。政策扶持成为重要的产业推动力量。2012年,国内数字出版政策环境进一步趋好,数字出版平台数量增长迅速,数字出版渠道建设进一步完善,产品形态和用户认知度与体验度进一步提升。数字出版业态仍在一定时间内处于形成阶段,国家各个部门从财政投入、税收优惠、用地扶持、投融资支持、进出口减免与奖励等方面给予相关企业政策倾斜和扶持。

目前我国施行的数字出版产业政策,包含政策性的纲领、特定产业基本法律法规、特定产业的振兴条例、规范经济与技术标准、区域性政策等。从功能角度划分,可以分为鼓励(扶持)政策、管制政策和规范政策。[①]

作为数字出版产业的行政管理部门和产业发展部门,新闻出版广电总局制定的相关扶持政策体现在:制定整个数字出版产业发展规划,实施一系列重大工程、项目,打造并布局国家数字出版基地,通过减免税收以及政策投入等形式扶持相关企业发展。针对数字出版产业链"冷热不均"以及主体不平衡现象,通过搭建政策性战略,协调多方利益关系来解决该问题。[②] 并且,通过一系列内容规制和经济规制规范经营资质和经营活动。

除了国家级、部级政策之外,各地还出台了一系列资金扶持政策。浙江杭州设立了专项资金发展数字出版产业,鼓励、引导和规范社会资本进入政策许可的数字出版领域,同时设立政府创业引导基金,采用阶段参股、跟进投资等方式,吸引国内外的风险资本投向数字出版企业。

二、研究问题的提出

围绕数字出版产业,我国国务院、新闻出版广电总局、文化部等部门相继出台了一系列相关政策。从政策供需关系上来看,目前相关政策数量较多,并且从党的十六大以来,政策环境趋好。

(一)产业政策供给与需求矛盾

政策性纲领、行政管理部门的指导意见、专项规划、特定产业基本法律法规的修订、规范性文件的出台均涉及数字出版领域。2012年7月,媒体报

---

① 朱明春:《我国产业政策的回顾与展望——"七五"以来产业政策分析》,《经济研究参考》1992(Z4)。
② 全国数字出版工作会议召开 柳斌杰作主题发言[EB/OL].http://www.china.com.cn/policy/txt/2011-11/15/content_23918906.htm.

道数字出版管理部门近期将推出第二波扶持政策,这无疑为相关产业发展创造了利好环境。但在实施过程中,也出现了一些问题。某些经营较好的企业抱着"不要白不要"和"能要来是本事"的心态,也想申请资金支持,这是种不正常的现象。排名前30位或前100位优秀企业都在排队领取政府的扶持资金,这是有问题的,对具体行业的长远发展非常不利。① 这里可能存在着企业对政策过度依赖和趋利投机行为,需要进行必要的调节和再干预。

这需要一个基本的出发点,即探讨产业政策供给与产业发展需求是否能够有效对接;产业政策及目标是否一致、是否存在着政策博弈的情况;数字出版与传统出版产业政策是否具有连续性和差异性;目前的数字出版产业政策是否存在着供给不足或供给过剩的现象、还是两种情况都存在。由于数字出版产业融合的渐进性,政策制定方面也可能存在着滞后和缺失的情况,这些问题都亟待解决。

(二)政策目标与实际效用的关系

产业政策制定往往是以解决市场失灵、提升竞争力和技术升级等为出发点的,实际应用过程中是否可以解决这些问题是提升产业政策科学性的关键。

祁述裕(2004)曾为中国、美国、英国、德国和日本这5个国家的政府行为与产业政策建立关键指标。在出版产业政策的科学性(调查)中,中国指标为2.10、美国为4.40、英国为4.50、德国为4.81、日本为4.46。政府知识产权保护度(调查)中,中国指标为1.96、美国为4.67、英国为4.57、德国为4.40、日本为4.14。在出版业法律、法规完善程度的测算中,中国指标数据不足美国指标数据的二分之一。②

从指标数据来看,出版产业政策的科学性以及相关法律、法规等指标需要进一步提升。国外产业政策的有效性研究表明,产业政策目标和实际效果之间存在着明显偏差。而近几年来,对于数字出版产业政策的科学性分析较少,主要是在政策梳理层面进行定性的整理,在有效性或绩效层面涉及不多。随着时间的推移,近十年内数字出版相关产业政策的科学性、系统性分析有待进一步的研究。目前我国出版产业在技术创新、产业关联以及经

---

① 祁述裕:《十二五中国文化政策研究报告》,社会科学文献出版社2011年版,第19页。
② 祁述裕主编:《中国文化产业国际竞争力报告》,社会科学文献出版社2004年版,第271页。

营管理体制方面仍存在较多问题。数字出版产业政策也需对上述关键节点问题作出回应。

(三) 政策手段的完善与创新

目前,企业对政策需求较多,但在信息对称、企业自身战略协同方面仍存在步调不一致的情况。另外,政策手段方面,需要经济规制和社会规制的双重协调。在产业政策实施过程中,是否出现政府失灵现象需要回归政府与市场的边界来进行思考。一方面要从政策手段本身的角度进一步完善与创新,另一方面要运用市场要素和社会力量共同完成。李文海(2012)从政府规制的角度,探讨我国数字出版体制不顺,一般规范性文件效力低,很多机构执行具有任意性等问题。低效力层次政策文件管制效力与保护力度不足。应当复合使用各种政策工具,完善政策规制环境。①

第二节 国内外研究综述

一、文献调查结果汇总

在CNKI数据库、超星读秀(图书库)、超星读秀(期刊库)和万方数据库中,分别以6组不同的检索词进行搜索,具体情况如下表:

表0.1 中文文献调查结果

	检索词	CNKI数据库 2000.01—2013.10	超星读秀图书	超星读秀期刊	万方数据
第一组	出版、产业政策	17	36	18	9
			2013(1) 2012(3) 2011(11) 2010(4) 2009(1) 2008(4) 2007(1)		

---

① 李文海:《我国数字出版的政府规制研究》,《中国出版》2012年第5期(下),第52-53页。

续表

	检索词	CNKI数据库 2000.01—2013.10	超星读秀图书	超星读秀期刊	万方数据
时间分布		2013(1) 2011(7) 2010(3) 2009(1) 2008(4) 2005(1)	2013(1) 2011(1) 2010(1) 2009(4) 2008(1) 2006(2) 2005(1)	2006(1) 2005(4) 2004(2) 2003(5) 2002(2) 2001(1) 1999(2) 1991(1)	2013(1) 2011(3) 2010(2) 2008(2) 2005(1)
第二组	数字出版、政策	25	3	9	8
时间分布		2013(2) 2012(8) 2011(10) 2010(2) 2008(2) 2005(1)	2008(2) 2007(1)	2013(1) 2012(2) 2011(5) 2009(1)	2012(3) 2011(4) 2010(1)
第三组	数字出版、产业政策	6	1	6	2
时间分布		2011(5) 2008(1)	2009(1)	2012(2) 2011(3) 2005(1)	2011(2)
第四组	出版、规制	24	2	6	33
时间分布		2013(4) 2012(4) 2011(2) 2010(3) 2009(2) 2008(1) 2007(1) 2005(4) 2004(3)	2010(1) 2008(1)	2012(2) 2011(3) 2005(1)	2013(5) 2012(3) 2011(3) 2010(3) 2009(2) 2008(1) 2007(4) 2006(1) 2005(5) 2004(3) 2003(1) 2002(2)

续表

	检索词	CNKI数据库 2000.01—2013.10	超星读秀图书	超星读秀期刊	万方数据
第五组	数字出版、规制	3	0	1	2
时间分布		**2012(2)** **2011(1)**		2012(1)	2012(1) 2011(1)
第六组	文化产业、产业政策	179	0	36	112
时间分布		2013(21) 2012(28) 2011(23) 2010(25) 2009(11) 2008(15) 2007(16) 2006(14) 2005(11) 2004(4) 2003(2) 2002(6) 2001(3)		2013(3) 2012(4) 2010(3) 2009(2) 2008(3) 2007(6) 2006(7) 2005(2) 2004(3) 2003(1) 2002(1) 1998(1)	2013(18) 2012(20) 2011(13) 2010(13) 2009(8) 2008(12) 2007(10) 2006(5) 2005(8) 2004(3) 2001(2)

在EBSCO(CMMC)数据库、Project Muse数据库、开源图书馆数据库、Sage期刊数据库和牛津期刊数据库中,分别以6组不同的检索词进行搜索,具体情况如下表:

表0.2 英文文献调查结果

	search	EBSCO (CMMC)	Project MUSE	Open Access Library	SAGE Journal	Oxford Journals
First group	Publishing and industry policy	0	0	8249	0	0
				2013 (512) 2012 (1 724) 2011 (1 286) 2010 (982) 2009 (898) 2008 (576) 2007 (507)		

续表

	search	EBSCO (CMMC)	Project MUSE	Open Access Library	SAGE Journal	Oxford Journals
Year				2006 (426) 2005 (313) 2004 (222) 2003 (186) 2002 (129) 2001 (125) 2000 (109) 1999 (94) 1998 (54) 1997 (40) 1996 (31) 1995 (19) 1990 (16)		
Second Group	Digital publishing And policy	0	0	9998	0	0
Year				2013 (480) 2012 (1 678) 2011 (1 415) 2010 (1 180) 2009 (975) 2008 (797) 2007 (757) 2006 (623) 2005 (524) 2004 (381) 2003 (289) 2002 (235) 2001 (213) 2000 (154) 1999 (115) 1998 (57) 1997 (48) 1996 (33) 1995 (22) 1994 (22)		
Third Group	Digital publishing And industry policy	0	0	13466	0	0

续表

		search	EBSCO (CMMC)	Project MUSE	Open Access Library	SAGE Journal	Oxford Journals
Year					2013（749） 2012（2 473） 2011（1 971） 2010（1 573） 2009（1 373） 2008（1 020） 2007（934） 2006（794） 2005（628） 2004（469） 2003（354） 2002（278） 2001（261） 2000（194） 1999（154） 1998（79） 1997（60） 1996（44） 1995（31） 1994（27）		
Fourth Group	**Publishing and regulation**		3	0	5 622	1	8
Year			1984(2) 1994(1)		2013（229） 2012（2 046） 2011（623） 2010（527） 2009（426） 2008（350） 2007（297） 2006（239） 2005（193） 2004（138） 2003（110） 2002（104） 2001（86） 2000（75） 1999（61） 1998（42） 1997（32） 1996（15） 1994（17） 1993（12）	2008(1)	1945-2007

续表

	search	EBSCO (CMMC)	Project MUSE	Open Access Library	SAGE Journal	Oxford Journals
Fifth Group	Digital publishing and regulation	0	0	10853	0	0
Year				2013（466） 2012（2 794） 2011（1 309） 2010（1 120） 2009（903） 2008（795） 2007（726） 2006（606） 2005（511） 2004（385） 2003（278） 2002（255） 2001（222） 2000（160） 1999（121） 1998（67） 1997（53） 1996（28） 1995（22） 1994（32）		
Sixth Group	Cultural policy	112	16	8 966	3	26
Year		1963-2013	1986-2013	2013（393） 2012（1 621） 2011（1 304） 2010（1 187） 2009（969） 2008（707） 2007（568） 2006（528） 2005（358） 2004（293） 2003（251） 2002（176） 2001（204） 2000（125） 1999（79） 1998（69）	1999(1) 2013(2)	1981-2012

续表

	search	EBSCO (CMMC)	Project MUSE	Open Access Library	SAGE Journal	Oxford Journals
				1997（51） 1996（37） 1995（23） 1993（23）		

二、国内外产业政策研究综述

（一）国外研究情况

1.产业政策从属于公共政策研究

公共政策学科创始人哈罗德·D.拉斯维尔（Harold D. Lasswell,1963）和亚伯拉罕·卡普兰（Abraham kaplan,1963）评价：公共政策是一项含有目标、价值和策略的大型计划。[1] 托马斯·R.戴伊（Thomas R.Dye,1972）提出一个简洁的公共政策的定义，即"政府选择要做或者不做的事"[2]。威廉·詹金斯（William Jenkins,1978）则认为，公共政策是由政治行动主体或行动主体团体在特定的情境中制定的一组相关联的决策，包括目标选择、实现目标的手段，这些政策原则上是行动主体力所能及的。[3] 詹姆斯·E.安德森（James E. Anderson,1984）把政策描述为：某一行动主体或一群行动主体解决问题或相关事物的一个有意识的行动过程。[4]

产业政策也是一种公共政策。正如有学者指出，"产业政策是由结构、行为和结果引致的公共政策"[5]。现代意义产业政策，其思想起源可追溯到17世纪英国的贸易保护政策和产业保护政策。日本通产省在经济合作组织（OECD）会议上作出《日本的产业政策》报告，提出产业政策概念，后设置产

---

[1] H.D.Lasswell and A.Kaplan, *Power and Society*, N.Y.: McGraw Hill Book Co.1963:70.
[2] Thomas R.Dye, *Understanding Public Policy*, Englewood Cliffs, NJ: Prentice-Hall, 1972: p.2.
[3] William I Jenkins, Policy Analysis: A Political and Orangizational Perspective, *London: Matin Roberston*, 1978.
[4] James E.Anderson, Public Policy Making: An Introduction, 3rd ed, *Boston: Houghton Mifflin Company*, 1984:3.
[5] Bain Joe S., Price and Production Policies 1949, In Howard S.Eillised. *A Survey of Contentmporary Economics*, Philadephia: The Blakiston Company:129

业政策局。①

2.产业政策的理论立足点与效用研究

围绕产业政策的意图和理论背景,国外学者从不同角度阐释了产业政策的产生过程以及效用分析。在政策过程研究方面,存在着政策传播模型、政策创新模型以及因果漏斗框架等理论模型,涉及确定影响新政策采纳可能性的因素。②

(1)市场失灵理论背景

日本经济学家青木昌彦等人提出"市场扩张见解"(market enhancing view),认为政府可以发挥协调作用,弥补市场调整机能不足。产业政策发挥协调作用,但并不总是有效。③

哈佛大学罗德瑞克(Haussmann R.Rodrik,2006)认为发展中国家市场失灵主要表现在"协调失败"和"信息溢出"两方面,市场本身无法解决这些问题,需要政府产业政策供给,促进产业结构优化。④

(2)动态比较优势理论

布兰德和斯潘塞(Brand and Spencer,1985)在规模经济和不完全竞争基础上,提出战略性贸易政策理论。该理论认为产业政策可以有效抑制外部竞争者,保护并促进本国企业拥有时间优势进入特定产业。该理论借用国家干预的力量,根据不同时期具体情况能动地克服市场机制局限性,扶植和推动重点产业的发展,属于动态比较优势范畴。⑤

(3)"政府失灵"研究

哈罗德·德姆塞茨(Harold Demsetz,1969)认为"妄图用一个完美政府来取代一个不完美市场的想法是荒谬的"。政府推行产业政策能力非常有限,干预经济的行为和政策很容易诱发企业的不当行为。一些学者对实施比较成功的国家产业政策进行实证研究,揭示"政府失灵"的广泛存在。⑥

---

① 欧阳坚:《文化产业政策与文化产业发展研究》,中国经济出版社 2011 年版,第 102 页。
② 伊元甲·保罗·萨巴蒂尔:《政策过程理论》,《公共管理评论》2004 年第 4 期,第 153-155 页。
③ 任云:《日本产业政策再评价对我国的启示》,《现代日本经济》2006 年第 4 期,第 12 页。
④ Haussmann R, Rodrik.Doomed to Choose: Industrial Policy as Predicament.*John Kennedy School of Government*,Harvard University, 2006(09):7.转引自张礼涛:《关中经济区产业政策研究》,西北大学硕士学位论文 2009 年。
⑤ 王文龙、唐德善:《比较优势与中国经济发展战略研究》,《经济与管理》2007 年第 7 期。
⑥ 黄悦胜:《高科技产业政策研究述评》,《南方经济》2002 年第 10 期,第 50-51 页。

查默斯·詹森(Chalmers Johnson,1984)指出,产业政策永远不能替代财政和货币政策,只能作为它们的补充,对产业竞争力的促进作用是有限的。①波特和竹内高宏(2002)通过比较研究日本成功与失败产业的方式,发现日本成功产业特点并没有获得产业政策支持,失败的产业具有产业政策管束过多或者限制竞争较多的特点。② 诺兰德·马库斯(Noland Marcus,2007)反思并论证了日本产业政策在资源配置中的作用以及产业政策向创新政策演变的新趋势。③

(二)国内研究情况

产业政策是国家或区域组织以产业发展和结构升级为目标采取的一系列政策组合,其核心是产业结构问题,涉及产业结构转换、产业高级化及产业结构与其他经济结构(需求结构、贸易结构)间协调等各种结构对策问题。④ 中国学者对产业政策系统研究始于20世纪80年代中期。周振华(1991)首次立足经济理论对产业政策进行综观梳理,考察一国发展战略、体制模式、环境特征和产业基础等因素对产业政策制定和实施的综合影响。⑤有学者指出,产业政策的制定和执行必然受到五个方面的制约,即制度制约、利益制约、国情制约、决策能力制约和资源制约。⑥

1.产业政策构成与制定原则

刘希宋等(2004)认为,产业政策涵盖产业组织政策、产业结构政策、产业技术政策和产业布局政策。⑦

姜睿(2006)认为,产业技术政策在产业的引入期和衰退期具有决定性的影响力。产业政策群中,产业结构政策居于主导位置。⑧ 姜睿(2006)评价,在国家经济政策体系中,产业政策和财政政策、货币政策并非并列关系。

---

① 张泽一:《产业政策与产业竞争力研究》,冶金工业出版社2009年版,第29—30页。
② 同上书,第32页。
③ 同上书,第33页。
④ 张京成、沈晓平、张彦军:《中外文化创意产业政策研究》,科学出版社2013年版,第21页。
⑤ 周振华:《产业政策的经济理论体系分析》,经济出版社1991年版。
⑥ 赵英主编:《中国产业政策实证分析》,社会科学文献出版社2000年版,第4—9页。
⑦ 刘希宋、夏志勇:《全面建设小康社会的我国支柱产业的选择》,《工业技术经济》2004年第5期,第48—52页。
⑧ 姜睿:《东道国产业结构政策与外商直接投资的产业结构效应》,《经济师》2006年第9期,第97—99页。

产业政策一般和财政政策以及货币政策共同发挥作用。①

黄先蓉、赵礼寿、阮静(2011)梳理了产业政策的来源以及产业政策的三种价值取向。② 对目前出版产业政策的不同类型进行了评述,但对我国产业政策价值取向并没有作出界定。从所遵循的原则角度,倡导政策的平衡点。

2.产业政策效用的两种倾向

围绕产业政策的实施效用,呈现出两种不同的倾向。在产业政策的有效性和无效性方面分别有学者对之加以论述,比较典型的观点如下:

白雪洁(2008)分析了产业政策成功的影响因素,需要从中观层面的产业生命周期阶段和微观层面的每阶段企业行为取向对接来通盘考虑。只有在政府政策目标与企业的自主发展意愿相吻合的情况下,政策才有可能顺利实现政府初衷。③ 江小涓(1996)创见性地运用公共选择理论,对产业政策制定的重点要素和主体选择进行了梳理,发现政府不具备推动结构调整、升级的愿望和能力。④

更有学者把绩效作为衡量产业政策的指标。公共政策绩效是指,在一定时期内政府政策在特定施政领域的成绩与效益,包括公共政策的"产出"和"影响"两个层面。⑤ 目前政策研究大多为定性分析,多为描述性研究而非调查数据相关性分析。近几年,也有学者采用CGE模型来对产业政策效应进行评估。

(三)相关产业政策研究

1.文化政策与文化产业政策研究

1999年4月,在普利斯顿大学艺术与文化政策研究中心召开的一次学

---

① 姜睿、苏丹:《东道国产业结构政策的新制度经济学分析性》,《商业研究》2006年第15期,第21—23页。转引自文明:《论21世纪各国产业政策的新走势》,《当代财经》1999年第9期,第20—23页。
② 黄先蓉、赵礼寿、阮静:《出版产业政策的价值取向与原则的制定》,《中国出版》2011年第6期(上)。
③ 白雪洁:《产业成长阶段的产业组织政策有效性分析——以日本代表性产业组织政策为例》,《社会科学辑刊》2008年第4期,第87—90页。
④ 代永华:《中国产业结构政策:绩效分析与方向选择》,《东南学术》2002年第4期,第15—18页。转引自江小涓:《经济转轨时期的产业政策》,上海三联书店、上海人民出版社1996年版,第101—102页。
⑤ 毕紫薇:《政府公共政策绩效评价需求:动因、测量及影响因素》,华南理工大学硕士学位论文2010年。

术研讨会上,文化政策作为核心问题被提了出来。经过大会的广泛讨论,最后有人提议把文化政策看作置身于一个三维盒子中:一维决定是国家政策还是非国家政策,二维决定政策是否针对产品和实践,三维决定这些产品和实践主要是象征性的还是本质性的(例如是艺术政策还是福利政策)。国家关于象征性产品的政策确定无疑是"文化政策",但当我们从这一政策出发时,就产生了不确定性。罗伯特·斯通·霍尔(Robert Stone Hall,1999)认为,如果人们对某种文化产品的公共价值有广泛共识的话,那么政策就是关于解决如何更好地分配这种产品的问题。但这是社会政策,而非文化政策。

威廉姆斯(Williams,1984)将国家/文化关系分为五种,并进一步将文化政策分为"作为展示的文化政策"和"文化政策"本身。作为展示的文化政策包括国家形象放大的政策和经济还原主义的政策文化;文化政策本身包括公共经费资助艺术的政策、媒介调控政策和文化身份的协商构建政策。对文化政策本身的集中研究常常发生在代表政府议程的行政框架里。而对于作为展示的文化政策研究而言,其典型表现议案是发生在批判和独立的框架里。在这样的框架里,文化与政策问题一般被认为是广阔的经济、意识形态和政治问题的表现,而不是狭义界定的特别的行政领域。①

托比·米勒和乔治·尤迪斯(Toby Miller,George Yudice,2002)认为,文化政策是指以制度上的支持来引导美学创造性和集体生活方式,并且是串联这两个方面的渠道和桥梁。文化政策是"公共政策"的"从属政策"、子系统。②

利姆(Lim,1993)指出文化政策对欧洲城市发展主要表现在增加就业和经济发展、城市建设和社会效益以及提高环境和城市竞争力等方面。但文化产业政策的实际效果与预期仍有一定的差距,甚至可能产生负社会额外性影响。如果文化政策是建立在经济目标之上,会造成用经济指标来衡量城市的文化状况,这非常危险。③

(1)文化产业政策影响因素

李川(2009)结合创意产业特殊性,将我国创意产业政策划分成组织政

---

① 〔英〕吉姆·麦圭根:《重新思考文化政策》,何道宽译,中国人民大学出版社2010年版,第3-4页。
② 同上书,第1-7页。转引自 Toby Miller, George Yudice: *Cultural Policy*, Sage Publications Ltd, 2003.
③ 汪明峰:《文化产业政策与城市发展:欧洲的经验与启示》,《城市发展研究》2001年第4期,第11-16页。

策、结构政策、技术政策、布局政策和文化体制创新政策五个方面。① 杨吉华(2007)概括我国文化产业政策包含结构政策、组织政策和发展政策三大类。②

贾旭东(2010)认为,文化产业金融政策是一种扩张性政策,其核心意图是解决资金短缺问题和资金盘活问题。③

吴庆华(2010)梳理外国不同文化产业税收政策类型:按照政府和市场作用范围大小和实现目标的差异,可分为四种。发达国家通过直接动用财政资金、通过税收杠杆和综合运用各种经济政策三种方式,扶持本国文化及相关产业发展。中国应根据本国实际情况,选择产业税收政策的强度和倾向。④

祁述裕(2004)在影响我国文化产业发展诸因素的调查中发现,文化体制和文化政策是首要制约因素。在14个国家文化产业国际竞争力排名中,我国政府行为综合竞争力排名第13位;其中,文化政策的"透明度""健全性"和"科学性"三项指标得分均为最低。⑤

澳大利亚学者斯罗索比(Throsby,2008)分析六种不同文化产业模型发现,在经济全球化和经济自由化大趋势的影响下,文化日趋商品化,文化经济价值逐渐进入到政策制定者的视野中。传统的文化政策或者说是艺术政策,在强调艺术的公共物品属性前提下,将重点放在了对艺术的支持和补贴上。随着艺术商品化趋势的发展,政策制定者必须对文化商品的经济价值和文化价值给予同等重视。此外,传统的文化产业政策将重点放在了文化商品的供给方,但是,如果考虑到文化商品价值的实现同时还受到消费者偏好的影响,文化商品的需求方也应被政策制定者充分考虑。⑥ 英国学者波茨和坎宁安(Potts,Cunningham,2008)构建了福利模型、竞争模型、增长模型、创新模型四种模型,从不同角度考察了创意产业对英国经济增长的贡献,在模型结论基础上,提出对政府创意产业政策制定的若干看法。根据四种模

---

① 李川:《我国创意产业政策有效性的评价研究》,电子科技大学博士学位论文2009年,第116页。转引自汪明峰:《文化产业政策与城市发展:欧洲的经验与启示》,《城市发展研究》2001年第4期,第11-16页。
② 杨吉华:《文化产业政策研究》,中共中央党校博士论文2007年。转引自欧阳坚:《文化产业政策与文化产业发展》,中国经济出版社2011年版,第61页。
③ 贾旭东:《文化产业金融政策研究》,《福建论坛(人文社会科学版)》2010年第6期,第41-51页。
④ 吴庆华:《国外文化产业财税政策借鉴与启示》,《财会月刊》2010年第5期,第41-42页。
⑤ 朱春阳:《我国影视产业"走出去工程"10年的绩效反思》,《新闻大学》2012年第2期,第111页。
⑥ Throsby D. Modeling the cultural industries. *International Journal of Cultural Policy*. 2008(08):217-232.

型的拟合结果,他们认为,增长模型和创新模型与现实的拟合度较高,如果采信创新模型,则政府要将创意产业政策纳入核心政策体系,因为该模型显示,创意产业是能够带动国民经济全局发展的新兴产业;如果采信增长模型,虽然该模型没有显示创意产业的核心拉动作用,但依然要求政府能够充分重视产业政策制定,以免由于政策干预过度造成产业扭曲。①

文化产业政策一直是国外学者研究的焦点问题。国外学者从多个角度对文化产业政策加以研究,这些研究大多是以数据分析和建立模型为基础的实证研究,其所采用的数据则多是来源于本国已经发展得较为成熟的文化产业,从而带有较为强烈的国别色彩。②

(2)文化政策研究范式

文化政策(艺术政策)与文化产业政策的研究视角有一些细微差别。国外文化政策研究存在着两个路径:一是从民族国家身份认同角度展开的,更多考量社会理据和文化理据,以批判路径进行一个工程;③二是从经济原理范式透析文化政策带来的经济理据。而文化产业政策研究领域与文化政策的经济理据范式具有重合的部分。

发展一个政策矩阵:这将提供一种分类法来明确和辨认既有的不同种类文化政策以及政策目标,尤其是它们如何介入目标。每一种政策的基本原理涵盖了如何理解文化政策介入范围的经济原理,同样也包含了介入路径涉及的多样化的原理与评估关于介入的各种争论的鲁棒性。影响的证据:文化介入益处存在的证据的重要理解。我们描述政策期望带来的益处以及测量的方式。④

郭栋、刘海贵(2012)分析了我国文化走出去工程政策体系局限与优化思路。存在的问题主要表现在政策滞后、不成熟,管理部门较为多元,国有资本跨区域经营存在一定的障碍和壁垒,市场与体制之间深度博弈;另外政策方式较为单一,补贴形式可能造成新的不平衡环境,法律保护度较低,侵权行为多有发生;国内外政策存在着一定的逻辑博弈与冲突,没有调动起国

---

① Potts J. and Cunningham S. 2008.Four Models of the Creative Industries.International Journal of Cultural Policy.14 (3):232-247.
② 欧阳坚:《文化产业政策与文化产业发展研究》,中国经济出版社 2011 年版,第 60 页。
③ Justin LewisT.M:Critical Cultural Policy Studies: A Reader,Wiley-Blackwell,2002.
④ Michael Ridge Damien O'Flaherty Amy Caldwell-Nichols Richard Bradley Catherine Howell.A Framework for Evaluating Cultural Policy Investment.Frontier Economics 2007 A REPORT PREPARED FOR DCMS.

内市场和国际市场的合力;审慎对待较高投资热度可能造成的经济实体转移,而非文化内容产业本身的资源禀赋累积;在政策针对主体方面,应该更注意公平性和权衡性;注意去除准入和审核制度中的门槛问题。①

目前,文化产业的模式与政策分析,仍需兼顾国际化理论移植和本土化理论实践创新。要立足跨学科视角,搭建本土化文化产业发展理论和政策互动体系的平台。目前文化产业政策基础理论研究较少,概念界定差异性较大。② 对基本核心概念的梳理与界定,仍具有关键意义。

2.传媒政策研究路径

英国牛津大学比较传媒法律政策教授保罗·卡瓦列雷(Paolo Cavaliere, 2013),在题为"欧美传媒政策与法规——经典理论及未来挑战"的演讲中,梳理了从19世纪至今的三种欧美传媒法律政策的范式。媒体和通讯信息技术政策包含三个范式:1800年晚期到1945年,新兴通信产业政策为主导的范式;1945—1980/1990年代,公共服务媒体政策为主导的范式;近阶段的以融合与全球化为主导的范式。以追求利益为划分依据,可以进一步划分它的规制领域,以政治福利、社会福利和经济福利为诉求,可以为不同产业构成界定其政策范畴。如表0.3所示:政治福利对应信息服务,涉及媒体类型为出版产业,对应的是媒体法律法规;社会福利对应文化内容,涉及广播电视产业,对应的是媒体法律法规;经济福利对应的是交换层面,涉及电信产业,对应的是竞争法。

新兴通讯产业政策的基本原理:促进民族利益发展通信系统,没有全局性的策略,针对不同的技术采用不同的管理体制,力图打造全球化的通信系统。美国强调私人所有制和资本主义,在此基础上产生反托拉斯法,但政府邮政服务例外。欧洲重视国家策略机制的重要性,强调国家垄断或国营专卖,由此产生行政服务的分支。

公共服务媒体政策的基本原理:社会政治关注集体主义,充满广泛民主,恐惧宣传。美国的管理意图是保护信息的质量。而欧洲则强调促进所有制的多样性和内容的多样性。

---

① 郭栋、刘海贵:《文化"走出去工程"的政策体系局限与优化思路——"我国文化走出去工程政策研究"专题研讨会综述》,《新闻大学》2012年第5期。
② 娄孝钦:《我国文化产业政策研究现状与存在的问题》,《成都行政学院学报》2010年第2期,第291-294页。

表 0.3 不同利益诉求对应的服务产业和政策领域

目标	政治福利	社会福利	经济福利
对应价值观念	民主	教育	革新
	自由表达	文化	就业
	社会传播体系	社会凝聚力	利益
	平等	平等	平等
服务	信息	文化内容	交换
	普遍接入	娱乐/普遍接入	普遍接入
所属媒体与产业	出版	有线电视与广播	电讯
政策领域	传媒法/媒体政策	传媒法/媒体政策	竞争法

来源：金冠军、郑涵、孙绍谊：《国际传媒政策新视野》，上海三联书店 2005 年版，第 17 页。

保罗·史密斯(Paul Smith,2013)曾对英国单一媒体机构制度变革过程的力量博弈与政策中心转移进行论述。2003 年 12 月 29 日,英国新的单一媒体监管机构 Ofcom(英国通信管理局)正式取代了五个独立的广播和电信监管机构。柯林斯(Collins,1997)认为,在英国电视管制体制重大变迁进程中,Ofcom 的建立达到了制度变革的顶峰,不是通过相当匮乏的频谱资源分配而达到服务公众的目的,而是通过控制市场力量促进市场自由竞争[①]。

德斯·弗里德曼(Des Freedman,2006)对传媒政策产生过程的权力博弈进行分析。他认为,对传媒政策制定过程的关注是必要的,新参与者、新技术和新范式出现过程中,传媒政策制定领域产生新冲突或激化已有矛盾,容易产生国家层面的与超国家层面的政策之间的对立,公共与企业利益之间的对立,中心化与分散化政策体系之间的对立,非公开与透明化决策模式之间的对立,以及分立与融合政策领域之间的对立。[②]

3.出版产业政策研究

(1)政策科学与绩效特点

祁述裕(2004)阐述了出版产业政策的科学性调查,中国指标为 2.10;政府知识产权保护度调查,中国指标仅为 1.96;出版业法律、法规完善程度调

[①] 〔英〕保罗·史密斯:《英国电视政策的政治运作:英国通信管理局之形成》,牛海坤译,引自孙绍谊、郑涵:《新媒体与文化转型》,上海三联书店 2013 年第 7 期,第 140 页。
[②] 〔英〕德斯·弗里德曼:《当代传媒政策制定中的权力律动转》,朱杰译,引自郑涵:《新媒体与文化转型》,上海三联书店 2013 年第 7 期,第 555 页。

查,中国指标为 2.14。①

李莲英(2007)针对北京地区进行研究,分析首都出版产业政策特点、绩效以及问题。但对于绩效的分析,并不能排除其他因素的干扰,因此缺乏系统的相关性研究。②

张静(2008)立足科技出版产业政策,对实施措施和方式类别进行了概括。但其只关注科技出版领域,未涵盖其他层面。③

(2)产业政策阶段研究

胡惠林(2010)以1999—2009年为时间单位,从政策制定原则、目标、结构、制定主体以及文本内容出发,分析了图书出版业十年间的产业政策。政策规划建构逐步清晰,产业走向拥有现实依据。但是图书出版相关政策存在以下问题:制定主体多元,政策多为规范性文件,前瞻性不足;出版自由精神和原则研究不够;政策研究的系统性、整体性和反思性不够。④

周正兵(2010)曾对出版产业政策实施进行划分,针对不同市场采取差异性目标的政策类型,实现了由补缺型向升级型政策的转向,但近期产业政策开始由增量发展向结构调整转移。⑤

耿相新(2010)强调促进产业发展、鼓励资本运作应与数字公共文化服务相结合,通过特殊补贴和基金形式,促进数字出版企业发展,保障国有资本安全。⑥

黄先蓉、赵礼寿、刘玲武(2011)以近十年为时间跨度,对数字出版四种产业政策运用形式进行梳理,有一定借鉴价值。⑦ 但对于这十年来产业政策的内部结构、系统性与有效性未作进一步拓展。

4.数字出版产业政策研究

(1)数字出版产业政策的重要性研究

黄健(2009)从管理法规体系、完善推进数字出版产业基地建设;加大新

---

① 祁述裕主编:《中国文化产业国际竞争力报告》,社会科学文献出版社2004年版,第271页。
② 李连英:《首都出版产业政策研究》,北京印刷学院硕士学位论文2007年。
③ 张静:《我国科技出版产业政策研究》,《科技情报开发与经济》2008年第7期。
④ 胡惠林:《我国文化产业政策文献研究综述1999—2009》,上海人民出版社2010年版。
⑤ 周正兵:《我国出版产业政策演变及其趋势——兼及对出版产业"十二五"规划的建议》,中国出版2010年第11期(上)。
⑥ 耿相新:《中国出版产业政策的转向与展望》,《出版广角》2010年第4期。
⑦ 黄先蓉、赵礼寿、刘玲武:《数字技术环境下的出版产业政策调整——基于2000—2010年数字出版的政策分析》,《编辑之友》2011年第7期第7页。

闻出版业的科技投入、完善扶持政策;保护知识产权、规范数字出版秩序;加快国际化进程、提升产业国际竞争力、强调政策的重要性等方面进行了探讨。不同阶段政府应采用差异性的政策工具,但积极扶持力度应伴随整个产业成长期。①

崔景华、李浩研(2012)对日韩数字出版产业发展现状及扶持政策进行梳理。通过国别比较,发现其与我国的扶持政策方式相印证。②

(2)数字出版政策法律环境需求研究

黄先蓉、刘菡(2011)根据数字出版的特殊性,从政府主体不同归口管理层面提出不同的要求,从经济规制、社会规制层面到间接规制层面,探讨管理范围内容的扩充,尤其是要提升政策强度、建构专门法。③

黄先蓉、赵礼寿、甘慧君(2011)从产业发展现状和不足的角度出发,提出对数字出版政策调整的需求主要表现在产业结构、产业组织、产业布局和产业技术层面的技术要求。④

(3)数字出版基地政策研究

莫远明(2012)整理近年数字出版相关政策提法与数字出版基地推进关系,发现基地定位和推进方式具有某种同质性特点。⑤ 该文主要对数字出版基地发展的情况进行了梳理,对职能管理存在的问题、地方配套政策缺失以及统一的国家数字出版基地管理政策缺乏进行了论述。但对政府和市场如何推动数字出版基地发展并应发挥什么作用,以及相关互动关系方面研究较少。

目前对数字出版产业政策的研究,定性研究较多,缺乏对数字出版产业系统和效果分析。定量研究方法使用不多,缺乏经济学视角的政策分析模型的探讨。另外,由于数字出版产品形态丰富、主体多元以及产业链复杂等情况,使得统一标准界定的数字出版产业政策研究并不多见。已有研究多数从属于文化产业战略与政策研究、创意产业政策研究以及部分图书出版产业政策研究。

---

① 黄健:《政府在数字出版产业发展中的政策和策略》,《出版营销》2009年第7期。
② 崔景华、李浩研:《韩日数字出版产业发展现状及扶持政策》,《出版发行研究》2012年第10期,第88—90页。
③ 黄先蓉、刘菡:《传统出版业数字化转型的政策需求与制度、模式创新》,《中国编辑》2011年第1期。
④ 黄先蓉、赵礼寿、甘慧君:《数字技术环境下出版产业政策需求研究》,《出版发行研究》2011年第7期。
⑤ 莫远明:《国家数字出版基地的政策演进与发展态势分析》,《出版广角》2012年第8期,第26—29页。

第三节 研究内容和研究方法

一、研究内容

本研究围绕产业政策供给与产业发展需求是否能够有效对接,产业政策目标是否一致,数字出版与传统出版产业政策是否具有连续性和差异性展开必要的论述。

当前,国际经济环境与中国国内经济环境对数字出版产业产生了冲击与影响。在技术影响下产业融合与边界重构的过程中,本研究尝试探讨产业政策的作用方式和侧重倾向。

目前的数字出版产业政策是否存在着供给不足或供给过剩的情况,还是两种情况都存在?由于数字出版产业融合的渐进性,政策制定方面是否存在滞后和缺失的情况?

在产业政策实施过程中,是否出现政府失灵情况,这需要回归政府与市场的边界,探讨政策手段本身的完善与创新以及市场要素和社会力量的参与。

(一)内容主体

首先,绪论部分对选题的背景、意义和价值进行梳理,通过国内外研究综述厘清研究数字出版产业政策的研究方法和研究路径,并在经济学和传播学理论基础上进行逻辑架构设计。围绕数字出版产业政策的内涵、功能作用与当下宏观、微观产业环境的对接,探讨存在的问题及相应对策。

第一章,对数字出版相关概念、特征类型方面进行分析与界定,厘清数字出版概念发展的阶段性特征,并对产业政策的内涵、组成以及理论依据进行论述,寻找二者分析的有利结合点。

第二章,对国内外经济发展环境和微观产业环境进行历时性梳理,透视目前数字出版产业在一定阶段仍处于引入期的基本情况,为产业政策运用提供环境基础。

第三章,通过建构四维分析框架,从技术创新政策工具维度、产业活动分析维度、政策效力分析维度和产业政策类别维度,对近10年来数字出版产业政策文本进行内容分析和交叉分析。分析目前国家层面数字出版产业政策功能、诉求和工具的使用路径及存在问题,并通过代表性城市北京的相关政策与实施情况,尝试判断国家政策和地方政策的功能衔接情况。

第四章,比较中国与美国、日本、英国、韩国、法国、德国六国的数字出版产业模式与政策取向,探讨不同发展速率的国家和不同政策强度的国家对数字出版产业政策的功能诉求和作用,为分析和建构我国数字出版产业政策提供国际比较参考,挖掘可以借鉴的经验和需要规避的问题。

第五章,通过访谈和咨询,将数字出版企业利益相关者对影响我国数字出版产业发展和政策走向的关键节点予以整合,通过情景分析方法,建构未来10年政策发展的三种情景框架,模拟每种政策情景存在的优劣势,为未来政策调整提供参考。

结论部分对我国数字出版产业政策增长模式和创新模式需要注意的几个核心问题进行梳理,并对本文存在的不足与研究展望进行归纳。

(二)研究内容框架图示

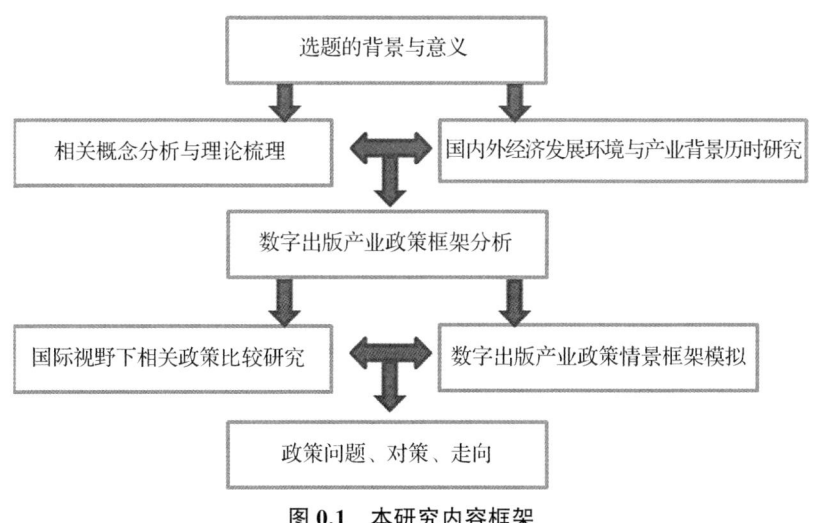

图0.1 本研究内容框架

(三)创新性

数字出版产业领域本身仍属于一个渐进融合的范畴,由于跨产业领域的边界整合和技术推动下的产品形态与流程再造,使得这一领域的动态值得关注与思考。

1.选题角度创新

学界对于我国数字出版的研究始于2000年。《从电子出版到数字出版》一文首先提出"数字出版"这一概念。①

数字出版研究在2002年至2006年的研究主题主要体现在内涵、范围界定等理论问题的探讨。2007年之后,开始转向应用研究。比较突出的研究重点集中在商业模式、产业链、平台研究、人才培养以及版权保护等方面。虽然研究数量方面表现一定热度,但是从政府、市场的角度对数字出版产业政策进行的研究相对单薄,往往缺乏针对性和系统性研究。

在中国知网以"数字出版政策分析"作为篇名进行搜索,仅有127条相关文献。直接与产业政策相关的只有几十篇。目前数字出版产业政策研究文献主要集中在文化产业战略研究中涉及的新闻出版产业领域的政策分析,以及广东、四川、北京、上海等地方性数字出版战略的制定、目标与实施情况。对数字出版产业政策的范畴、功能和作用的系统性研究目前仍不多见。

本研究尝试对我国数字出版产业政策进行系统梳理,通过四个政策分析维度,技术创新政策工具、产业活动、政策效力和产业政策类别进行多维度交叉分析,梳理我国数字出版产业政策应用现状和存在问题,还原背后的政策思维与演进路径;通过国家政策和区域政策的衔接对比,还有不同数字出版发展速率国家政策差异比较,来为我国数字出版产业发展政策的横向和纵向设计提供参考依据;通过情景分析法,模拟未来10年我国数字出版产业政策模式。笔者发现,目前我国数字出版产业政策演进路径属于延续型政策,兼顾管制内容和产业结构,推动公共服务与产业发展,在技术创新政策工具方面需注意环境面、供给面和需求面政策的比例问题,调整和补充环境面政策的实施方式,在税收、法律法规完善方面需进一步推进。需求面政策完善使用者导向,注意消费环节政策刺激。未来10年数字出版产业政策可能采用增长模式和创新模式,这两种模式均需立足于资源禀赋培育基础上,首先解决产业关联问题,再升级产业结构。

2.研究方法创新

采用定量与定性相结合的研究方法,首先运用内容分析法,对10年来

---

① 赖茂生:《从电子出版到数字出版》,《中国电子出版》2000年第2期。

数字出版产业政策频次、功能诉求、产业活动环节以及政策类别情况进行梳理,对当下数字出版产业政策情景予以描述,为可能存在的问题提供建议与对策。另外,对数字出版产业主要利益相关者进行访谈,针对传统数字出版转型的影响因素和不确定性进行分析,为验证、调整政策目标提供依据。

3.理论工具创新

本研究尝试使用传媒经济学、规制经济学以及文化政策学相关理论工具,结合数字出版产业政策的应用方式和发展路径进行跨学科分析。试图通过创新技术工具、轴分析工具以及产业活动、政策效力和政策类别对数字出版产业政策集进行框架分析,对其目标、规制方式以及侧重点予以归纳。

二、研究方法

本研究主要使用定量与定性相结合的研究方法,综合运用内容分析法、访谈法和情景分析法。借鉴政策分析的方法和战略环境分析的方法,对目前数字出版产业政策的层次、结构、功能与目标进行梳理与界定,通过分析数字出版产业发展状况与影响要素,探讨数字出版产业政策运用方式和存在的问题。通过构建政策框架分析来构建政策效力、产业环境和政策倾向之间的关系。

(一)定量研究方法

主要采用内容分析法、现有统计资料二次分析法和情景分析法。

1.内容分析法

内容分析是一种搜集与分析文章内容的技术。它的使用有近一个世纪之久,广泛用于不同领域——文学、历史、新闻学、政治科学、教育学和心理学等。[①]

内容分析法有利于解决三种问题。首先,有助于处理数量相当庞大的文本。研究者可以利用抽样或多个编码者来测量数量众多的文本。其次,有助于研究发生在"千里之外"的主题。最后,能够揭露随意观察文本时很

---

① 〔美〕劳伦斯·纽曼:《社会研究方法——定性和定量的取向(第五版)》,郝大海译,中国人民大学出版社2009年版,第391页。

难发掘的信息。①

本文主要使用内容分析法,对近十年来数字出版相关政策文本进行定量研究。首先,收集和整理政策文本作为内容分析样本,再以政策工具构建四维分析框架,对内容进行编码,归类分析单元后进行分析。

2.统计资料二次分析法

该分析方法适用于大型科层组织已搜集信息的主题,可以在长期搜集基础上确立社会指标,从而影响政策制定。例如,纽约福特罕姆大学(Fordham University)社会政策改革研究所研究者们,创立了一套适用于美国的"社会福利指数"(Index of Social Well-Being)社会指标。②

本文政策数据主要来源包括政府门户网站、相关部委网站以及中外数据库检索到的相关文献、数据资料。

3.情景分析法

"情景分析"一词是赫尔曼·凯恩(Herman Cain)在20世纪50年代于兰德公司为政府提供的军事和战略研究报告中,首先使用的。③

情景分析法在西方已经有60多年的历史,相关研究涉及多个领域:情景理论、类型学、决策过程分析、情景分析工具构建、驱动力分析、不确定性分析、敏感性分析、讨论会与利益相关者分析等。④ 本文尝试使用情景分析法,通过确定影响数字出版产业发展的不确定性,构建不同程度的政策环境框架。

(二)定性研究方法

1.案例研究

本文主要进行政策型案例分析。通过代表性区域产业政策和不同国家数字出版产业政策的实施情况、诉求侧重比较,来探寻我国数字出版产业国家政策和区域政策的衔接情况,以及不同国家政策强度带来的差异影响。

---

① 〔美〕劳伦斯·纽曼:《社会研究方法——定性和定量的取向(第五版)》,郝大海译,中国人民大学出版社2009年版,第392-393页。
② 同上书,第402-403页。
③ 于红霞:《情景分析在港口发展战略中的应用研究》,天津大学硕士论文2004年,第11页。转引自年祉华、陈佩云:《我国CIMS发展的情景预测》,《预测》1991.10(4):18-26
④ 娄伟:《情景分析理论与方法》,社会科学文献出版社2012年版,第1页。

2.访谈法

本书主要采用信息提供访谈法(Informant Interviews)。通过对数字出版企业从业人员和专家进行访谈,获取数字出版产业发展的不确定性因素影响因素,以及对目前数字出版政策的建议、意见。通过访谈政策制定者,了解数字出版产业政策集的制定初衷以及实施细节。

第1章
我国数字出版产业政策相关概念分析

第一节 数字出版概念界定

国内外数字出版的界定和研究重点存在着一定的差异性。国外多使用"数字内容产业"提法,数字出版研究范畴侧重于数字化图书、电子书和智能应用程序的开发和商业模式的探讨。[1]

一、数字出版概念梳理

我国数字出版相关研究始于2000年。赖茂生(2000)在《从电子出版到数字出版》一文中思考我国电子出版业前景时提到"数字出版"。该文涉及技术变迁发展方向,但未对数字出版概念作出界定。此后,不同学者的数字出版界定范畴并不统一,观点呈现多样性与渐进性。

(一)与电子出版概念合流

"数字出版借助计算机等设备,通过光学、电子工艺技术,将文字、图片、声音等信息采用数字编码的方式记录在以光、电、磁等为介质的物质设备中,在需要的时候可以通过特定的设备读

---

[1] Lasse Korsemann Horne. Apps: A Practical Approach to Trade and Co-Financed Book Apps.[J]. *Pub Res Q*(2012)28:17-22. DOI 10.1007/s12109-012-9257-4.

取、复制和传输。数字出版大致包括光盘读物、电子图书、网络出版等形式。"①

电子出版对应英文词应是 Electronic publishing,最初是指电子出版物的生产。电子出版概念最早见于 1977 年,主要是指把电子计算机技术用于出版物的印前编辑出版工作。②

这种概念界定与电子出版的差异并不突出。数字出版的内涵要大于网络出版。文中结合国内外案例,详细论述了数字技术对出版业的产品形态、运作方式和流通渠道所产生的影响。但对数字出版中网络出版与其他出版形态的差异,以及区分类型的划分标准论述得并不是很明确。

模拟电子出版已基本退出历史舞台,目前电子出版和数字出版概念几乎吻合。艾尤阿米仁认为,数字出版是两个传统概念的结合,即数字化和电子出版。③

(二) 作为网络出版的同义概念

数字出版是以互联网为流通渠道、以数字内容为流通介质、以网上支付为主要交易手段、基于网络的出版和发行方式。④

(三) 包含网络出版作为其下位概念

网络出版并不包括封装型电子或数字出版物,是后者的下位概念。随着封装型载体被认定为过渡产品,网络出版与数字出版内涵外延较为接近。网络出版不包括印前部分。⑤

(四) 以流程介质作为界定标准

使用二进制对出版流程产生阶段性或全局性影响,可视为数字出版形式。涵盖原创作品数字化、编辑加工数字化、印刷复制数字化、发行销售数字化和阅读消费数字化。不仅强调介质,还包括出版流程。⑥

---

① 赵玉山:《出版业的数字化趋势与应对策略》,《科技与出版》2002 年第 6 期,第 48 页。
② 林穗芳:《电子编辑和电子出版物概念、起源和早期发展》,《出版科学》2005 年第 3 期。转引自张立:《数字出版的若干问题讨论》,《出版发行研究》2005 年第 7 期,第 14 页。
③ 徐丽芳:《数字出版:概念与形态》,《出版发行研究》2005 年第 7 期,第 7 页。
④ 书生之家:《数字出版,引发书业革命》,《中国电子与网络出版》2003 年第 4 期,第 17 页。
⑤ 徐丽芳:《数字出版:概念与形态》,《出版发行研究》2005 年第 7 期,第 8 页。
⑥ 张立:《数字出版相关概念的比较分析》,《中国出版》2006 年第 12 期,第 11-14 页。

从 2009 年开始,数字出版研究突破相近概念辨析,着力于回归数字出版本身的细分。此时期数字出版被划分为两个部分:过程数字化和成果数字化(吴江文,2010)。① 2009 年学界与业界讨论更多侧重于成果数字化。

(五)以重复使用作为核心诉求

2009 年 6 月,澳大利亚学者界定数字出版是依靠互联网作为传播渠道的出版形式,通过建立数据库实现重复使用目的。学者阎晓宏(2013)赞同澳大利亚学者的界定,但认为信息网络概念才是更为科学的概念,既包括互联网也包括局域网。②

面对数字出版,管理统计部门的界定标准与学界探讨之间存在着一些差异。对于数字出版涉及产业领域的宽窄有一些不同,应避免数字出版的泛化与窄化而产生的不利因素。对于数字出版政策的把握,也需要厘清政府规制部门与行业、学界的差异,为科学实施政策奠定基础。

二、政策文本中数字出版内涵

(一)政策文本中数字出版内涵演变过程

1.数字出版前概念:电子出版物及其产品形态

早在 1997 年 12 月,原新闻出版总署就发布了部门规章《电子出版物管理规定》。该规章于 2008 年废止,并重新公布了新版《电子出版物出版管理规定》。

1997 年总署所称的电子出版物,是指以数字代码方式将图文声像等信息编辑加工后存储在磁、光、电介质上,通过计算机或者具有类似功能的设备读取使用,用以表达思想、普及知识和积累文化,并可复制发行的大众传播媒体。

2007 年 1 月,规范性文件《关于转发财政部、国家税务总局关于宣传文化增值税和营业税优惠政策的通知》中,涉及电子出版增值税收取方式问题,并明确享受优惠政策的电子出版范畴。与之前界定概念相比,增加了更

---

① 吴江文:《2009 年数字出版研究综述》,《中国出版》2010 年第 3 期(下),第 35 页。
② 阎晓宏:《关于出版、数字出版和版权》,《现代出版》2013 年第 3 期,第 6 页。

多新兴载体和介质,例如更多可存储甚至交互的设备载体。

2008年总署界定的电子出版物,是指以数字代码方式,将有知识性、思想性内容的信息编辑加工后存储在固定物理形态的磁、光、电等介质上,通过电子阅读、显示、播放设备读取使用的大众传播媒体,包括只读光盘(CD-ROM、DVD-ROM等)、一次写入光盘(CD-R、DVD-R等)、可擦写光盘(CD-RW、DVD-RW等)、软磁盘、硬磁盘、集成电路卡等,以及新闻出版总署认定的其他媒体形态。①

上述对电子出版物的概念界定,具有一定的共性特点和细微差别。共性特点在于其技术实现方式上均以数字代码作为编写方式,而在存储载体方面强调磁、光、电介质。随着技术的更新与淘汰,媒体形态旧的形式逐渐被边缘化,例如软磁盘(FD)。而新的形式在不断丰富,例如一次性写入式光盘、可擦写光盘、硬磁盘和多种形式的集成电路卡。在电子出版物的界定方面,关注更多的是其实体物理介质,而非虚拟化的介质载体。

2.规范性文件中数字出版内涵和产品形态

(1)出现"数字出版"字样

2006年12月,在《关于印发新闻出版业"十一五"发展规划》的通知中,出现大力发展"数字出版"字样。对数字出版产业涉及产品数量、形态开发、科技研发方向、基地开发和强势企业打造进行了较为详尽的规划,倡导发挥产、学、研合力作用。② 在这一阶段,对数字出版的把握主要来自于业态的新变化。数字出版产业包含互联网、通讯网和电视网在内的网络出版。而手机报刊、数据库、各种形式的电子书都成为数字出版中活跃的产品形态。

2010年1月,《新闻出版总署关于进一步推动新闻出版产业发展的指导意见》提出,推动新闻出版产业发展的重点任务是要发展数字出版等非纸介质战略性新兴出版产业。积极推动音像制品、电子出版企业向数字化、网络化转型。积极发展数字出版、网络出版、手机出版等以数字化内容、数字化生产和数字化传输为主要特征的战略性新兴新闻出版业态。支持电子纸、阅读器等新闻出版新载体的技术开发、应用和产业化,提高数字阅读设备的质量、方便性以及版权保护水平。③

---

① 政策文本来源:新闻出版总署—政府信息公开—政策法规,http://www.gapp.gov.cn/govpublic。
② 《关于印发〈新闻出版业"十一五"发展规划〉的通知》,http://www.gapp.gov.cn/govpublic。
③ 政策文本来源:新闻出版总署 政府信息公开,http://www.gapp.gov.cn/govpublic。

这一阶段对"数字出版"仍没有明确的界定,在概念级别上数字出版、网络出版和手机出版具有并行特点,其共同特点源自数字化内容以及生产方式和传输方式的数字化。由此,也衍生了新的数字出版硬件载体、电子纸和阅读器。

(2)明确数字出版的界定与产品形态

2010年8月,《关于加快我国数字出版产业发展的若干意见》明确对数字出版的范畴进行了界定,并提出了数字出版产业发展总体目标、主要任务和保障措施。

数字出版是指利用数字技术进行内容编辑加工,并通过网络传播数字内容产品的一种新型出版方式,其主要特征为内容生产数字化、管理过程数字化、产品形态数字化和传播渠道网络化。目前数字出版产品形态主要包括电子图书、数字报纸、数字期刊、网络原创文学、网络教育出版物、网络地图、数字音乐、网络动漫、网络游戏、数据库出版物、手机出版物(彩信、彩铃、手机报纸、手机期刊、手机小说、手机游戏)等。数字出版产品的传播途径主要包括有线互联网、无线通讯网和卫星网络等。[①]

据2006至2011年数字出版产业构成和收入统计情况,中国数字出版产业年度报告课题组整合了数字出版的分类和近6年的发展与统计情况。[②] 其中,共涉及9个分类,即互联网期刊、电子书、数字报纸、博客、在线音乐、手机出版、网络游戏、网络动漫和互联网广告。其中,互联网期刊的界定在2006至2007年专指多媒体互动期刊。电子书的收入构成,于2009年开始计入了电子阅读器的收益情况。数字报纸在2006至2007年包含网络报和手机报,但从2008年至今不含手机报形态的收益。博客在2008年、2009年两年没有进行统计;在线音乐在2009年没有计入统计;网络动漫在2008年和2009年没有计入统计。手机出版的收入情况在2010年和2011年两年未包含手机动漫的收益。如下表:

[①] 政策文本来源:新闻出版总署—政府信息公开,http://www.gapp.gov.cn/govpublic。
[②] 中国数字出版产业年度报告课题组:《2011-2012中国数字出版产业年度报告摘要》,http://www.chinaxwcb.com/2012-07-26/content_247895.htm。

表 1.1 2006—2011 年数字出版产业构成和收入情况(单位:亿元)

数字出版分类	2006 年	2007 年	2008 年	2009 年	2010 年	2011 年
互联网期刊	5+1(多媒体互动期刊)	6+1.6(多媒体互动期刊)	5.13	6	7.49	9.34
电子书	1.5(电子图书)	2(电子图书)	3(电子图书)	14(电子图书4+电子阅读器10)	24.8(电子图书5+电子阅读器19.8)	16.5(电子图书7+电子阅读器9.5)
数字报纸	2.5(网络报+手机报)	1.5+8.5(网络报+手机报)	2.5(网络报)	3.1(网络报)	6(网络报)	12(不含手机报)
博客	6.5	9.75	—	—	10	24
在线音乐	1.2	1.52	1.3	—	2.8	3.8
手机出版	80	150	190.8	314	349.8(未包括手机动漫)	367.34(未包括手机动漫)
网络游戏	65.4	105.7	183.79	256.2	323.7	428.5
网络动漫	0.1	0.25	—	—	6	3.5
互联网广告	49.8	75.6	170.04	206.1	321.2	512.9
合计	213	362.42	556.56	799.4	1 051.79	1 377.88

数据来源:2011—2012 中国数字出版产业年度报告

在新闻出版广电总局发布的《2012 年新闻出版产业分析报告》中,数字出版的构成也延续之前统计的 9 种分类方式。数字出版收入在全行业占比首次突破 10%。[1]

2012 年国内数字出版产业整体收入规模为 1 935.49 亿元,比 2011 年整体收入增长了 40.47%。其中互联网期刊收入达 10.83 亿元,电子书(含网络原创出版物)达 31 亿元,数字报纸(不含手机报)达 15.9 亿元,博客达 40 亿元,在线音乐达 18.2 亿元,网络动漫达 10.36 亿元,手机出版(含手机彩铃、铃音、手机游戏等)达 486.5 亿元,网络游戏达 569.6 亿元,互联网广告达 753.1 亿元。其中,排名前三位的分别是互联网广告、网络游戏和手机出版。[2]

---

[1] 2012 年新闻出版产业报告发布图书报纸总印数增长趋缓,http://news.xinhuanet.com/book/2013-07/11/c_124988318.htm。

[2] 中国新闻出版研究院:《2012—2013 中国数字出版产业年度报告摘录》,www.chinaxwcb.com-http://www.chinaxwcb.com/2013-07/11/content_272462.htm。

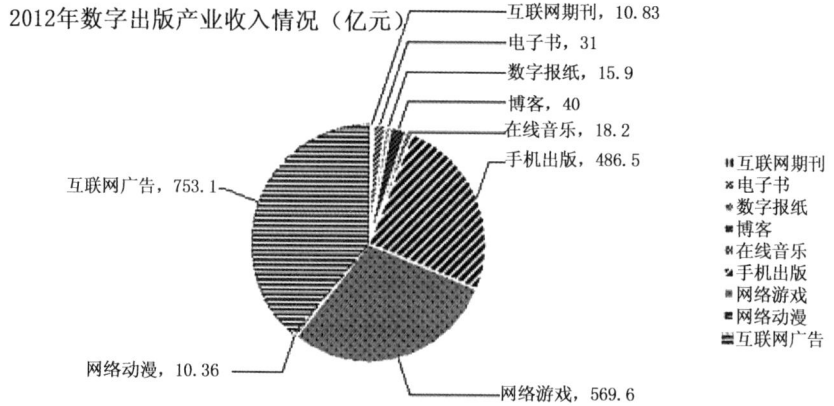

图 1.1　2012 年数字出版产业分类和收入情况

数据来源：2012—2013 中国数字出版产业年度报告

（3）电子书

鉴于电子书是数字出版领域的新型出版物形态，2010 年 10 月，《新闻出版总署关于发展电子书产业的意见》对电子书的概念进行了明确的界定。电子书是指将文字、图片、声音、影像等信息内容数字化的出版物，植入或下载数字化文字、图片、声音、影像等信息内容的集存储介质和显示终端于一体的手持阅读器。

在电子书产业发展重点任务中，原新闻出版总署着重提出了支持和鼓励传统出版单位发挥资源优势，应用高科技，积极开展出版内容资源的数字化加工制作，优化传统出版资源数字化转换质量，涉及提供原创内容的互联网出版单位。以重大项目形式，支持电子书生产企业作为国家数字出版基地重点支持对象，并加快推进电子书标准制定和行业准入制度。[①]

由于电子书在数字出版产品中出现较早，在多标准混乱状态下，形式种类多样，带有阶段性特点。在 2007 至 2009 年之间，电子书以多标准形态被使用，产生了一定的用户基础，又在早期硬件性内容产品形态中缔造了一定的经济收益。在此之后，技术、渠道和平台商业参与起来，电子书经营开始转向多渠道载体的单体售卖形式和产品序列开发。在电子书热的背后，硬

---

① 政策文本来源：新闻出版总署—政府信息公开，http://www.gapp.gov.cn/govpublic。

件载体由强转弱,技术、渠道和内容商逐渐重新建立自身的电子书竞争优势,在这种背景下,规范标准、界定经营领域显得格外重要。

3.数字出版产业延伸与定位提法

(1)数字印刷——印制与复印企业

2007年8月,原新闻出版总署、公安部、国家工商行政管理总局、信息产业部联合发布了规范性文件《关于规范利用互联网从事印刷经营活动的通知》,规范界定了数字印刷行业的遵循事项。《新闻出版业"十一五"发展规划》明确提出"鼓励采用快速、按需、高效、个性化的数字印刷"。

2010年1月,《新闻出版总署关于进一步推动新闻出版产业发展的指导意见》指出,加大印刷、复制产业结构调整力度,促进印刷、复制产业升级换代。鼓励印刷、复制企业积极采用数字和网络技术改造生产流程和现有设备。实施数字印刷和印刷数字化工程,推动发展快速、按需、高效、个性化的数码印刷。

2011年1月,原新闻出版总署发布规范性文件《新闻出版总署关于印发〈数字印刷管理办法〉的通知》,该办法适用于采用生产型数字印刷机从事出版物、包装装潢印刷品和其他印刷品印刷的经营活动(以下简称"数字印刷经营活动")。国家支持、鼓励数字印刷经营企业采用新技术、开拓新模式、提供新服务。国家对数字印刷经营活动实行许可制度;未经许可,任何单位和个人不得从事数字印刷经营活动。[①]

(2)数字文化服务业

2012年2月23日,文化产业司发布规范性文件《文化部关于印发〈文化部"十二五"时期文化产业倍增计划〉》,提出数字等高新技术在文化领域的广泛应用,应促进文化内容以及产品的数字化的转化和开发,加快文化产品的生产、传播、消费的数字化进程,加强文化内容与数字技术结合,培育新兴文化业态。[②]

从这一规范性文件中可以看出,数字出版的范畴从属于文化服务产业,是贯穿于生产、传播和消费的数字化。从产业归属角度来看,数字出版的范畴从属于数字高新技术在文化领域的广泛应用。对其认识应从文化内容的

---

① 政策文本来源:新闻出版总署—政府信息公开,http://www.gapp.gov.cn/govpublic。
② 文化部关于印发《文化部"十二五"时期文化产业倍增计划的通知》,http://guoqing.china.com.cn/zwxx/2012-03/02/content_24782595.htm。

本质出发,涵盖转化与开发两个阶段,一方面意味着一种传统文化内容和相关企业的数字化转型,通过技术因素重新配置文化内容的商业价值和社会价值;另一方面,通过创制或开发新的内容或产品,达成数字化产品的扩散与定价方式的革新。这种定位方式将数字出版界定为文化服务业,其特殊性表露无遗,明确了数字出版具有文化属性、商业属性和服务属性。

(3)公共数字文化建设

2011年11月15日,《文化部、财政部关于进一步加强公共数字文化建设的指导意见》指出,实施重点公共数字文化惠民工程。"十二五"时期,重点实施文化共享工程、数字图书馆推广工程和公共电子阅览室建设计划,加强统筹,协调发展,提升三大公共数字文化惠民工程的整体效能。[①] 广义上的数字文化领域其实也包含公共文化领域,以技术为先导,实现公共服务的属性,强调公益属性和文化属性相结合。

三、数字出版内涵与外延的再思考

规范性文件中对数字出版的界定范畴倾向于成果与过程的数字化。强调网络传播的特点,而网络则广义包含有线互联网、无线通讯网和卫星网络。但实际上,数字化进程尚处于发展阶段,从最初的产品制作技术到内容产生过程与传播过程,再到全流程的再造以及产业链重组,都处于发展变化之中。

(一)阶段性概念特征

当下的数字出版实际上是个阶段性概念,表面上其核心在于数字化进程;但其本质是打破原有的二维出版时空环境与展现方式,成为三维时空压缩的展现方式。出版界定的重心也从印刷发表扩展到复制传播与新技术存储层面,专业编辑"去中心化"与"重新中心化"现象明显,由此,出版产业链条中的不同企业所处的地位已经发生较大变化。竞争性优势在产业融合与受众生产的双重作用下被不断稀释、消解或者转移。出版内容功能也将信息、娱乐、服务、教育、模拟或现实社交融于一身。出版内容本身发生巨大变化,内容的边界和文本的界限越来越打破原来的认知传统,具有半开放性和

---

① 文化部、财政部发布《关于进一步加强公共数字文化建设的指导意见》,http://www.ce.cn/culture/whcyk/gundong/201112/21/t20111221_22939398.shtml。

互文性的内容会获得更大的附加价值。

　　数字创新是一种纯粹的组合式创新。每一步的发展都会成为未来创新的一块"积木"。进步会不断地积累。数字世界从来不受任何界限的制约。在摩尔定律和数字化的共同推动下,具有潜在价值的电子"积木"在全世界呈现出爆发态势,各种组合、各种可能都在以前所未有的速度成倍增长。这种创新被称之为全球性的"积木式创新"。[①]

　　数字化进程仍在持续进行,它所带来的变化涉及整个内容与管理系统的内部管理与经营活动的信息化与数字化操作,与外部供应链交易管理的数字化关联,与印刷、发行机构以及终极用户的交易关系与模式正随着数字化权力博弈而变化。传统出版企业所面临的数字化挑战与机遇并存,只不过由于前期优势领域与规模积累程度不同而形成一定程度的难易不均。数字化压力来自于功能定位选择和附加价值产生能力的提升要求,数字化机遇在于缩短与内容源和终极用户之间的渠道距离与层差,但恰恰容易陷入更多参与主体的用户接近性博弈。因此,数字出版的界定方式,正在突破出版领域界限、产品形态界限、产业链地位边界界限。它强调经营活动效力与效率的深度挖掘,由原有单一性、封闭性固化内容产品形态,转向复合性、半开放性或全开放性流化内容产品与关系服务形态。由此,其生产与服务者主体必然更加多元化,在流畅的产业链流动过程中,阶段性环节控制权力的大小决定了当下的竞争格局。但同样需要注意的是,用户需求的短时吸引、阶段容忍和根本需求之间的关系与影响,决定了用户习惯的培养周期与企业盈利价值缔造周期的长短。

　　从近几年的数字出版产业统计以及规范性文件的数字出版物界定来看,电子出版物在统计过程中并没有和数字出版物整合在一起;而且,数字出版内容包含互联网广告、网络游戏、手机游戏、在线音乐、手机彩铃,这打破了原有出版内容的范围。从某种程度上讲,这些可能是数字出版盈利模式的重要组成部分,涵盖多维度产品延伸与预期组合设想。其中,互联网广告是延续原有报刊产品呈现和网络化盈利模式的重要组成。在线音乐和手机彩铃则更多强调它们的网络性和终端性特点,有可能成为预期数字出版产品中的嵌入式组成部分。但目前阶段,其关联性确实较弱,并且涉及不同著作权利的运营维护方式。而手机游戏和网络游戏则有可能成为版权运营

---

① 第二次机器革命核心观点,http://finance.qq.com/a/20140903/001053.htm。

深度开发的产物,作为未来数字出版产品序列开发的前端产品或后端产品。网络地图出版物近两年随着生活服务类应用的普及,由静态展示到动态实时更新,由服务性载体不断开发信息属性,也成为数字出版物中非常重要的组成部分。

在内容生产过程中,专业内容生产主体承载较大压力,用户生产内容基数巨大,它们通过提供原创内容、信息或对原有内容的评价意见来施加营销影响;而技术数据巨头可以利用数据搜索与挖掘技术甚至聚合软件冲击单一专业内容生产主体。在计算机、互联网技术的推动之下,数字化浪潮席卷各个产业领域。当下的内容生产方式也随之发生巨大的变化,UGC 模式内容和 PGC 模式内容并行。一方面,新兴技术方式不断引入,例如搜索引擎对于内容基因进行抽取从而进行内容再生产与营销。另一方面,利用 RSS 聚合手段集合内容,或者利用算法的形式进行大数据内容生产,这些都将改变内容生产的既有方式。一些技术公司已经开发了引入机器人写作的部分,这些都势必影响生产模式和参与主体的竞争格局,也同样会影响数字出版的内容服务边缘。

(二)数字出版边界困惑——源于内容的再界定与重组

数字出版对原有出版内容的形式创新影响巨大,影响了数字出版的用户定位与商业模式的选择。于是,我们会遭遇手机音乐或在线音乐、网络游戏、手机彩铃、手机游戏等形式是否属于数字出版的困惑,归根结底,这都是技术实现形式、存储形式、介质形式以及传播形式影响下的内容重组。

目前,相关技术层出不穷,以介质或载体来描述数字出版永远会处于更新或代谢状态;另外,产业内部也对自己从事的领域产品是否属于数字出版产品存在疑惑。"泛数字出版"和"数字出版狭窄化"的趋势同时存在。

这些跨界融合产品的出现必然会对原有管理方式、管理机构的权责和管理方式提出挑战。在新兴信息通信技术产业发展日新月异的背景下,诉诸内容与服务的企业定位不断合流,媒体政策、通信政策必然需要重新划分边界和改革管理形式。

英国学者约翰·B.汤普森(John B.Thompson,2005),将内容定位为 4 个层面,再具体划分为 8 种形式。这些形式在电子化、数字化技术作用的价值增值能力与速度方面具有差异性和不确定性。数据、信息、离散成果以及聚合知识是细碎的内容,它们组合成离散的片状数据或文本,能够被聚合成多种形式的集合体,并且在诸如可平衡性、可检索性和互文性功能方面增加实际价值。叙事体内容具有渐进累积特征,需要延续性时间完成阅读。持续性辩论和教学知识也具有渐进累积特征,但网络环境有途径来增加它们的价值。①

为此,笔者对数字出版进行了如下界定:数字出版是指用数字化手段重塑传统出版形态并萌生新形态的出版行为领域,运用计算机存储、运算、网络传输和智能输出呈现等技术手段重组数据、信息、知识和叙事内核的生产方式、发布形式和盈利方式的活动领域。

可以说,回归到内容分类本源,根据不同内容类目情况,其数字化转化速率与价值集聚是具有差异性的。有些内容适合规模化集聚数字化,而其他内容则只能以 IP 产业链延伸转化。而在新的技术条件下,内容和表现形式其实密不可分。因此,还需要从技术承载方式、媒体表现形式与内容元属性的配套角度来考虑数字出版的界定边缘。

第二节 产业政策的概念及其分类

"产业政策"(Industry Policy)概念最初出现于急于赶超英国工业革命成果的德国,由历史学派代表李斯特(Liszt)在《政治经济学国民体系》中率先提出。"产业政策"这个概念是第二次世界大战以后在法国确立的,日本以"产业政策"为核心指定的赶超战略是从法国引进的。两角良彦(1966)在《产业政策理论》书中正式使用"产业政策"概念,1970 年以后这一概念开始被广泛采用,并为世界所关注②。

一、产业政策代表性定义

根据不同的目的和功能,对产业政策本质属性的界定呈现出一定的差异性,其代表性定义如下:

第一,产业政策是政府有关产业的一切政策的总称。英国学者阿格拉(Agra1985)认为,"产业政策是与产业有关的一切国家法令和政策。"③日

---

① 〔英〕约翰·B.汤普森:《数字时代的图书》,张志强等译,译林出版社 2014 年版,第 326 页。
② 许玉龙:《重视产业政策研究 发挥产业政策作用》,《农村金融研究》1987 年第 11 期,第 9 页。
③ 〔英〕阿格拉:《欧洲共同体经济学》,戴炳然等译,上海译文出版社 1985 年版,第 132 页。

本经济学家下河边淳、管家茂(1982)认为,产业政策是"政府为实现某种社会和经济目标,以全部产业为对象通过对产业的保护、扶植、调整和完善,干预产业或企业的生产、营业、交易活动,调节商品和服务生产的政策的总称"①。

第二,产业政策是政府为弥补市场缺陷实施的干预政策总称,是当市场价格机制调节失灵时,政府所采取的一系列补救政策。小宫隆太郎等(1988)认为,产业政策是"政府为改变产业间的资源分配和各种产业中私营企业的某种经营活动而采取的政策"②。

第三,产业政策是后进国家为赶超发达国家所采取的政策总和。杨沐(1989)谈及日本经济学家并木信义的观点,认为"产业政策就是当一国的产业处于比其他国家落后状态,为加强本国产业所采取的各种政策"③。

第四,产业政策是为了提高本国国际竞争力的政策体系。江小涓(1996)提到,产业政策是"政府为了取得在全球的竞争能力,在其国内推行的发展或限制各种产业行为的总称"④。

第五,产业政策就是经济计划,是政府对未来产业结构变动方向的干预。⑤ 毕伟(1998)将出版产业政策的调控功能总结为:资源配置结构的政策导向功能、产业运行态势的政策协调功能、产业运行机制的政策组合功能。⑥

二、产业政策的分类

(一) 广义分类

如果把产业政策的广义表现形式同义于中央政府引导和干预产业经济活动的方式,其结果必然是多样化的产业政策形式。通常看到的涉及各个产业发展的规定、法规、计划、政令、条例等都可以纳入其中。

1.国际通行产业政策类别

从国际上看,在众多具体形式上,随着现代市场经济的发展,产业政策

---

① 〔日〕下河边淳、管家茂:《现代日本经济事典》,中国社会科学出版社1982年版,第192页。
② 〔日〕小宫隆太郎等:《日本的产业政策》,国际文化出版公司1988年版,第3-6页。转引自张泽一:《产业政策的影响因素及其作用机制》,《生产力研究》2009年第10期,第116-117页。
③ 转引自杨沐:《产业政策研究》,上海三联书店1989年版,第3页。
④ 江小涓:《经济转轨时期的产业政策》,上海三联书店、上海人民出版社1996年版,第8页。
⑤ 转引自芮明杰:《产业经济学》,上海财经大学出版社2005年版,第454页。
⑥ 毕伟:《出版产业的市场作用机制及产业调控政策》,《中国出版》1998年第6期,第6页。

主要有三大类别：

一是导向型产业政策。这类政策具有预测性，它不注重实施的细节性问题，而倾向于对未来发展格局的展望、对产业结构变化可能性的判断以及对政府政策意向的表述。二是差别化产业政策。这类政策针对特定重点产业，具有强烈的可操作性。通过提供资金、税收、价格、金融等方面的特殊政策，形成优于其他产业的市场环境。三是功能性产业政策。通过提供一系列促进竞争的政策和法律，维护市场机制的正常运转。就我国而言，未来二十年产业政策的主要类型和形式应包含如下几个方面：一是指导性产业政策纲领，二是特定产业和领域基本法，三是特定产业振兴条例，四是产业优先序列，五是规范经济和技术标准，六是特定地域产业政策。[1]

2.从渊源来看传媒产业政策分类

传媒产业政策是国家对传媒产业加以控制和制约的各种法律、规章、制度的总和。它强调政府或者公共部门从公众利益出发，通过控制和规范传媒经济主体的行为，纠正在市场不健全或市场失灵情况下发生的资源配置的非效率性和不公正性分配，旨在合理调整产业结构、优化资源配置、实现公众利益、维护社会秩序稳定。[2]

从渊源来看，传媒产业政策主要表现在以下几个方面：

首先是宪法和宪法性法律。世界各国都把宪法有关内容作为传媒产业政策最重要的依据。

其次是一般法。一般法是相对于宪法和专门的媒介法而言的，是调整整个社会生活或者某一社会生活方面的社会关系的法律规范。

再次是专门法。除了宪法和一般法，各国还制定了专门的法律进行补充。

最后是自律规则。多数国家或地区也都通过相应组织针对传媒产业颁布自律规则。[3]

3.按照效力层级划分文化创意产业政策

文化创意产业政策主体与一般产业政策主体相似，也是由国家法律、行

---

[1] 刘慧敏：《新时期我国产业政策的类型和表现形式——访国家计委长期规划和产业政策司副司长刘鹤》，《中国投资与建设》1994年第7期，第10-11页。
[2] 董静、李本乾：《欧美传媒产业规制及模式》，《当代传播》2006年第5期，第38-41页。
[3] 杨海军、王成主编：《传媒经济学》，高等教育出版社2008年版，第61-62页。

政法规、战略规划、部门规章、规范性文件和部门文件六类构成。①

(二)狭义分类

狭义产业政策,主要侧重于产业政策的功能或诉求层面。

1.三类法

杨吉华(2007)概括为结构政策、组织政策和发展政策三大类。②

2.四类法

刘希宋等(2004)认为,产业政策包括组织政策、结构政策、技术政策和布局政策四个方面。③

3.五类法

李川(2009)结合创意产业的特殊性,在原有四类产业政策基础上增加文化体制创新政策。④

以上几种产业政策分类法的共同点在于,都是以产业结构政策为核心,把产业组织政策作为重要组成部分。不同点在于,产业发展政策可能涵盖技术政策和布局政策。而由于创新对文化产业的重要作用,也有体制创新政策的提法。

4.诉求划分法

以政策诉求目标作为划分依据,又可以把产业政策分为作用于供需以及环境各个环节的政策和以买方卖方为主导的不同市场环境下的产业政策。

(1)以技术创新为诉求

罗尔·罗茨韦尔(Roy Rothwell,1985)和瓦尔特·泽福德(Walter Zegveld,1985)认为,技术创新政策工具是一套复合政策体系,在技术创新全

---

① 张京成、沈晓平、张彦军:《中外文化创意产业政策研究》,科学出版社2013年版,第25页。
② 欧阳坚:《文化产业政策与文化产业发展》,中国经济出版社2011年版,第61页。转引自杨吉华:《文化产业政策研究》,中共中央党校博士学位论文2007年。
③ 刘希宋、夏志勇:《全面建设小康社会的我国支柱产业的选择》,《工业技术经济》2004年第23卷第5期,第48-52页。
④ 李川:《我国创意产业政策有效性的评价研究》,电子科技大学博士学位论文2009年,第116页。

过程中发挥作用。①

(2)以市场需求变化为诉求

周正兵(2010)曾对出版产业政策实施进行划分,针对不同市场需求采取了差异性目标的政策类型,实现了由补缺型向升级型政策的转向。②

无论是广义分法还是狭义分法,产业政策类别界定都存在一定共性特征。产业结构政策是产业政策的核心。产业结构政策是政府通过影响与推动产业结构的调整和优化,从而促进经济增长的产业政策。③

产业组织政策是指由政府制定的干预市场结构和市场行为,调节产业内企业间关系的政策措施。④ 它往往侧重于调节产业链条中处于不同链条环节的企业行为。

产业技术政策往往是推动高新技术推广、促进产业升级的政策措施。⑤ 美国较多地以法案和政府报告形式发布政策,日本较多地以纲要和计划的形式发布政策,我国则以若干意见、决定、规定、目录、管理办法和通知等形式发布政策。根据其作用和目的,产业技术政策可分为扶植性产业技术政策、规范性产业技术政策和引导性产业技术政策。⑥

产业布局政策一般侧重于空间或区域政策的设计与协调。有关数字出版产业布局政策有两个方面内容:一是区域数字出版产业扶持政策,二是区域数字出版产业调整政策。⑦

---

① 《目前政府介入产业研究发展政策之检讨与评估》,经济部、工业局、中华经济研究院编印(台湾地区)。转引自张雅娴、苏竣:《技术创新政策工具及其在我国软件产业中的应用》,《科研管理》2001年第4期,第65-66页。
② 周正兵:《我国出版产业政策演变及其趋势——兼及对出版产业"十二五"规划的建议》,《中国出版》2010年第11期(上),第31页。
③ 黄先蓉、赵礼寿、阮静:《出版产业政策的价值取向与原则的制定》,《中国出版》2011年第6期(上),第26-29页。
④ 黄先蓉、赵礼寿、刘玲武:《数字技术环境下的出版产业政策调整——基于2000年—2010年数字出版的政策分析》,《编辑之友》2011年第7期,第15-18页。
⑤ 黄先蓉、赵礼寿、阮静:《出版产业政策的价值取向与原则的制定》,《中国出版》2011年第6期上,第26-29页。
⑥ 陈守明、李永、程德理:《技术发展中的产业政策》,化学工业出版社2010年版,第13页。转引自高志前:《产业技术政策的内涵与功能》,《中国科技论坛》2008年第3期,第48-51页。
⑦ 黄先蓉、赵礼寿、刘玲武:《数字技术环境下的出版产业政策调整——基于2000年—2010年数字出版的政策分析》,《编辑之友》2011年第7期,第15-18页。

第三节 产业政策理论研究基础

产业政策研究往往涉及三个层面,产业政策体系完整性分析、产业政策效果分析(包括投入与产出分析、质量分析)以及产业政策执行与调整反馈研究。

一、政策科学与政策分析

1951年,斯坦福大学出版了拉纳(Daniel Lerner)和拉斯韦尔(Harold D. Lass well)主编的《政策科学:范围和方法的新近发展》一书,该书被认为是现代政策科学诞生的标志,并由此逐步形成了两种基本范式,即拉斯韦尔—德洛尔的政策科学传统和以林德布洛姆等人为代表的政策分析传统。[①]

(一)政策科学

拉斯韦尔被誉为"现代政策科学创立者"。1950年他在与卡普兰(Kaplan)合著的《权力和社会:政治研究的框架》中首次正式使用"政策科学"这一概念。他对社会科学中的政策研究方向即政策科学的对象、性质和发展方向作出规定,奠定了政策科学的基础。他认为,政策科学或社会科学中的政策方向可以超越社会科学的零碎的专门化,确立一种全新、统一的社会科学。[②]

公共政策是政策主体、政策作用的对象,即政策客体与政策环境相互作用的过程和产物。根据大卫·伊斯顿(David Easton)等人提出的系统模型的解释,政策过程总是处在需求、支持"输入"与价值、财富"输出"的循环往复之中,政策输出产生新的要求,新的要求进一步导致政策输出,政策不断地得以调整与完善,逐渐接近政策目标。[③]

[①] 陈振明:《政策研究领域的两种基本范式》(这里删去原文的正标题"是政策科学,还是政策分析?")原载《政治学研究》1996年第6期。转引自陈振明:《政治学前沿》,福建人民出版社2000年版,第325页。

[②] Daniel Lerner and Harold D.Lasswell, *The Policy Sciences: Recent Development in Scope and Method*, Stamford, CA: Stamford University Press,1951,pp.3-4. 陈振明:《政策研究领域的两种基本范式》(这里删去原文的正标题"是政策科学,还是政策分析?")原载《政治学研究》1996年第6期。转引自陈振明:《政治学前沿》,福建人民出版社2000年版,第326页。

[③] 陈振明:《政策科学》,中国人民大学出版社1998年版,第36页。

新古典经济学家提出了他们的核心假设、类别和理论,转移了政策研究的重心。结果是,标志公共选择理论或实证政治经济学等各种名称的研究取向,现在已经在政策研究的核心地带占据了重要位置。①

政策研究的政治学一翼有非常强烈的多元论倾向,它把国家视作利益竞争的复合机器,利益各方都积极介入了决策过程中。政策研究过分强调国家,尤其强调处理政策问题时的法律——法规形式体系。政策研究的经济学一翼,即公共选择派。②

(二) 政策分析

政策分析(Policy Analysis,PA),是一门对政策的分析、选择、执行和评价的全过程进行研究的新兴学科。它是当代欧美国家(特别是英美等国)的社会科学四个主要研究项目之一。早期政策分析着眼于政府决策行为的研究、决策的科学化和理性化;20世纪六七十年代,政策分析的视野扩大并涉及各种热点问题;70年代中期以后,开始侧重政策分析的"趋后倾向";进入80年代,政策分析发展趋势开始进入比较公共政策的研究阶段,研究重点已从政策咨询、政策执行转向"政策效率"。政策评价使用模型有系统模型,系统生态学模型,B/C(费用/效益模型)、E/C(成本效能)分析,战略管理模型,多属性效用理论等。③

针对文化产业领域,英国 DCMS 机构发展出一种评估文化政策投资的框架。其评估方法包含三个步骤:首先,发展一个政策矩阵以提供一种分类法来明确和辨认既有的不同种类的文化政策以及政策目标,特别是它们如何介入目标;其次,每一种政策的基本原理既涵盖了如何理解文化政策介入范围的经济原理,同样也包含了介入路径涉及的多样化的原理与评估关于介入的各种争论的鲁棒性;最后,列举政策发挥影响的证据,提供政策介入文化领域产生积极作用的佐证,进而描述政策预期带来的积极效果和对其测量的方法。表1.2 主要提供了分析框架中的要素。④

---

① 〔加〕文森特·莫斯可:《传播政治经济学》,胡正荣译,华夏出版社2000年版,第241页。
② 同上书,第248页。
③ 高长云、鲁德胜:《政策分析与环境政策》,《生态经济》1991年第3期,第15-16页。
④ Michael Ridge Damien O'Flaherty Amy Caldwell-Nichols Richard BradleyCatherineHowell. A framework for evaluating cultural policy investment. Frontier Economics 2007 A REPORT PREPARED FOR DCMS.

表1.2 评估文化政策影响的框架

政策	政策名称						
第一步：策略客体	策略对象						
第二步：经济特征	教育	消费	研究	建筑改造	再生	网络构建	集群
第三步：干预逻辑	信息的外部性缺失；选择的质量	信息外部性合作失灵；选择的质量	公共利益；选择的质量	缺乏信息	协调失败；公共利益	交易花费；缺少信息	协调失灵外部性
第四步：干预潜在利益	提高考核结果、提高软实力、创造能力的大范围供给	重复文化消费用户数量占比的提升	通过教育提高知识产品输入	为其他项目活动提供关键输入	雇佣更高能力雇员在一些新兴企业通过教育、旅游等方式滞留	输入其他活动减少花销、提升信息流动	发展新产业能力训练、教育、滞留、雇佣

来源：DCMS机构2007前沿经济报告（Frontier Economics 2007 A REPORT PREPARED FOR DCMS）

二、规制研究理论

张新华（2010）从广义上作出如此诠释：政府规制是政府干预经济的一种形式，是政治过程和经济过程的结合体。[①]

（一）规制的内涵

卡恩（Alfred E.Kahn）认为，规制的实质是"政府命令对竞争的明显的取代，作为基本的制度安排，它企图维护良好的经济绩效"。斯蒂格勒（Stigler）认为，规制就是国家强制权力的应用，他将规制定义为"产业所需要的为其利益所设计和操作的一种法规"。[②] 从根本上说，政府规制是在市场经济条件下，政府对市场运转问题的一种纠正，其目的在于维护正常的市场秩序，提高资源配置效率，增进社会的福利水平。

[①] 张新华：《转型期中国出版业制度分析》，中国传媒大学出版社2010年版，第9页。
[②] 臧旭恒等：《产业经济学》，经济科学出版社2005年版，第443-444页。转引自张新华：《转型期中国出版业制度分析》，中国传媒大学出版社2010年版，第66页。

(二) 直接规制和间接规制

根据政府是否直接干预企业决策的标准,政府规制分为直接规制(direct regulation)和间接规制(indirect regulation)。其中以形成并维持市场竞争秩序的基础,即以有效发挥市场机制职能而建立完善的制度为目的、不直接介入经济主体而仅制约那些阻碍市场机制发挥职能的行为的政策,属于间接规制。间接规制由司法部门通过司法程序实施,其法律依据一般包括反垄断法、商法和民法等。直接规制则是以防止发生与自然垄断、信息不对称、外部不经济及非价值物品有关的,在社会经济中不期望出现的市场结果为目的,通过政府认可和许可的法律手段直接介入经济主体的决策。直接规制由政府有关行政部门直接实施。①

(三) 规制失灵与规制改革

由于规制的存在,过分或不当地限制市场竞争会造成资源配置效率低下,形成规制失灵。规制失灵的存在引起了人们对政府规制的反思和改革。政府规制改革的方式一般分为激励性规制和放松规制。激励性规制是一种较温和的改革措施,其目的是通过适当的刺激,使被规制企业的内部效率提高,它所采用的主要方法有区域间竞争、特许权投标制、价格上限规制和社会契约制。放松规制是较为激进的改革措施,主要是在市场机制可以发挥作用的产业,完全或部分取消对规制产业的进入、价格、投资、服务等方面的经济性规制,促进企业间竞争,提高效率,增加社会福利。②

(四) 出版业规制

外部性是现代经济学研究的重要范畴,是市场失效的重要表现之一。当个人或厂商的一种行为直接影响他人或社会,却没有支付相应成本或得到相应的补偿时,就出现了外部性。外部性意味着个人和厂商没有承担其行为的全部后果。按照外部性产生的经济后果,可以将其分为负外部性和正外部性。市场机制无力对产生外部性的个人或厂商给予补偿或惩罚,这就需要政府出面对具有外部性特征的行业和领域进行政府管制。出版业是具有外部性的行

---

① [日]植草益:《微观规制经济学》,朱绍文等译,中国发展出版社1992年版,第22页。
② 张新华:《转型期中国出版业制度分析》,中国传媒大学出版社2010年版,第67页。

业,这是由于出版物"是一种典型的外部性产品"①。

出版物一般被认为是准公共物品。世界各国根据各自的国情,对不同出版物依据其公共物品属性的强弱,采取不同的管制方式。② 目前,中国出版业规制的内容主要包括进入规制、内容审查、书号控制、出版社经营范围、中小学教材、激励性规制六个方面。③

三、传媒政治经济学

刘晓红(2007)认为,要理解传播业,就必须理解驱动和制约消费支出和广告支出的因素,需要理解市场这只看不见的手的作用,在资本主义生产方式中,生产工具、资本、劳动力等都是通过竞争市场来获得的。大众传播业还受到国家公共政策影响,而且公共福利政策、教育政策等也会对公众的消费造成影响。④

(一)传媒政治经济学对国家与大众传播的研究视角

传播政治经济学对国家与大众传播研究视角集中在两方面:一是国家是大众传播最大的使用者,二是国家是大众传播业的管理者和政策制定者,对大众传播业具有一定的控制和建构作用。⑤

在西方国家,大众传播业已经成为利润丰厚的产业,成为国家经济体系的一个重要支柱,因此,国家主要是从产业政策的制定和产业管理的角度出发来影响传播业的变迁。在 20 世纪 70 年代末,美国率先采取电信解除管制政策,解除或减轻了对电子媒介产业的各种限制。这一政策很快影响了欧洲。⑥

莫斯可(Vincent Mosco)认为,当代西方国家对传播业的建构可以从商业化、自由化、私有化和国际化四方面来说明。它们都表明一种共同的趋势,即西方资本主义国家逐渐减少对传播业的干预,传播业发展越来越市场

---

① 陈昕:《中国出版产业论稿》,复旦大学出版社 2006 年版,第 14 页。
② 张新华:《转型期中国出版业制度分析》,中国传媒大学出版社 2010 年版,第 68-73 页。
③ 同上书,第 89 页。
④ 刘晓红:《西方传播政治经济学研究》,上海出版社 2007 年版,第 55 页。
⑤ 同上书,第 79 页。
⑥ 同上书,第 82 页。

化,遵循自由市场的原则,而国际化则进一步推动这个趋势在世界范围内发展。①

(二)政策方面相关研究

除了在英、法以及北欧国家涌现了一批政治经济学者之外,在意大利、西班牙也出现了传播政治经济学研究学者群,他们所出版的刊物也产生很大影响,如西班牙刊物《Telos》探讨了传播新技术的政治经济和政策问题。②

政治经济学也从政策科学的发展中获益。政策科学的研讨范围很广,它有两个重心,他们在各自的轨道上围绕一系列研究取向,与之相辅相成。一个重心在以国家为首的政治分析上,另一个重心则在经济,目的是在政治、社会、文化生活中推行所谓的新古典主义(Posner,1992;Stigler,1988)。传统地看,政治经济学试图从特定时期占统治地位的资本形态来读解国家等上层建筑,因此,它能从国家构成角色的严谨研究中获益。③

(三)亚洲传媒政策法规新趋势

2000年年末以来,亚洲传媒业及其政策体系继续发生结构变迁,全球传媒业景观因此别开生面,相关理论反思应运而生。④ 当前传媒制度全球化的突出表现是传媒垄断机构竞争及与此相适应的传媒政策法规的全球化。⑤

传媒数字技术、放松管制、跨国公司、WTO(世界贸易组织)等世界性或区域性组织构成了这一全球化浪潮的发动机、商业网络及其政策法规保障体系,程度不同地引导着亚洲传媒政策的变迁,跨国合作、投资自由化、传媒管制放松、产权制度转型等成为亚洲国家传媒领域较为普遍的现象。⑥

---

① 刘晓红:《西方传播政治经济学研究》,上海出版社2007年版,第84页。
② 同上书,第41页。转引自文森特·莫斯可:《传播政治经济学》,胡正荣译,华夏出版社2000年版,第98页。
③ [加]文森特·莫斯可著:《传播政治经济学》,胡正荣译,华夏出版社2000年版,第243页。
④ John C.Reinard&SandraM.Oritiz,"Communication Law and Policy:The State of Research and Theory". *Communication Law and Policy*.Vol.55.No.3.2005. 转引自金冠军、孙绍谊、郑涵主编:《亚洲传媒发展的结构转型》,上海三联书店2009年版,第1页。
⑤ Robert W.McChesney et al.(edit.), *Capitalism and the Information Age*.New York:Monthly Review Press.1998;DayaKishanThussu, *International Communication*.London:Arnold.2000;Albert N.Greco (edit.).*The Media and Entertainment Industries*.Boston and London:Allyn and Bacon.2000.
⑥ 金冠军、孙绍谊、郑涵主编:《亚洲传媒发展的结构转型》,上海三联书店2009年版,第6页。

第 2 章
国内外经济环境发展变化与产业背景分析

第一节 国内外经济环境发展变化

一、全球化发展环境影响

以美国为主导的发达资本主义国家对国内经济的新自由主义政策趋向,推动了20世纪末至21世纪初的并购热潮,跨国企业的资本角逐日益渗透到世界其他国家市场。

全球化经济形态也呈现出产品服务全球化、人力资源全球化、经营模式全球化、实体经济与数字经济全球化的统一状态。尤其伴随着互联网的发展,数字经济全球化趋势愈加明显。思科集团预计,从2013年至2022年,所谓的"物联网"将会给全球化大型企业创造14.4万亿价值。[1]

数字经济全球化将加剧产品服务个性化和经营规模化的趋势,跨国企业之间的竞争与博弈会更加激烈。国内经济环境以及国内企业主体必将受到这一因素的影响。

1978年以后,中国新闻媒体和出版机构开始通过商业化和市场化运营的方式演进,出版社在发行渠道、复制印刷环节的多

---

[1] Gordon M. Goldstein:《互联网的终结》,沈持盈译,http://site.douban.com/210084/widget/notes/15439766/note/368200999/。

元资本运作突破以及畅销书模式的实践中获得了积极的经验,经济利益和社会利益成为发展的主要目标。在经营性文化产业和公益性文化事业属性机构定位的具体划分后,企业化属性的转化,伴随着更多市场资源配置的禀赋要素的聚焦;公益性文化事业属性机构也同样面临着建立法人治理结构提升自主权的根本要求。而在通信网、计算机网络和广播电视网络融合背景下,相关企业产业化、集团化趋势明显,政府对产业融合需要进行政策供给与调整,同样也需要针对全球化经济导向进行积极应对。

围绕着"走出去"的目标,出版企业无论是产品、服务形态的开发与合作,还是版权引进与输出比例的调整,资本运作领域都作出了一系列的努力。而政府管理部门通过搭建一系列的展会平台和推广工程,通过财税等方式的扶持,积极引导中国出版产业扩大经济效益和国际影响。

二、信息社会、知识经济主导的产业转移

(一)信息社会时代背景

北美行业分类的发布系统将信息产业重新定义为"将信息转变为商品",不但包括软件、数据库、各种无线通信服务和在线信息服务,还包括了传统报纸书刊、电影和音像产品的出版。[1]

人类社会阶段的推进,以信息产业载体为推动力,重塑信息的商业价值和产业格局。这促使以信息为交接点的跨产业关联程度加大,也无疑将扩展原有传统报纸书刊、影视产品出版内容的边界,通过更多新兴技术支持下的载体与形态,将信息胶囊加入内容产品的范围,多种方式的信息服务也成为内容产业的重要组成部分,从而区别于其他服务业。这也是令从业者和政策管理者困惑的一个重要问题,即内容的范围与边界问题。虽然,从意识形态的角度来看,不可忽视不同社会制度下的社会演进的差异性,也有批判西方信息社会理论的学者观点,但这种产业发展潜力和资本趋利性,一定程度上导致了"信息社会"现状的相似性。

(二)知识经济转型

知识经济是具有高智力附加值的产业形态,往往以技术为先导,强调技

---

[1] 张晓明:《拓荒者的足迹——中国文化产业改革发展十年路径与政策回顾》,社会科学文献出版社2013年版,第14页。

术的创新作用和高新技术的产业支柱性。美国因率先完成了向知识经济的重大转型,一直引领西方发达国家产业结构调整的进程。日本近几十年的经济发展主要以产业发展战略作为主要推动力。二战后日本经历了三个重要的发展战略阶段:早期采取进口替代性发展战略,大致发展了十年的时间;而后转向出口导向型发展战略,发展资本密集型产业形态如汽车、电视等;20世纪90年代末到21世纪初进行内容产业的转型,更多的政策导向偏重到这一产业中来。这种演变过程凸显了技术与文化的互动及经济结构中产业转移的动态性。

改革开放三十多年的发展历程,中国经济结构从以农业和农村经济为主导转向以城市为基础的产业化形态,并在此基础上加快第三产业发展,提升第三产业贡献率。在技术更新推动和全球化影响下,与文化相关的第三产业中的新兴战略产业地位日益凸显。

1.第三产业增速与国际竞争矛盾

目前,以 OECD 国家为首的发达国家的第三产业对 GDP 的贡献率已经达到70%以上,而中国的第三产业对 GDP 的贡献率仅有33.6%,这个数字甚至低于相当多的发展中国家的水平。[①] 无论是基于文化安全的考虑,还是贸易服务转型的必要性,中国的文化产业发展必须在产品数量、规模和质量上进一步提升,并通过国内相关政策法规,提升中国文化产品的竞争力,从而扭转以往国内外不对称的竞争格局。

2.外向工业产品出口模式转向内容产品"走出去"模式

受到金融海啸的影响,外向型加工品市场需求受到巨大冲击,中国世界工厂的运作模式受到波及;扩大国内需求和外向型内容产品输出迫在眉睫。北京大学国家发展研究院教授林毅夫指出,受国际周期因素影响,2010年第一季度后中国出现连续13个季度经济增长速度下滑。他认为国内经济调控既要侧重于应对通胀,又要将原有的投资和出口导向,转向消费环节以及国内投资领域。文化内容产业由于其知识性、技术性、低能源消耗、高回报率等特点,成为新型朝阳产业。

---

① 辛广伟:《1990-2000年:十年间的中国图书版权贸易》,载于张晓明等主编:《2001-2002年中国文化产业发展报告》,社会科学文献出版社2001年版,第43页。

三、低碳经济转型要求

2009年6月,英国商务部、能源和气候变化部联合制定了《英国低碳工业战略》。与此同时,数字经济成为了英国后危机发展战略的又一重点。英国政府发表了《数字英国》报告,列举和分析了英国当时数字经济的状况、相对领先的基础以及数字经济飞速发展的前景,并指出英国建设数字经济的五大目标。[①]

在哥本哈根会议之后,中国也作出了发展低碳经济的承诺,并切实进行碳足迹测算以及相关指标的落实工作。中国在近三十年的快速发展过程中,确实也遇到了短期经济利益和长期生态利益的矛盾与冲突,低碳经济可以作为解决这一矛盾的切入点。数字出版产业作为文化产业中的重要组成部分,无疑具有一定的低碳经济潜质。相对于传统出版中树木砍伐和运输存储过程中的能源与原材料消耗,数字出版产业在原材料采集、运输和存储环节中可以减少这些不必要的能源消耗。基于智力资源的产品和服务形式,是较为理想的低碳产品形态。

一般来讲,出版产业本身也存在着低碳与高碳的环节,这与其生产目标和产业链条环节属性有关。但是,并不一定只把介质载体作为衡量低碳和高碳与否的标准,电子终端和网络服务也要基于一定能源消耗。重要的衡量节点在于能源消耗形式、程度以及是否可再生。数字出版产业运行过程中,一方面在原材料环节增加可替代或可再生资源使用,减少不必要的运输和存储,在成本节约方面进行规律性的回收再利用,在印刷复制环节使用更多绿色印刷技术,减少污染与能耗;另一方面,在数字化介质、终端和网络传输过程中,需要精准固定材料成本投入、降低能耗运营成本,增加智力性附加价值。通过这两个层面的共同努力,数字出版产业将成为低碳经济领域中的重要产业载体。

第二节 我国数字出版产业发展推动力和产业生命周期

我国传统文化体制是"事业单位体制",其运行模式是"财政支持型"

[①] 王振华:《英国欲从低碳经济和数字经济寻求突破》,《中国改革报》2009年12月17日。

"社会福利型",俗称"政府办文化"。①

1978年后,我们的新闻媒体和出版机构开始转向事业性单位、企业化管理,但计划经济体制烙印过的新闻出版业仍缺乏竞争力,即使在行政力量推动下,形成了一些新闻出版集团,但仍没有成为市场主体。② 从市场规律的角度来讲,事业性质、企业化管理是世界上最糟糕的管理形式,因为它不能激发工作人员的创造力。③ 柳斌杰认为,文化体制一定要改革,文化单位只有深化改革才能生存。④ 新闻出版机构市场化运营的方式有些是在市场压力下产生的自觉行为,有些确实依靠巨大的行政推动力量,出版社在复制印刷、发行渠道、市场运作环节的多元资本运营的突破很多都如破冰之旅一般。

改革和科技是当代中国新闻出版业发展的两大推动力,也是新形势下党的新闻出版业实现巩固、发展、提高的关键。我们要大力推动体制机制改革,下气力解决体制性障碍和科学技术支撑问题,大力促进新闻出版业科技创新,推动新闻传播方式和生产方式大转变。⑤

在改制的过程中,应明晰产权,使市场定位更加精准,释放企业主体活力,为资本运作奠定条件与基础。

一、我国数字出版产业发展情况与产业微观环境分析

我国数字出版产业年增速一直保持在30%—50%之间。2012年,国内数字出版产值达到1 935.49亿元,比2011年整体增长40.47%,数字出版总产出再创新高。可以说,我国传统出版产业已经具备了数字化转型升级的条件。⑥

(一)基本发展情况

在新闻出版广电总局发布的《2012年新闻出版产业分析报告》中,数字

---

① 张晓明:《拓荒者的足迹——中国文化产业改革发展十年路径与政策回顾》,社会科学文献出版社2013年版,第16页。
② 柳斌杰:《论文化体制改革》,人民出版社2013年版,代前言第4页。
③ 柳斌杰:《坚持用唯物辩证法处理好六个关系——在2007年全国新闻出版局长座谈会上的讲话》,2007年7月14日。转引自柳斌杰:《论文化体制改革》,人民出版社2013年版,第42页。
④ 柳斌杰:《论文化体制改革》,人民出版社2013年版,代前言第8页。
⑤ 柳斌杰:《在旗帜的引领下——党的新闻出版事业90年伟大实践与思考》,《求是》2011年第14期。转引自柳斌杰:《论文化体制改革》,人民出版社2013年版,第8页。
⑥ 程晓龙:《"转型示范"提速数字出版产业发展》,中国新闻出版报,2013年10月25日。

出版的构成包括手机出版、网络游戏、数字期刊、电子书、数字报纸(网络版)、网络广告、网络动漫、在线音乐和博客。数字出版收入在全行业占比首次突破10%,占全行业营业收入的11.6%,较2011年提高2.1个百分点,表明在经历长期高速增长之后,数字出版仍有较大的成长空间。电子书、数字期刊、数字报纸的营业收入增长52.6%,超过数字出版整体增长速度,表明传统出版数字化转型的效果日益显现。以网络动漫和在线音乐为代表的新型数字内容服务形态发展迅猛,营业收入增速高达291.2%。[①]

(二)数字出版产业微观环境分析

1.产业链条各环节主体身份单一化和多元化同步

从微观产业环境角度来看,数字出版产业链条中的各个环节出现了主体身份单一化和多元化同步的情况。这与新技术背景下产业边界模糊以及企业市场竞争渗透力差异有关。

内容采集、制作、分发、售卖各个环节渠道纵横联合,具体产业链条涉及内容提供商、内容集成商、技术研发商、技术服务商、数字印制服务商、版权运营商、终端设备提供商、营销平台集聚商和网络服务商。更多时候,这些环节主体的身份并不单一,出现了两种截然不同的情况:一方面,企业开展垂直一体化战略,获得产业链的多元身份,提升企业竞争能力,例如内容提供商组建销售平台渠道、售卖自制电子阅读器;另一方面,则可能出现凸显企业优势的专业化操作,其他环节可利用外包公司完成的情况;也有在竞争过程中原有一体化优势削弱,使主体身份单一化或边缘化的情况。

2.不同类型数字出版产业模式

在各环节主体合作与竞争中,形成了诸多不同的数字出版产业模式。技术研发商和服务商主导出版数字化和工序创新服务模式;营销平台集聚商依靠规模议价优势主导数字出版产品整合和渠道定价创新服务模式;网络服务商则主要凭借互联网和通讯网的渠道优势和网络接入用户基数主导网络服务的衍生内容服务(例如,通讯运营阅读服务和互联网企业云存储服务);内容集成商则依靠技术和内容生产者团队主导原创内容生产和阅读产

---

① 2012年新闻出版产业报告发布图书报纸总印数增长趋缓,http://news.xinhuanet.com/book/2013-07/11/c_124988318.htm。

品定价创新服务(例如,连载章节售卖和打包售卖);传统内容提供商则和版权运营商共同实现数字内容转化和产品扩散服务。

3.产业链各主体数字化转型周期不平衡

在多元主体主导的数字出版产业模式中,由于行业归属不同、市场化程度不同、资本积累程度不同,必然会影响其数字出版业务收益情况。还有一点值得注意,就是成果和过程数字化本身,其投入与收益的成本和风险截然不同。因此,产业链各主体数字化转型的周期是不平衡、不同步的。

这与数字化转型障碍、投入成本和收益可持续性相关。数字原住民和数字移民现象,不仅出现于使用者层面,实际上也表现在产品供给者层面。例如,技术开发商和服务商主导模式,依赖于其技术产出主业,会形成物理的规模经济,主要体现在特定技术产品服务规模经济。内容提供商和版权运营商,由于版权细化归属协商经济成本和法律成本以及单一产品内容数字转化成本较高,并且伴随着产品创新投入和工序投入两个方面的技术、资金和人力投入,其数字化运营收益转化率较慢。而内容提供商的内容服务的差异性,也会导致不同类型内容服务的数字化转化和收益的不平衡。数据、信息、知识和叙事内容的数字转化成本与收益程度并不是相同的。一些内容集成商(例如,知网数据库)积累的专业数字内容资源服务,其收益成效较快,也容易形成特定产品规模经济。

(三) 市场化力量与行政力量的双重推手

中国文化产业改革的探索,在厘清经营性文化产业和公共性文化事业关系的基础上,更深层次地挖掘了企业的活力和市场的动力,通过转企改制解放束缚发展的体制,寻求更多面向需求的市场契机。数字化既是重点,又是核心,必须将数字出版放在事关新闻出版业未来发展的重要位置,这也是推动新闻出版业成为支柱性产业的必然选择。[①]

目前我国数字出版产业增速较快,但也有专家对数字出版产值的真实估值进行批判性思考。根据《2011书业趋势预测书业高端问卷调查》,近两年数字出版并未取得让人欣喜的成绩,98.04%的受访者表示,数字出版收入

[①] 柳斌杰:《积极推动全行业实现数字出版大跨越——在第四次部市合作会议上的讲话》,2011年7月27日。转引自柳斌杰:《论文化体制改革》,人民出版社2013年版,第113页。

目前仅占出版总收入的 10% 以下。① 这反映出数字出版产业目前仍处于产业形成期,尤其对于传统出版主体内容提供商,他们的数字化转型的投入与产出比值较大以及收益转化周期较长。这需要企业自身、行政力量和行业力量共同推进转型与升级。

(四)巨大文化消费需求尚待满足

近三十年来,国内消费水平逐步提升,消费方式实现了从生存型消费向发展型消费和享受型消费转化。2013 年 11 月 9 日,"文化中国:中国文化产业指数发布会"的数据表明,我国文化消费潜在规模约为 4.7 万亿元,占居民消费总支出的 30%。而当前实际文化消费规模约为 1.0388 万亿元,仅占居民消费总支出的 6.6%,存在 3.66 万亿元的文化消费缺口。② 在众多文化消费门类中,数字出版产业领域仍有较多产品和服务需求优势。这种潜在需求与供给不足的矛盾和数字出版收入占比较低的情况需要结合起来进行调整,梳理数字出版领域落后产能、持续性产能和创新性产能对应领域,有针对性地进行调节与干预。这里需要注意的是,消费者类型的差异可能导致选择差异,由于一些出版产品服务或形态可能产生网络效应并影响消费者决策,除了考虑内在品质和偏好之外,还要考虑使用相同产品或服务的其他人的网络的规模。在终端设备选择和平台选择中这一趋势尤其明显。

(五)存在问题分析

1.独特生态圈影响价格与分成机制

随着智能手机的普及,5G 网络带宽的扩容与升级,云存储等不同的存储和呈现技术层出不穷。原有传统出版流程中的每一个关键节点,都重新呈现中心化竞争博弈,具体表现为立足原产业链的全流程覆盖,形成一个个单一的生产、流通、传播的内容与服务售卖形式。因此,数字出版领域呈现出大量的平台之战、入口之战和终端之战。这使得数字出版形成了一个由封闭性生态圈被迫开放并走向半封闭的生态系统。

这种独特的生态圈影响了传统出版商的价格机制生成和其影响能力。出

---

① 刘玉萍:《学术图书,离数字出版的春天有多远》,中国社会科学报,2011 年 1 月 18 日。
② 中国居民文化消费存在 3.66 万亿元缺口,http://microreading.chinadaily.com.cn/hqgj/jryw/2014-01-02/content_10942254.html。

版商无法靠低成本形成价格优势。传统的价格歧视方法遭遇其他主体价格定制的影响。例如硬件设备预装内容打包服务价格、网络阅读和移动阅读中的单本和单章价格、电商平台的微利价格模式和智能阅读应用统一分等价格模式,甚至互联网的免费逻辑,影响出版商的数字产品定价权和具体分成收益。非网上"原创"的传统出版物(特别是那些需要网上出版商进行"转档"的纸质书)变为电子书销售时无法盈利。出版社将优质出版物转化为电子书在网上出版,造成优质图书被贱卖,这是国内大多数出版社所无法接受的,这正是至今很少有传统出版社对网上出版进行深度参与的主要原因。①

2.理念、定位与转化路径选择的困惑

目前,国内数字出版收益规模并不平衡,在传统出版领域,自身内容优势的转化路径面临一定的选择困惑。对于一些企业主体来说,数字出版成为一个鸡肋式问题,前期资源的数字化成本较大,可能与当下的收益并不成正比,原有企业定位和内容资源的差异也影响了数字化的成本与周期。专业出版和教育出版领域的资源,可能较大众出版更容易规模化,这将在无形中影响相关企业在数字出版领域的投入。而选择适合自己的数字出版产品定位,发挥前期资源优势,规划合理的盈利模式成为一个重要问题。全流程数字转型和自主平台的搭建,可能收效较慢且易形成同质化的发展模式。这也是影响数字出版产业发展的一个核心问题。

网络销售平台在跑马圈地过程中,为了扩大数字出版业务,前期投入成本与收益也存在着不平衡的现象。2012年,当当网为了发展数字出版,将一大批优质的纸质书"转档"(制作电子版),然后作网上出版,结果转档费花了500万,收益不足300万。② 所以当当网的副总裁王曦甚至呼吁政府扶植他们的数字出版业务,出资支持转档。

另外,数字出版产业发展逻辑与传统出版产业存在着一定的差异。在网络化趋势加剧的情况下,大数据技术的应用和尝试,一定程度上会改变数字出版生产流程和营销过程,而盈利的模式可能也会突破原来的单体产品服务思维。在内容生产(选题设计)等方面,大数据技术通过免费样章的投放,吸引用户并从用户反馈中优化选题,进而通过关键内容付费或者分析用户行为趋势

---

① 李昕:《数字出版是一盘没有胜算的棋》,http://news.xinhuanet.com/2013-04/07/c_124545502_2.htm。

② 同上。

产生定向咨询内容产品。这无疑会改变传统经营中的营销理念与盈利模式的搭建。线上线下的互动模式,众筹的生产、营销、金融操作方法,都会极大地改变数字内容产业链生态情况。但这种免费经营模式的投入与产出比协调,则需要耗费较多财力和技术层面的投入与设计,其适用范围并不一定适合每一个数字出版企业。

3.数字版权的归属与开发方式决定建立长尾的可能性

版权中的数字版权问题是制约数字产品运营效果和衍生程度的关键问题,需要法律的健全完善以及企业自身运营能力的提升。数字版权的归属与开发方式,决定了建立长尾的可能性。数字版权的独立性问题决定了最初进入这个市场的产品形态,而开发方式的差异则决定了它的衍生程度,是否跨越单纯出版领域进入影视等其他延伸环节,开发程度的不同也会影响数字出版产品扩散的广度和深度。

不同性质的内容产品,其版权开发深度也截然不同。虽然一些出版企业明确了信息网络传播权等归属问题,但实际开发率却并不高。三联书店总编李昕谈到,他们掌握数字版权的图书有2 500种以上,但只拿出了不足200种去做数字出版尝试,所占比例不到10%。另外,版权开发的横向衍生与垂直细化两条路径选择与评估方向并不清晰。

从源头上来看,中国与西方国家相比,出版产业的集中度较低,导致版权资源的集中度也较低。以美国为例,在图书市场上,大型出版传媒集团的前4名已经占据30%以上的市场份额,前8名占据了52%以上的市场份额,前20名占据了85%以上的市场份额。这就是说,如果网上出版商(例如亚马逊)能够同这20家大型出版传媒集团达成合作协议,就可以获得绝大部分传统纸质图书的网上出版权。但在中国,虽然近些年也出现一些中央级和省市级的出版集团,但是版权资源并不在它们手中,全国有582家出版社,数千家民营工作室,还有数以百万计的作者,分别掌握着版权资源。没有他们的授权,任何网上出版都寸步难行。一般来说,出版社手里的版权资源相对集中一些,但也十分有限,与西方国家的出版社不可同日而语。所以目前中国的几家较大的网上出版商如盛大、当当、卓越,所得到的纸质图书的网上出版权都非常少,虽然号称有10万种或8万种,但是其中许多是早已进入公有领域的无版权图书,而真正由出版社授权的图书比例甚低(也就是说,目前出版社享有版权的图书,绝大多数都没有实现正规的网上出版)。①

4.国内外数字出版收益率差异较大

2012年,国际专业出版、教育出版巨擘们在数字出版方面的收益已经高达70%以上,美国大众出版巨头的数字出版权重也已经突破了10%。② 与国际企业相比,我国数字出版发展水平还不高,也较为缺乏良性循环的商业模式。在体制机制、产品规模及产品影响方面,都有明显的差距。

近年来,政府主管部门一直积极推动这项工作。2011年11月,政府召开首次全国数字出版工作会,2012年9月,开始推动转型示范工作。这些措施对推动整个产业发展都发挥了积极的作用,也是整个转型示范工作的大背景。③

在还原数字出版产业真实数据方面,任殿顺(2014)提出了一些新的视角与思考,能够更有针对性地了解传统出版数字转型收益的现实困境。第一,在总数据统计中可能存在重复计入情况;第二,与新闻出版机构主营业务弱关联部分产值被计入;第三,由出版社产生的数字出版收益估值比重不大,例如2012年估值收益不到1亿元,2013年估计值有所增长,大约2亿元。2012年相关数据可参考表2.1。

表2.1 2012年数字出版产值分布估算

主体	2012年						
	移动阅读基地(不计手机报)	联通	电信	PC(网络文学)	APP渠道	数据库	出版社与其他CP分成后
收益	24.7亿	5.7亿	5.7亿	15亿	4.5亿	6亿	1亿

来源:任殿顺:《2亿,真实数字出版产业收入》,http://mp.weixin.qq.com/s?__biz=MjM5NDA3NzYyMA==&mid=200055895&idx=4&sn=1ca17d27a5ae7aa6c0cfe6f5f8f08ad7#rd。

二、数字出版产业生命周期分析

我国出版业尚属于"幼稚产业",需要政府通过经济调控手段给予扶持。我国出版业处于发展初期,其基础和竞争力薄弱,但通过适度保护能够发展

---

① 李昕:数字出版是一盘没有胜算的棋,http://news.xinhuanet.com/2013-04/07/c_124545502_2.htm。
② 《把握中国书业健康发展的新势逻辑》,中国图书商报2013年1月4日。
③ 程晓龙:《"转型示范"提速数字出版产业发展》,中国新闻出版报2013年10月25日。

成为具有潜在比较优势的新兴产业。① 按照产权结构和相应的市场结构划分,我国产业可分为完全的政府垄断市场型、国有企业主导的垄断竞争市场型、国有企业主导的竞争市场型和一般的竞争市场型等四种不同的类型。② 这主要是根据国有企业在市场上所占比重(产权结构)、市场的进入或退出是否受到严格控制(竞争程度)等因素来划分的。③ 其表现出来的主要市场特征是集中度不高,利润率在产业间的分布极不均衡。无论是从国有企业所占比重还是市场特征来看,出版产业都属于典型的完全政府垄断市场型。首先,出版企业全部为政府所有。民营出版机构虽然在诸如畅销书、教辅等出版领域表现出较强的实力,但由于尚未取得市场资质,只能采取与国有出版企业合作的方式运营。因此,从产权结构来看,我国出版业完全由国有出版企业构成。出版业表现出来的市场特征,也基本与完全政府垄断相符。④

数字出版实际是出版业数字化转型过程中的一个新产业发展阶段,必然受到出版业整体产业特征影响。我国出版传媒企业整体实力不强,集约化程度低,规模经营能力差,面对国外出版传媒资本的强势进入,我们始终存在着既打不出也守不住的危险。培育出版传媒业的骨干企业和战略投资者,不仅是改革发展的重要命题,也是维护国家意识形态安全和文化安全的战略举措。⑤

(一)产业生命周期理论沿革

费农(Vernon R,1966)提出了国际市场上产品的生产周期:新产品发明阶段,产品成长和成熟阶段,衰退和转移阶段。⑥

1975 年至 1978 年,美国哈佛大学的阿伯纳西(W.J.Abernathy)和麻省理

---

① 曹润林:《论政府采购促进幼稚产业的发展》,《中南财经政法大学学报》2012 年第 5 期。
② 刘小玄:《中国转轨过程中的产权和市场——关于市场、产权、行为和绩效的分析》,上海人民出版社 2003 年版,第 8-9 页。
③ 同上书,第 102 页。
④ 蔡翔、陆颖:《我们出版的方向——深化出版体制改革问题研究》,中国传媒大学出版社 2014 年版,第 83 页。转引自陆颖:《论当前我国出版业的产业类型及其变迁方向》,《现代出版》2013 年第 2 期。
⑤ 柳斌杰:《全面展开的新闻出版领域改革新阶段——在全国文化体制改革工作会议上的讲话》,2008 年 4 月 11 日。转引自柳斌杰:《论文化体制改革》,人民出版社 2013 年版,第 33 页。
⑥ Vernon, R. (1966). International Investment and International Trade in the Product Cycle. *Quarterly Journal of Economics*. 80:190-207.转引自《国际产品生命周期及其应用》,《郑州航空工业管理学院学报》1994 年。

工学院的厄特拜克(James M. Utterback)等进一步发展了产品生命周期理论。产业创新动态过程模型,即 Abernathy-Utterback 创新过程模型,简称 A-U 模型。①

美国学者戈特和克莱珀(Gort,Klepper,1982)将研究重心转向市场中企业数量的变化。他们对 46 个产品长达 73 年的时间序列数据进行分析,按产业中的企业数量对产业发展周期进行划分,得出引入、大量进入、稳定、大量退出淘汰和成熟等五个阶段,如图 2.1 所示,②建立了产业经济学意义上第一个产业生命周期模型。③

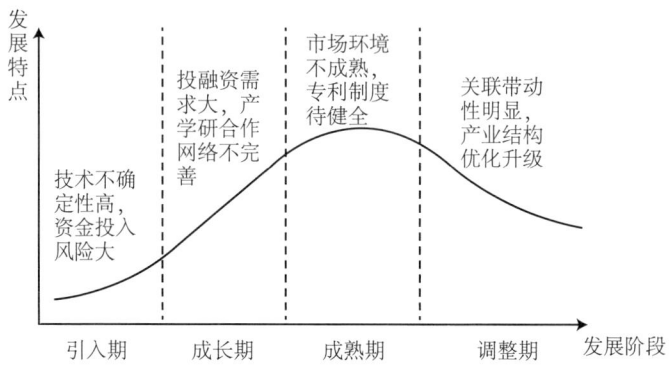

图 2.1　产业生命周期各阶段划分

产业发展的关键环节是产业成长阶段,它在产业生命周期中起重要作用,决定了该产业的总体发展规模及其在国民经济中的地位,决定了该产业能否进入成熟阶段,影响整个产业链的扩张。因此,政府在产业成长阶段应进行一定产业政策供给,促进产业健康良性发展,提升竞争优势。如图 2.2 所示:

---

① 张贤善:《企业技术创新与产业升级——技术创新模型的分析及对宝钢发展战略的启示》,《工业工程与管理》2004 年第 3 期。
② 费钟琳、魏巍:《扶持战略性新兴产业的政府政策——基于产业生命周期的考量》,《科技进步与对策》2013 年第 2 期,第 105 页。
③ Gort, Michael and Klepper, Steven. 1982."Time Paths in the Diffusion of Product Innovation," *The Economic Journal*.92. pp. 630-653.转引自李靖华:《进入、退出与市场壁垒的系统分析》,西南交通大学博士论文 2001 年。

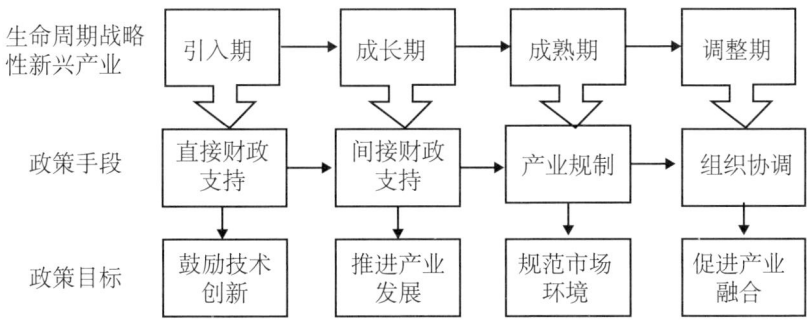

图 2.2 战略性新兴产业各阶段政策目标①

(二)数字出版产业生命周期分析

常用的判断产业生命周期的办法有三种,第一种是拟合曲线分析法;第二种是计算判断法;第三种是经验对比法。②

常征(2012)根据中国数字内容产业规模数据统计提出,数字内容产业十多年来保持了大于25%的增长率,与全球数字内容产业发展相比,可以定性得出目前数字内容产业正处于生命周期的成长期。③ 这是广义范围的数字内容产业的整体产业周期情况。1995 年,西方七国信息会议首次提出"数字内容产业"(Digital Content Industry)概念。数字内容产业被划分为数字影音、电脑动画、数字游戏、网络服务、移动内容、数字出版、数字学习和内容软件等 8 大类别。④

---

① 费钟琳、魏巍:《扶持战略性新兴产业的政府政策——基于产业生命周期的考量》,《科技进步与对策》2013 年第 2 期,第 107 页。
② 李全光:《基于产业生命周期理论的我国物流产业企业战略研究》,中南大学硕士论文 2007 年,第 12-14 页。
③ 常征:《中国数字内容产业生命周期模型建立与阶段识别》,《北京邮电大学学报(社会科学版)》2012 年第 1 期,第 67-70 页。
④ 熊励、周璇、金晓玲、顾勤琴:《基于云服务的数字内容产业协同创新与创新绩效实证研究》,《科技进步与对策》2013 年第 11 期。转引自上海内容产业促进中心《上海数字内容产业白皮书(2008)》。

表 2.2 产业生命周期指标[1]

分类	主要指标	产业生命周期各阶段		
		萌芽期	成长期	成熟期
产业规模	市场需求 生产能力 投入规模	缓慢增长 较差 缓慢增长	增长迅速 较好 增长迅速	趋于稳定 好 增长缓慢
产业技术	技术水平 产品差异化	较低 逐渐多样化	较高 多样化	高 无差异化
产业组织	企业数量 市场集中度 竞争程度 垄断程度 管理水平	增加 低 竞争不明显 低 忽视内部管理	减少 较低 逐渐竞争 较低 开始注重 提高	趋于稳定 较高 竞争激烈 较高 管理水平 较高
政府角色	政府作用	政策扶持与环境优化	扶持与监管	鼓励自由竞争

　　肖扬(2013)根据 Logistic 模型拟合生长曲线计算发现,针对数字出版产业 Logistic 曲线的生长过程对应划分为渐增期($t=0\sim25$)、快增期($t=25\sim37$)、缓增期($t=37\sim\infty$)。以 2006 年为起点,我国数字出版产业产值占 GDP 比重的渐增期为 2006—2031 年,快增期为 2031—2043 年,缓增期出现在 2043 年以后。

　　这反映出 2031 年之前我国数字出版产业都将处于形成期。我国数字出版产业的形成期较为漫长,产业垄断性、进入数字出版产业的企业数量少、市场风险多等状况要持续 20 余年。2031 年产业进入成长期,2037 年数字出版产业占 GDP 比重增长态势达到巅峰,2043 年曲线增长达到盛末期,增长态势放缓,数字出版产业走向成熟期。[2] 如图 2.3 所示。

　　以上两种观点从宏观数字内容产业和狭义数字出版产业的角度进行测算,得出的结论有一定相似性,即对应产业增长速度较快。但由于测算方式差异,数字出版产业的生命周期目前仍处于形成期,直到 2031 年后才进入成长期。

---

[1] 常征:《中国数字内容产业生命周期模型建立与阶段识别》,《北京邮电大学学报(社会科学版)》2012 年第 1 期,第 69 页。
[2] 肖扬:《我国数字出版产业发展战略研究——基于产业结构、区域、阶段的视角》,南京大学博士论文 2013 年,第 131 页。

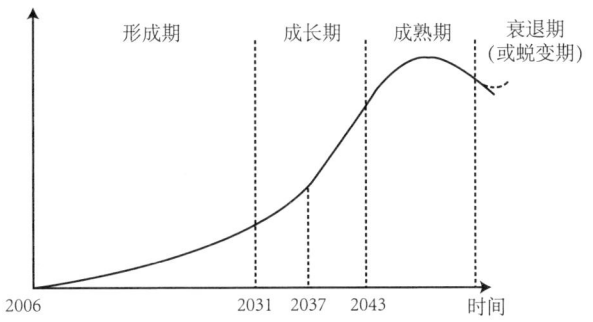

图 2.3　Logistic 模型拟合数字出版产业生命周期①

数字出版产业生命周期的测定存在一定的难度,由于产业融合效应较强,技术平台提供商、终端制造商、通信网络服务商、数字复制印刷企业广泛参与其中,从事数字出版领域的企业认定和数据统计横跨几个行业领域。另外,从内容提供商角度,除了传统的出版社、报社、杂志社之外,网络原创文学网站和内容聚合商共同提供内容和信息服务,另外,自助出版平台和社交网站均可聚拢用户生产内容(UGC)。由于衍生效益的存在,基于范围经济的产品序列创新也使得数字出版经营者身份多元。

目前,国内数字出版产品差异化程度不高,主要是以技术理念和载体形式包装的,内容诉求差异的数字出版产品经营状况不一。在教育出版和专业出版领域,数字出版产品和数据库产品经营情况较好。而大众出版领域,则仍需进一步挖掘和探索。另外,数字出版产品对于经营企业来讲,并不一定是首推产品和重点产品,其收益目前还尚不明朗,企业经营动力仍不足。2013 年,首批 70 家"数字出版转型示范单位"包括出版集团 5 家、图书出版社 20 家、报业集团 5 家、报社 20 家和期刊社 20 家,占全部申报单位的 16.3%、全国出版单位的 0.56%。② 因此,面对较长形成期预估,政府部门应提供相应扶持政策促进产业尽快进入成长期。

---

① 肖扬:《我国数字出版产业发展战略研究——基于产业结构、区域、阶段的视角》,南京大学博士学位论文 2013 年,第 131 页。
② 程晓龙、任晓宁:《首批 70 家"数字出版转型示范单位"开始公示》,http://www.bookdao.com/article/65163/。

第3章
中国数字出版产业政策框架分析

我国以明确的统计测算和政策文本提出"数字出版"可追溯到2006年,受到技术推进和产业融合的影响,数字出版的边界越来越模糊,产业链条的延伸和重组现象突出。目前较明显地存在数字出版国内外产业竞争力差异以及数字化过程中传统出版企业观望和非出版企业垄断力量的现象,为提升产业竞争力、调整资源配置、解决市场竞争中的失序问题,针对新兴产业、文化产业和数字内容产业的相关政策出台日益频繁,但对我国数字出版产业政策的框架理念、政策网络和聚焦核心,仍缺少关注。

第一节 研究框架的选取

本文围绕数字出版相关产业政策的目标、诉求和手段的表现形式与产业契合情况这一问题,利用内容分析方法,构建我国数字出版产业政策分析框架和四维分析指标,还原数字出版产业政策供给情况和诉求核心。本文结合当下数字出版产业生命周期和产业竞争力分析,判断近十年数字出版产业政策的逻辑和路径选择。

一、研究方法和对象

内容分析是一种搜集与分析文章内容的技术。它的使用有近一个世纪之久,广泛用于不同领域——文学、历史学、新闻学、政治科学、教育学和心理学等。内容分析中,研究者使用客观与系统化的计数与记录程序,得出对文本的符号内容的定量描述。[①] 内容分析法可作为政策分析的研究方法,围绕公共政策的关键词,重构政策制定者背后的思维逻辑。

(一)研究方法

对政策进行的内容分析,主要是一种非反应性研究,是从公开文本资料中提取显性编码,并通过隐性编码判断,透析政策制定意图与目标。对数字出版相关产业政策文本进行内容分析,主要目标是探寻近十年来围绕数字出版政策的功能形式特点、对应产业政策的侧重倾向以及涉及产业活动的领域范畴。对政策进行内容分析的局限性在于不能够直接呈现产业环境和政策实行的因果关系,需要进一步综合历史资料和发展环境指标予以结合分析。

(二)研究对象

以1999—2013年涉及数字出版发展的政策文本为研究对象,可以接受的基本资料主要来源于国家各部委的网站,包括工信部、科技部、文化部、国家新闻出版广电总局、财政部、国务院等的官方网站。另外,还可以通过数字内容产业政策的研究文章和相关报道涉及的政策文本来丰富内涵并进行佐证。

二、四维研究框架的建构

建立政策分析的四个维度轴,以此观测这四个维度两两之间存在何种交叉关系。

(一)第一维度:技术创新政策工具分析框架建构

罗尔·罗茨韦尔(Roy Rothwell,1985、1986)认为,创新政策是基础研究、技术教育、专利体系和应用研究一系列科技政策与产业结构调整、税收补助这一系列产业政策的结合体,是政策的融合。连燕华(1999)提出技术创新

[①] 〔美〕劳伦斯·纽曼:《社会研究方法——定性和定量的取向第五版》,郝大海译,中国人民大学出版社2009年版,第391页。

政策体系这一概念,认为这一体系是国家为促进技术创新、规范技术创新行为而采取的各种直接的和间接的政策与措施的综合,它不是技术政策与科技政策的结合,也不只是产业政策的一个子集,而是涉及技术创新活动各种政策的有机组合而形成的一个政策体系。①

由于数字出版产业本身具有较强技术创新特点,在数字出版产业领域,政府政策供给设置了较大比例的技术支持和财政金融支持,其与技术创新政策工具具有一定的重合度。另外,技术创新政策涵盖了产业政策的系统并整合其他政策形态,与产业政策有一定的包含关系。因此技术创新工具分析框架对数字出版产业政策分析具有一定的适用性。已有类似研究:刘凤朝、孙玉涛(2007)以创新政策的效力和类别为基本维度,分析了1980—2005年我国创新政策的历史演变路径。研究发现了这期间的三个趋势,从"科技政策"单项推进向"科技政策"与"经济政策"协同转变;从"政府导向"型向"政府导向"和"市场调节"协同型转变;从单项政策向政策组合转变。②罗尔·罗茨韦尔(Roy Rothwell,1985)和瓦尔特·泽福德(Walter Zegveld,1985)认为,技术创新政策工具是一套复合的政策体系,是政府干预技术创新活动的有效手段。技术创新政策工具可分为供给面、环境面与需求面政策工具。③国内学者连燕华(1999)整理了技术创新政策分析三种框架:其一建立在国外学者罗尔·罗茨韦尔(Roy Rothwell,1985)和瓦尔特·泽福德(Walter Zegveld,1985)分析框架基础上,其二是从能力、环境、资源和过程四个方面展开的分析框架,其三是按技术创新的阶段展开分析框架。④

本书主要围绕着技术创新政策分析的第一种框架,将政策工具划分为供给面、环境面、需求面范式并以此作为分析维度。

供给面的政策工具主要是数字出版产业创新相关要素的供给情况,其核心是对数字出版企业技术禀赋的支持,另外涉及人才、信息以及直接的资金支持要素,研发和基础设施、公共服务建设经费的投入。

环境面政策工具主要是通过财政(金融)政策、税收政策、法规规制性政

---

① 周高辉:《改革开放后中国技术创新政策的演化分析》,《经济论坛》2011年第11期,第103页。
② 武欣:《创新政策:概念、演进与分类研究综述》,《生产力研究》2010年第7期,第249–251页。转引自周高辉:《改革开放后中国技术创新政策的演化分析》,《经济论坛》2011年第11期,第103–104页。
③ Roy Rothwell, Walter Zegveld. *Reindustrialization and Technology*. M.E.Shape, INC. Armonk, NewYork. Longman Group Limited 1985.
④ 连燕华:《技术创新政策的分析框架》,《科学管理研究》1999年第6期,第1页。

策对数字出版产业发展环境进行构建,它的作用方式是间接的生态方式,通过建构积极的或稳定的环境来影响产业发展的速率和趋势。

需求面政策工具是指政府通过采购与贸易规制等做法减少市场不确定性,开拓并稳定数字出版产品市场,主要涉及政府采购、外包、贸易规制和海外机构设置辅助。对海外机构的支持是指政府直接或间接协助企业在海外设立研发和销售的分支机构。①

(二) 第二维度:产业活动层建构

数字出版产业政策主要诉求目标是围绕相关产业活动开展的。从产业活动流程出发,寻找政策贯穿的环节,可以发现二者的叠加交互关系。

数字出版产业活动流程可以从两个层面来分析:一个层面是围绕着数字出版产品内容生成、生产、分配、流通、消费环节的流程分析;另一个层面是对数字出版产业链的分析,主要侧重生产流程中的各环节主体之间的经济关联。数字出版产业链当下正处于急剧变化之中,呈现出主体身份多元、关联环节整合和分化两种趋势共同作用的态势。数字出版企业之间的技术关联加大,产业链中主体的横向扩张、纵向扩张和斜向扩张兼而有之。这些环节主体的身份并不单一。一方面,企业开展垂直一体化战略,获得产业链的多元身份提升企业竞争能力,例如内容提供商组建销售平台渠道、售卖自制电子阅读器;另一方面,则可能出现凸显企业优势的专业化操作,其他环节可利用外包公司完成的情况;也有在竞争过程中,原有一体化优势削弱,主体身份单一化或边缘化的情况。产业链中的功能性和流程性关系再不断地重组。以往线性产业链上中下游的环节,经历了卷曲式的延长和压缩过程。内容、技术、渠道、版权四个核心要素彼此之间在主业基础上横向延伸,而在用户的到达方式上都在极力压缩中间环节以提高达到率和控制权。但由于优势资源的差异和收益转化周期不同,在短期资金投入力度的强弱作用下,不同产业链环节主体的地位和竞争格局也截然不同。

可以说,第一个层面的数字出版产业活动是基本面,而第二个层面产业链反映的,是作业面包括企业之间的关联问题和格局问题。这个部分侧重于第一个层面基本面的要素分析。对数字出版产业而言,国家提供的政策

---

① 张雅娴、苏竣:《技术创新政策工具及其在我国软件产业中的应用》,《科研管理》2001 年第 4 期,第 66-67 页。转引自赵筱媛、苏竣:《基于政策工具的公共科技政策分析框架研究》,《科学学研究》2007 年第 25 卷第 1 期,第 52-56 页。

供给往往涉及这几个要素,例如鼓励内容创造的基金、税收优惠或补贴,生产环节围绕产业发展、进出口退税和土地政策,流通环节关于发行费率和交易税减征或不征政策,以及消费环节关于文化产品不征消费税、基本消费环节的优惠政策以及公共服务相关的房租减负和农家书屋补贴政策。而对于第二个层面,政策供给有一定的共性特点,就是鼓励技术创新的政策和补贴,在竞争格局中的扶持差异可能会影响市场集中度的变化。但由于这个层面更多涉及的是产业结构问题和企业间问题,我们在后面的部分会进一步论述。

(三) 第三维度:政策效力层建构

不同层级的政策,其实施效力也会有较大的差距,之所以确定政策效力为分析框架,是因为以往针对数字出版领域和文化政策研究,不同学者曾提出政策效力低的问题。缺乏具有较高效力的上位法,政策对营造健康稳定发展环境可能存在潜在不足。但由于新技术、新出版形态层出不穷,制定和修订上位法就需要更加谨慎。

在这个部分,主要以行政法规、部门规章、规范性文件、战略规划等作为分析单元。而由于相关政策分布于不同部委之间,这种较为统一的层级政策便于统计分析,并且可以清晰发掘某一相关领域不同部委管辖方式和倾向。

出版政策一般由执政党的代表大会或者领导机关制定,在它没有用法律形式体现之前,不具有国家意志的属性。我国出版政策是按专业分工、按出版环节制定的,既有国务院、新闻出版广电总局及其他各部委制定的国家关于出版物的编辑出版、印刷、发行等方面的政策,也有地方机关各省、市、自治区制定的地方出版政策。①

(四) 第四维度:产业政策类别层建构

以市场需求作为标准划分产业政策的具体类别,拟采用四分法分类方式。以往在产业政策分析过程中,往往并没有与产业活动和政策工具进行交叉分析。针对这一情况,我们可以对数字出版产业政策群供给类别进行综合立体的梳理,从本质上对产业政策供给的方式和侧重点进行界定。这

---

① 黄先蓉编著:《出版法律基础》,武汉大学出版社2013年版,第17页。

个部分主要以产业技术政策、产业布局政策、产业组织政策和产业结构政策作为分析单元。①

第二节 数字出版产业政策内容分析

围绕数字出版产业政策进行内容分析,首先要对数字出版产业范围进行界定。

数字出版内容包含互联网广告、网络游戏、手机游戏、在线音乐、手机彩铃,这打破了原有出版内容的范围。因此,我们需要对数字出版产业按照产品形态使用程度和产业链中地位层级来做出界定,表现为三个层次:第一核心层,包括数字新闻服务、网络出版发行和版权延伸服务(包含数字报纸、数字期刊、网络原创文学、数据库出版物和教育出版物、手机报纸、手机小说、手机期刊等);第二外围层,包括网络文化服务、文化休闲娱乐服务(网络地图、数字音乐、网络游戏、彩信、彩铃、手机游戏、互联网广告等);第三相关层,包括阅读器终端、智能手机终端生产及技术服务系统支持运营以及数字印刷与按需出版。

一、政策内容分析总体描述

(一)研究问题和假设

数字出版产业政策有哪些侧重点,采用不同的政策工具达成目标效果如何?何时开始采用数字出版特定产业政策,它们如何发挥作用?通过对这些命题的思考,笔者试图探究政策制定者围绕数字出版产业政策的初衷与走向,利用何种政策手段达到什么目的,控制媒体内容还是控制结构②?数字出版产业政策是延续性政策还是创新性政策?管理的力量较为集中还是分散?

周格非(2012)认为目前我国数字内容的产业政策效力普遍不高,权威性不够强,对产业的调控作用偏弱。环境型政策工具使用最多达到85%,其

---

① 许明强、唐浩:《产业政策研究若干基本问题的反思》,《社会科学家》2009年第2期,第61—64页。
② 霍华德·鲁伯主编:《传媒政策与实务》,昝廷全等译,中国传媒大学出版社2006年版,第21页。

次是供给型和需求型工具。① 李建、高杨、李祥飞(2013)认为,在低碳基础政策工具中,环境型政策存在过溢现象,需求型政策工具应用频度较低。②

基于上述研究成果,可以假设数字出版产业政策工具中环境面政策工具使用比率最高,供给面政策数量较少,需求型政策工具应用频度较低。

(二)政策总体设计

根据国内数字出版发展的情况,可追溯到1997年数字出版前概念电子出版物领域相关政策,但由于有些政策进行修订,原政策已废止,因此统计时并未重复记入,实际统计的是2003年至2013年涉及数字出版发展的政策文本。可以参考的基本资料主要来源于国家各部委的网站,包括商务部、科技部、文化部、国家新闻出版广电总局、财政部、国务院等部门的官方网站,以及围绕文化产业政策、科技创新政策以及数字内容产业政策的研究文章涉及的政策文本。可以参考的次级资料,主要是围绕政策文本的新闻报道,对政策文本予以补充和验证。在这个部分,主要涉及的是国家级产业政策,围绕省市区的配套产业政策,我们在下一个部分单独进行政策目标、功能选择和政策工具的分析。政策总体统计自2003年至2013年年底共73个政策文本。

表3.1 政策总体样本量(2003—2013年)(根据总体统计得出)

序号	政策文件名	发布机关	时间
1	关于修改《出版物市场管理规定》的决定	原新闻出版总署	2003.09.01
2	国务院办公厅关于印发文化体制改革试点中支持文化产业发展和经营性文化事业单位转制为企业的两个规定的通知	国务院办公厅	2003.12.31
3	财政部、海关总署《国家税务总局关于文化体制改革试点中支持文化产业发展若干税收政策问题的通知》	财政部、海关总署、国家税务总局	2005.03.29
4	文化建设"十一五"规划	文化部	2006.10.12

---

① 周格非:《基于内容分析法的中国数字内容产业政策研究》,北京大学硕士学位论文2012年。
② 李建、高杨、李祥飞:《政策工具视域下中国低碳政策分析框架研究》,《科技进步与对策》,2013年第21期,第216页。

续表

序号	政策文件名	发布机关	时间
5	关于印发《新闻出版业"十一五"发展规划》的通知	原新闻出版总署	2006.12.30
6	财政部 国家税务总局关于宣传文化增值税和营业税优惠政策的通知	财政部、国家税务总局	2007.01.01
7	关于加强音像制品、电子出版物和网络出版物审读工作的通知	原新闻出版总署	2007.02.16
8	关于开展2007年百种"三农"优秀音像电子出版物推荐活动的通知	原新闻出版总署	2007.03.13
9	关于向青少年推荐百种优秀图书、百种优秀音像制品、百种优秀电子出版物的通知	原新闻出版总署	2007.03.16
10	关于组织全国重点"有声读物"出版工作的通知	原新闻出版总署	2007.03.20
11	文化产品和服务出口指导目录	商务部、外交部、文化部、广电总局、原新闻出版总署、国务院新闻办	2007.04.11
12	关于对有关申请音像、电子出版权单位的条件考察评估的委托函	原新闻出版总署音像电子和网络出版管理司	2007.05.21
13	关于公布2007年百种"三农"优秀音像制品和电子出版物暨"农家书屋"音像制品和电子出版物推荐目录的通知	原新闻出版总署办公厅	2007.06.27
14	关于评选中国出版政府奖的通知	原新闻出版总署	2007.07.10
15	关于规范利用互联网从事印刷经营活动的通知	原新闻出版总署、公安部、国家工商行政管理总局、信息产业部	2007.08.01
16	关于公布"2007年向青少年推荐优秀音像制品和电子出版物目录"的通知	原新闻出版总署、教育部、中国关心下一代工作委员会、共青团中央	2007.08.02
17	关于公布2007年向农家书屋推荐重点音像电子出版物选题目录(第二批)的通知	原新闻出版总署音像电子和网络出版管理司	2007.10.26
18	关于开展2007年全国音像电子出版物质量重点抽查工作的通知	原新闻出版总署音像电子和网络出版管理司	2007.11.02
19	关于组织出版百种"外向型"重点音像制品和电子出版物的通知	原新闻出版总署	2007.11.14

续表

序号	政策文件名	发布机关	时间
20	关于做好2008年音像、电子出版物选题计划制定和备案工作的通知	原新闻出版总署	2007.12.07
21	关于报送"十一五"国家重点音像、电子出版规划增补选题的通知	原新闻出版总署	2008.01.25
22	关于下发2008年重点少数民族语言文字类音像电子出版物选题目录的通知	原新闻出版总署办公厅	2008.03.24
23	关于下发2008年重点"外向型"音像电子出版物选题目录的通知	原新闻出版总署办公厅	2008.03.24
24	电子出版物出版管理规定	原新闻出版总署	2008.04.15
25	关于公布"中国民族网络游戏出版工程"第四批入选选题的通知	原新闻出版总署办公厅	2008.05.15
26	关于音像制品进口管理职能调整及进口音像制品内容审查事项的通知	原新闻出版总署	2008.08.29
27	关于报送"十一五"国家重点图书、音像、电子出版物出版规划执行和增补调整情况的通知	原新闻出版总署	2008.10.06
28	新闻出版总署 财政部关于印发国家出版基金资助项目管理办法的通知	原新闻出版总署、财政部	2008.10.08
29	关于做好2009年音像电子出版物选题计划制定和备案工作的通知	原新闻出版总署	2008.11.19
30	文化部关于印发《文化部科技创新项目管理办法（暂行）》的通知	文化科技司	2009.01.08
31	关于下发庆祝新中国成立60周年重点音像电子出版物选题目录的通知	原新闻出版总署	2009.03.04
32	文化部办公厅关于申报中国进出口银行"扶持培育文化出口重点企业、重点项目贷款"有关事项的通知	文化产业司	2009.03.26
33	关于文化体制改革中经营性文化事业单位转制为企业的若干税收优惠政策的通知	财政部、国家税务总局	2009.03.26
34	财政部 海关总署 国家税务总局关于支持文化企业发展若干税收政策问题的通知	财政部、海关总署国家税务总局	2009.03.27
35	著作权行政处罚实施办法	原新闻出版总署	2009.06.15
36	关于调整"十一五"国家重点图书、音像制品和电子出版物出版规划项目的通知	原新闻出版总署办公厅	2009.07.28

续表

序号	政策文件名	发布机关	时间
37	关于促进我国音像业健康有序发展的若干意见	原新闻出版总署	2009.07.30
38	文化产业振兴规划	国务院、中央宣传部、中国人民银行、财政部、文化部、广电总局、原新闻出版总署、银监会、证监会、保监会	2009.09.26
39	关于下发音像(电子)出版业体制改革实施方案的通知	原新闻出版总署	2009.11.04
40	新闻出版总署关于进一步推动新闻出版产业发展的指导意见	原新闻出版总署	2010.01.01
41	中宣部等关于金融支持文化产业振兴发展指导意见(全文)	中央宣传部、中国人民银行、财政部、文化部、广电总局、原新闻出版总署、银监会、证监会、保监会	2010.03.19
42	关于加快我国数字出版产业发展的若干意见	原新闻出版总署	2010.08.24
43	新闻出版总署关于发展电子书产业的意见	原新闻出版总署	2010.10.10
44	关于进一步规范出版物文字使用的通知	原新闻出版总署	2010.12.10
45	新闻出版总署关于印发《数字印刷管理办法》的通知	原新闻出版总署	2011.01.21
46	出版物市场管理规定	原新闻出版总署、商务部	2011.03.17
47	文化部关于实施新修订《互联网文化管理暂行规定》的通知	市场司	2011.03.18
48	互联网文化管理暂行规定	文化部政策法规司	2011.04.01
49	文化部 财政部关于进一步加强公共数字文化建设的指导意见	文化部、财政部	2011.11.15
50	关于下发《〈中国标准录音制品编码〉国家标准实施办法》和《音像电子出版物专用书号管理办法》的通知	原新闻出版总署	2012.01.04
51	文化部关于印发《文化部"十二五"时期文化产业倍增计划》的通知	文化产业司	2012.02.23
52	关于加快出版传媒集团改革发展的指导意见	原新闻出版总署	2012.02.27
53	关于重新修订印发《文化产业发展专项资金管理暂行办法》的通知	财政部	2012.04.28

续表

序号	政策文件名	发布机关	时间
54	文化部关于印发《文化部"十二五"时期文化改革发展规划》的通知	文化部政策法规司	2012.05.08
55	关于印发《国家文化科技创新工程纲要》的通知	科技部、中宣部、财政部、文化部、广电总局原新闻出版总署	2012.06.27
56	文化部关于鼓励和引导民间资本进入文化领域的实施意见	文化产业司	2012.06.28
57	关于贯彻实施《MPR出版物》系列国家标准的通知	原新闻出版总署	2012.11.27
58	关于做好第六轮新闻出版行政审批项目取消调整后续工作的通知	原新闻出版总署	2012.12.21
59	文化部关于印发《全国公共图书馆事业发展"十二五"规划》的通知	文化部	2013.01.31
60	关于做好第八批"中国民族网络游戏出版工程"项目申报工作的通知	原新闻出版总署	2013.02.17
61	关于印发《2013年新闻出版改革发展工作要点》的通知	原新闻出版总署	2013.02.18
62	新闻出版总署 关于开展"十二五"国家重点图书、音像、电子出版物出版规划》中期评估 及调整增补工作的通知	原新闻出版总署	2013.02.25
63	国家新闻出版广电总局办公厅关于转发财政部办公厅关于申报2013年度文化产业发展专项资金的通知	原新闻出版总署	2013.05.02
64	关于开展2013年首届向全国青少年推荐50种优秀音像电子出版物活动的通知	出版管理司	2013.07.03
65	关于公布第八批"中国民族网络游戏出版工程"项目的通知	科技与数字出版司	2013.07.14
66	关于调整《"十二五"国家重点图书、音像、电子出版物出版规划》的通知	国家新闻出版广电总局办公厅	2013.07.22
67	关于开展第三届中国出版政府奖评选表彰活动的通知	国家新闻出版广电总局办公厅	2013.08.05
68	国务院关于促进信息消费扩大内需的若干意见	国务院	2013.08.08
69	关于公布2013年"百强报刊"推荐结果的通知	新闻报刊司	2013.08.27
70	文化部关于印发《文化部信息化发展纲要》的通知	文化部	2013.09.10

续表

序号	政策文件名	发布机关	时间
71	关于中国(上海)自由贸易试验区有关进口税收政策的通知	财政部、海关总署、国家税务总局	2013.10.15
72	关于动漫产业增值税和营业税政策的通知	财政部、国家税务总局	2013.11.28
73	关于延续宣传文化增值税和营业税优惠政策的通知	财政部、国家税务总局	2013.12.25

(三)分析单元类目建构

本部分根据上文论述的分析框架拟建构四个维度的政策分析类目,即工具轴、活动轴、效力轴和类别轴四大类。第一维度工具轴分为供给面(含5个三级类目),包括人才资源、信息建设、技术指导、资金支持和基础服务;环境面(含4个三级类目),包括财政金融、税收优惠、法规规制、策略措施;需求面(含4个三级类目),包括政府采购、外包、贸易规制和海外机构设置。第二维度活动轴分为内容创造、生产活动、流通活动、消费活动。第三维度效力轴包括法规、部门规章、规范性文件、战略规划。第四维度类别轴包括结构政策、组织政策(含竞争促进和产业合理化2个三级类目)、布局政策(区域产业扶持和区域产业调整2个三级类目)和技术政策(技术引导和技术限制2个三级类目)。具体情况见表3.2:

表3.2 分析单元类目

1.工具轴		2.活动轴	3.效力轴	4.类别轴	
1.1 供给面	1.1.1 人才资源	2.1 内容创造	3.1 法规	4.1 结构	
	1.1.2 信息建设				
	1.1.3 技术指导				
	1.1.4 资金支持				
	1.1.5 基础服务				
1.2 环境面	1.2.1 财政金融	2.2 生产活动	3.2 部门规章	4.2 组织	4.2.1 竞争促进
	1.2.2 税收优惠				
	1.2.3 法规规制				4.2.2 产业合理
	1.2.4 策略措施				

续表

	1.工具轴	2.活动轴	3.效力轴	4.类别轴	
1.3 需求面	1.3.1 政府采购	2.3 流通活动	3.3 规范性文件	4.3 布局	4.3.1 区域产业扶持
	1.3.2 外包				
	1.3.3 贸易规制				4.3.2 区域产业调整
	1.3.4 海外机构				
		2.4 消费活动	3.4 发展规划	4.4 技术	4.4.1 引导
					4.4.2 限制

(四)编码与记录单位说明

首先,编码过程中根据显性编码找寻固定词汇,例如对新闻出版、数字出版、数字印刷、电子出版、音像出版、网络出版、手机出版、网络游戏、数字内容、数字文化等文本元素进行初筛;其次,通过隐性编码例如资质审核、鼓励数字化转型、走出去等相关工作环节、项目进展,以及财税调节方面相关条目动词、形容词界定来判定四维框架中分类情况。

工具轴编码过程中,有些政策文本会复合使用供给面、环境面和需求面类目内具体政策工具,此种情况在活动轴和类别轴中也存在。因此,统计过程中存在着内部频次总和超过政策总体数的情况,复合使用政策工具的文本并不存在总量占比的排他性。

其次,统计过程中大部分政策文本具有效力轴范畴属性,但有一些部委政策例如财政部政策只有政策编号,没有级别信息,所以这部分政策文本无法计入该属性数据统计,因此,只有"效力轴"内部具有互斥性,且具体条目占比总额不足100%。

(五)检验方法

信度方面,本研究编码由作者本人完成,在编码过程中,不断根据分析框架中的操作性定义进行界定,并统一进行了标准化编码和记录。在完成编码工作之后,由另外一名研究者协助,利用excel表格,通过"文本筛选"功能对四个分析维度中具体编码条目进行计数,根据将"文本筛选"标准化编码关键词结果和"文本筛选"包含的标准化编码中部分关键词结果进行对照的方法,核准编码标准化操作是否存在错误以及是否存在遗漏和编码归类矛盾情况。编码者同时进行二次编码核对,验证编码一致性,减少误差。

效度方面,本研究在相关研究基础上建立了研究假设,假设数字出版产业政策工具中环境面政策工具使用比率最高,供给面政策数量较少,需求型政策工具应用频度较低。在编码、归类和计算过程中,根据工具轴内部供给面、环境面、需求面政策频次总数进行统计,发现供给面政策频次总和 85 次、环境面政策频次总和 100 次,需求面政策频次总和仅为 10 次。与研究假设相验证具有模糊一致性。

(六) 基本统计信息归纳

从图 3.1 统计政策总体分布年份情况可以发现,数字出版产业政策最早可追溯到 2003 年。当时政府颁布了关于修改《出版物市场管理规定》的决定,这主要是由于之前 1997 年《电子物出版管理规定》经修改后原政策废止,因此未重复统计计入。2003 年正值文化体制改革正式试点的开端,经营性文化机构改制,故以此为我国数字出版产业政策的开端。

近十年来,数字出版产业政策颁布的两个高峰时间点是 2007 年和 2013 年。从 2007 年起,数字出版产业政策出台经历了一个缓慢减少的阶段,在 2012 年又开始出现政策发布增多的情况。2006 年年底,原新闻出版总署发布《关于印发〈新闻出版业"十一五"发展规划〉的通知》,其中谈到要大力发展数字出版,积极实施"数字出版"战略。战略计划大力支持以科技开发为主的自主创新,鼓励、扶持以互联网、移动通信网和数字电视网为主要载体的图书、报纸、期刊、数据库、新闻、游戏、动漫、音乐以及电子书等各种数字产品的开发、制作、出版和销售,鼓励开展基于各种网络的出版、发行活动,到"十一五"末,建设 4~15 个数字出版产业基地,形成 10~20 个网络出版强势企业,积极推动用数字技术改造传统新闻出版业的生产、管理和传播方式,建设数字出版综合业务平台,提升出版产业的整体实力和核心竞争能力。[①] 这一政策文本奠定了国内数字出版产业发展的基调和重点。2007 年,原新闻出版总署出台了一系列鼓励音像和电子出版、网络出版物内容生产方面的规定,这在一定程度上与数字出版相关产业引入期生命周期需求有关。2012 年,文化部出台了《关于"十二五"时期文化产业倍增计划的通

---

① 中华人民共和国新闻出版总署:《新闻出版业"十一五"发展规划》,《中国报业》2007 年第 2 期,第 17-23 页。

知》,财政部出台了《关于重新修订印发〈文化产业发展专项资金管理暂行办法〉的通知》。① 这些都是当年发布的最具代表性的产业政策。在2012年2月,《中国经济时报》等媒体也曾发表《国家政策利好,数字出版成为重要的经济增长点》一文,对数字出版产业发展的政策环境予以描述。② 2012中国数字出版年会上,孙寿山曾表示,下半年总署将加快修订一系列法律法规和部门规章。③

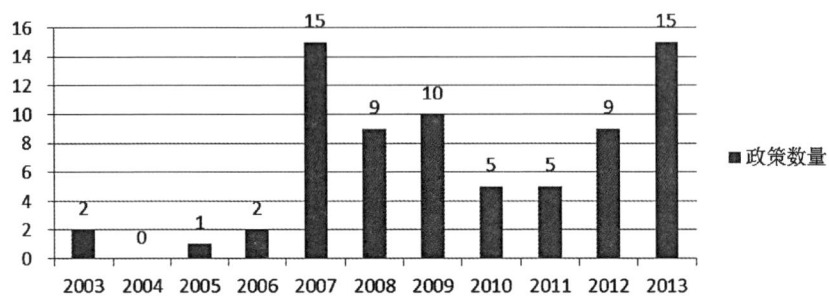

图3.1 数字出版产业政策数量年份统计(根据总体统计得出)

从颁布主体角度来看,围绕着数字出版相关产业形态和产业链条,新闻出版广电总局(原新闻出版总署和原广电总局)涉及政策最多,达到55条。其次是文化部,共发布13条。第三则为财政部,共发布相关政策12条。另外,数字出版产业政策联合颁布情况比较明显,例如财政部共发布政策12条,联合颁布为11条。另外,国家税务总局、海关总署、国务院商务部、中国人民银行、银监会、证监会、保监会、外交部、中宣部、科技部、教育部、共青团中央、公安部、国家工商行政管理总局和信息产业部等政策发布均采用联合颁布形式。具体情况如表3.3:

---

① 财政部:《关于重新修订引发〈文化产业发展专项资金管理暂行办法〉的通知》,《中华人民共和国国务院公报》2012年第23期,第35-38页。
② 《政策利好 数字出版驶入快车道》,http://www.cnci.gov.cn/content/2012223/news_70453.shtml。
③ 姚轩杰:《数字出版扶持政策下半年或密集出台》,http://it.people.com.cn/n/2012/0720/c1009-18561386.html。

表 3.3 数字出版产业政策颁布情况

序列	颁布主体	频次总数	联合颁布数量
1	新闻出版广电总局(含原新闻出版总署和广电总局)	55	11
2	文化部	13	4
3	财政部	12	11
4	国家税务总局	5	5
5	海关总署	2	2
6	国务院	4	3
7	商务部	2	2
8	中国人民银行	2	2
9	银监会	2	2
10	证监会	2	2
11	保监会	2	2
12	外交部	1	1
13	中宣部	1	1
14	科技部	1	1
15	教育部	1	1
16	共青团中央	1	1
17	公安部	1	1
18	国家工商行政管理总局	1	1
19	信息产业部	1	1

在政策效力层面,统计中仅涉及 1 个法规、5 个部门规章、51 个规范性文件和 4 个发展规划。规范性文件能够占到政策文本总数的 66%。另外,还有 12 个政策文本仅有政策号令而无标记政策级别,例如《关于印发〈国家文化科技创新工程纲要〉的通知》(国科发高〔2012〕759 号)和《文化产业振兴规划》(规划银发〔2010〕94 号)。

二、工具轴频次与反映现象分析

在第一维度创新技术分析框架中,供给面、环境面与需求面的政策工具出现总量之比为 1.1∶1.3∶0.13。从政策工具侧重角度来看,环境面政策工具使用总量最多,其次是供给面政策工具,而需求面政策工具出现频次最少。

(一) 工具轴中政策工具出现频次比较

工具轴维度中,供给面政策工具涉及人才资源的出现频次为17;涉及信息建设的出现频次为10;涉及技术指导的出现频次为12;涉及资金支持政策工具的出现频次为18;涉及基础服务政策工具的出现频次为28,在供给面政策工具中使用最为频繁。环境面政策出现频次普遍较高,这尤其要引起我们的关注。其中,财政金融政策出现频次为22;税收优惠政策出现频次为18;法规规制性政策出现频次依然较大(体现在内容审核、资质审查和行政权限等方面)。而当下的策略措施政策工具较为频繁,带有软性和阶段性特征,出现频次为35。需求面政策工具使用量较少,其中政府采购政策值得我们关注,虽然在政策文本中出现频次较少,但在实际应用过程中仍然非常重要。如在政府采购公开信息中,我们能够对政府采购行为和情况有更清晰的了解。而外包政策工具出现频次为0,贸易规制政策出现频次为2,海外机构设置支持政策出现频次为6。具体情况如表3.4:

表3.4 第一维度工具轴分析

类目指标	供给面					环境面				需求面			
	1.1.1 人才资源	1.1.2 信息建设	1.1.3 技术指导	1.1.4 资金支持	1.1.5 基础服务	1.2.1 财政金融	1.2.2 税收优惠	1.2.3 法规规制	1.2.4 策略措施	1.3.1 政府采购	1.3.2 外包	1.3.3 贸易规制	1.3.4 海外机构
频次	17	10	12	18	28	22	18	25	35	2	0	2	6
占比	20%	11.8%	14.1%	21.2%	32.9%	22%	18%	25%	35%	20%	0%	20%	60%

(二) 现象分析

对工具轴的理解,要结合政府的作用来探讨,这样才能衡量科学的工具轴中政策功能的比例。并不是越多越好,越少就越不好,而是在把握政府和市场的关系以及具体政策目标的情况下才能作出准确的判定。凯恩斯认为,政府不仅承担着公共产品生产和供给职能,还担负着间接管理经济的职能,即政府通过经济、法律、法规、政策等手段影响和作用于微观经济主体的投入产出及价格,从而实现对经济的间接调控。[1]

---

[1] 曾庆宾、刘明勋:《我国新闻出版产业财政政策的思考》,《中国出版》2004年第4期,第12-14页。

1.环境面政策供给最多现象及其出发点

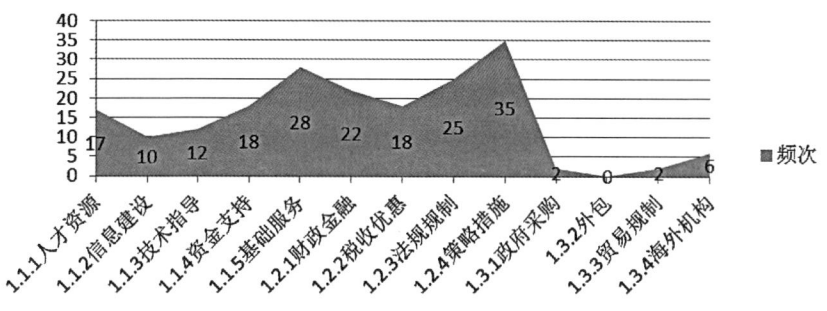

图 3.2　工具轴各指标出现频次图

根据图3.2的统计信息,可以发现了一个共性问题,即环境面政策工具出现频次面积最大,其次是供给面,最小是需求面。产生这种现象的原因是什么呢?

环境面政策工具主要的作用是维护正常市场秩序,并建构数字出版产业发展战略环境。为了实现这一目标,就必须向两个方向政策功能拓展:一是策略性政策扶持以及财政金融和税收优惠,二是法规规制的控制和调整。这也能够与环境面角度策略措施政策出现频次最高,而法规规制政策出现频次居于第二位相印证。而财政金融和税收优惠政策出现频次居中,为22和18。

一般来讲,出于战略性考虑,有针对性的策略措施政策具有指导性和阶段性特征。例如2010年《关于加快我国数字出版产业发展的若干意见》中涉及的"三个一批"方案。有时,策略措施需要与财政金融政策和税收优惠政策配合起作用。例如2006年文化部《文化建设"十一五"规划》中涉及准入、融资方面的政策优惠,对新兴文化产业、外向型文化产业和具有示范性、导向性的重点产业项目,给予部分相关借款贴息和补助。另外,还包括通过项目和活动推广形式进行的策略支持。例如2008年原新闻出版总署发布《关于下发2008年重点"外向型"音像电子出版物选题目录的通知》,其中就涉及"中国文化走出去"对外推广活动,实施"新闻出版走出去"等策略推广措施。再例如2010年《关于加快我国数字出版产业发展的若干意见》中,建设国家重点数字出版工程项目库,扶持企业建设,开发以公共服务平台建设、内容资源数据库建设、数字出版软件产品开发以及相关技术研发为主的数字出版工程项目。[①]

(1)环境面政策工具——数字出版相关产业环节鼓励与倾斜

当下环境面政策工具使用频繁,其实涵盖了两个层面的含义,但其主要方面是对数字出版相关产业环节的鼓励与倾斜。主要体现在策略措施的项目、活动带动和财政金融加大投入和税收层面的优惠。而一般来讲,大部分财政金融和税收优惠的实施是以项目和工程为切入点的。孔建华(2010)曾指出我国文化产业要实施"带动战略",以促进要素禀赋结构的升级;而重大文化产业项目和公共服务项目是实施相关战略的重要载体。[②] 例如:2003年发布的《国务院办公厅关于印发文化体制改革试点中支持文化产业发展和经营性文化事业单位转制为企业的两个规定的通知》涉及相关条款:1.试点地区可安排文化产业发展专项资金,并制定相应使用和管理办法,采取贴息、补助等方式,支持文化产业发展。2.对政府鼓励的新办的报业、出版、发行、广电、电影、放映、演艺等文化企业,给予免征1至3年企业所得税的照顾。3.对试点报业、出版、发行、广播、电视、电影等文化集团,符合规定的可给予合并缴纳企业所得税的优惠政策。4.文化产品出口可按照国家现行税法规定享受出口退税政策,文化劳务出口境外收入不征营业税,免征企业所得税。2007年《财政部、国家税务总局关于宣传文化增值税和营业税优惠政策的通知》规定:自2007年1月1日起,将音像制品和电子出版物的增值税税率由17%下调至13%。依本通知第二条第一款规定退还的增值税税款应专门用于技术研发、设备更新、新兴媒体的建设和重点出版物的引进开发。[③]

一般情况下,财政投入和税收优惠经常同时使用,而在2009年后,建立与金融机构的战略性合作关系并陆续实施金融政策,建构积极投融资环境成为重要的政策手段。例如:金融机构应按照支持小微企业发展的各项金融政策,对互联网小微企业予以优先支持。鼓励创新型、成长型互联网企业在创业板等上市,稳步扩大企业债券、公司债券、中期票据和中小企业私募债券发行。

---

① 原新闻出版总署:《关于加快我国数字出版产业发展的若干意见》,《中华人民共和国国务院公报》2011年第1期,第38-41页。
② 孔建华:《我国重大文化产业项目带动战略的现状评价及规划建议》,《新视野》2010年第4期,第12页。
③ 财政部、国家税务总局:《关于继续实行宣传文化增值税和营业税优惠政策的通知》,《财务与会计》2010年第2期,第67-68页。

探索发展并购投资基金,规范发展私募股权投资基金、风险投资基金创新产品,完善信息服务业创业投资扶持政策。通过加快建立信用监管制度和失信惩戒制度,进一步推动出版传媒企业与金融企业进行战略合作。例如2009年3月9日,文化部与中国进出口银行签订了《关于扶持培育文化出口重点企业、重点项目的合作协议》。合作采取"文化部组织推荐、专家组认真评选、进出口银行独立审贷"的方式,旨在解决文化企业融资难问题,进而共同扶持培育文化出口重点企业和重点项目。在五年的合作期内,进出口银行计划向文化企业提供不低于200亿元的人民币或等值外汇信贷资金。进出口银行将发挥其信贷资金规模大、融资期限长、资金来源稳定的优势,根据文化企业的融资需求和特点,在建立和完善风险控制机制和信用体系的条件下,利用对外优惠贷款、外国政府转贷款、出口买方信贷、出口卖方信贷、境外投资贷款、进口信贷、出口基地建设贷款、出口企业固定资产投资贷款、进出口租赁贷款、文化产品和服务出口信贷、文化旅游国际化贷款、国际会展服务设施建设贷款等多种贷款品种和国际国内结算、企业存款、对外担保等中间业务品种,扶持培育政府鼓励发展的文化出口重点企业和重点项目,为企业提供综合金融服务,并探索创新金融产品,满足企业融资需求。

据不完全统计,目前我国共有文化产业投资基金111只,资金总规模超过1330亿元。[①] 2011年7月6日,中央财政注资引导中国文化产业投资基金,这是第一家以"国字头"冠名的投资基金。这无疑会对文化企业资金运营具有重要扶持作用,降低融资难度和投资风险。而在2014年3月14日,国务院发布了《推进文化创意和设计服务与相关产业融合发展的若干意见》,加大了推动文化金融领域的扶植力度。

如何看待加大财政投入和税收优惠政策?彼得·斯旺(Peter Swan, 2013)认为一般补贴(比如税收减免)在行政上相当简单,但却可以促进一系列额外活动产生,当然也包含不被鼓励的活动。特殊的补贴可以赋予特定领域,虽然程序复杂且耗费更多成本,但影响范围较为清晰集中。其能否发挥有效性关键在于能否促进额外性,是否可以从补贴中产生较大额外社会利好。近几年也有人持怀疑态度,指出补贴方案具有低额外性。[②] 这种观点

[①] 引自《文化产业信息周报》第37期,http://wzb.mof.gov.cn/pdlb/whcyxxzb/201211/t20121119_698631.html。

[②] 〔英〕G.M.彼得·斯旺:《创新经济学》,韦倩译,格致出版社、上海人民出版社2013年版,第216-217页。

提供了一种判断依据,即补贴性质差别与效果的关系,以及是否会产生较大额外社会利好。

当下的财政金融政策和税收优惠政策,采用了多交叉、多层面的泛补贴性方式。应用较为频繁,投入力度较大,更多以组合拳形式出现。这主要是立足于产品形态,以丰富促进新技术形式、鼓励传统销售环节补益与研发数字化投入补贴、企业化转型扶持、资本运营战略保障、外向型市场拓展支持以及文化产业地位战略倾斜为目标。这实际上与当下数字出版相关产业发展战略格局以及多元政策目标混合有关。共同组合达成转换市场结构和产品结构,提升内部和外向产业竞争力以及实现后发国家赶超等综合目标。这种投入式和优惠式政策,能起到一些普惠性作用,但对这种复合型政策手段的效力评价就更加困难。经营性和非经营性性质、所有制形式的区别,产业活动环节差异、国内外市场涉及程度区分等"一事一议"政策最终会叠加成"多事多议"结果。这固然与企业经营和产业发展战略复杂性有关,但也同样造成社会利好额外性评价的难度,需要从发挥外部性和解决市场失灵的角度进行双重考量。

财政支持方面,目前主要有文化产业专项资金、国有资本金经营预算、财税政策等。根据中央关于实施重大文化产业项目带动战略的要求,中央财政于2008年设立文化产业发展专项资金,当年及2009年分别安排10亿元,2010年增加至20亿元。截至2011年年底,专项资金已累计安排60亿元,累计支持项目1 000多个。根据《关于金融支持文化产业振兴和发展繁荣的指导意见》(银发[2010]94号),2010年、2011年连续两年,政府通过贷款贴息、保费补贴方式对部分文化企业进行扶持。[①]

2012年5月,财政部决定将文化产业发展专项资金规模从20亿元大幅增加至34亿元,同时重新修订出台了《文化产业发展专项资金管理暂行办法》(财文资[2012]4号),进一步增强中央财政对文化产业发展的保障功能。新办法确定了专项资金的六大支持方向。[②] 其中,与数字出版产业最为密切的是使现代文化产业体系向新兴文化业态倾斜,推进文化科技创新和文化传播体系建设以及实行文化企业走出去的方针。其他支持方向,间接地

---

① 王家新:《在文化产业财政金融专项协调会上的发言》,http://wzb.mof.gov.cn/pdlb/ldjh/201111/t20111101_603778.html。
② 《发挥财政职能作用 助力文化产业振兴》,http://wzb.mof.gov.cn/pdlb/gzdt/201205/t20120514_650840.html。

从体制、机制、资金渠道等方面为数字出版企业提供基础性支持。2013年11月,中央财政下拨2013年度文化产业发展专项资金48亿元,比2012年增加了41.18%。截至目前,文化产业发展专项资金已累计安排142亿元,有力地支持了文化体制改革和文化产业发展。① 根据以上资金实施情况,2012年、2013年中央文化产业专项资金投入逐渐加大力度。具体情况下表3.5:

表3.5 2008年—2013年中央文化产业专项资金实施情况

年份	2008年	2009年	2010年	2011年	2012年	2013年	总计
文化产业发展专项资金(亿元)	10	20	20	10	34	48	142

(数据来源:财政部公布工作报告和数据情况汇总)

其中针对绿色印刷领域,2013年中央财政通过文化产业发展专项资金安排2.77亿元,支持中国铁道出版社绿色数字印刷、北方传媒全绿色印刷系统等43个项目进行环保印刷设备更新,推动印刷产业结构调整和转型升级。截至目前,绿色印刷从印刷过程扩展到出版、发行等新闻出版全产业链,绿色印刷涉及全国20%的出版社,其中370家印刷企业通过了绿色印刷认证。②

根据百度搜索"文化产业专项资金"的情况,据不完全统计,2010年—2013年部分申请获得财政部文化产业专项资金的新闻出版企业有武汉理工大学出版社、湖南出版投资控股集团有限公司、宁夏黄河出版传媒集团、科学普及出版社、河海大学出版社、中南出版传媒集团股份有限公司、中国海洋大学出版社有限公司、辽宁科学技术出版有限责任公司、江西日报、江西教育期刊、江西东方红女报红杜鹃、宜春日报社、哈尔滨工业大学出版社、西安电子科技大学出版社、上海市5家印刷和出版股份公司等。上述企业中,不乏多次获得专项资金支持的,例如科学普及出版社、河海大学出版社、武汉理工大学出版社。在资金支持额度方面,从100万到4 600万不等。在申请项目方面,多半集中在数字资源平台建设方面,除此之外还包括渠道建设和基地建设。关于数字化平台建设项目与投入数量较多的情况,其中比较有代表性的是中南国家数字传媒内容基地平台、数字出版网络传媒系统及

---

① 《中央财政下拨48亿文化产业发展专项资金》,http://wzb.mof.gov.cn/pdlb/gzdt/201311/t20131118_1012890.html。
② 《2013年中央财政安排2.77亿元专项资金支持发展绿色印刷》,http://wzb.mof.gov.cn/pdlb/gzdt/201403/t20140303_1048852.html。

应用平台。平台建设成为数字出版资金支持中的重点内容。

值得一提的是,2013年数字化印刷项目获得经费较多,上海5个公司的8个项目——绿色印刷项目柔性版水墨教科书印制基地建设、按需出版/印刷前端业务平台、胶转柔绿色印刷技术改造、绿色印刷设备购置和创新发展、绿色印刷设备购置及综合改造等获得4600万元资金支持。《江西日报》也申请了相应的数字绿色印刷项目。从这一点也可以看到数字印刷、按需印刷是当下资金支持中的重要方面。

2011年科学普及出版社未查到相关项目信息,除1个渠道建设和1个海外基地建设项目之外,余下12个大项目类目与数字出版建设相关,占到统计总数的80%。从项目名称中,还能够看到项目覆盖的专业性和教育性特征。例如,海洋科普全媒体出版与展示教育产业化平台建设、水利教育培训数字化出版工程、数学数字出版综合应用一体化平台项目、教育类图片资源库及其传播平台、电子信息类高等教育资源的新型服务系统以及国家电子书包应用与示范工程。这与出版社的定位有关,涵盖了专业出版和教育出版的相关领域。另外,国家电子书包应用与示范工程,也是目前重点推进的教育出版项目。具体情况如表3.6所示。(标记:据统计,自2012年年初至12月20日,中南出版传媒集团股份有限公司及下属子公司累计获得中央及湖南省文化产业各类补助资金4 411.49万元。[①] 表3.6只统计当年该集团获得的中央专项资金部分。)

除表3.6统计的江西省项目获得的资金支持情况外,据统计,2010年以来,江西省共有25个项目(单位)获得专项资金支持,累计金额1.6251亿元。目前,该省已有41个项目进入国家新闻出版改革发展项目库,入库的数字出版企业项目累计获得中央文化发展专项资金1 900多万元;入库的报刊出版单位的17个项目中,有9个项目获得中央文化产业发展专项资金9 200万元。2013年江西省新闻出版单位获得资金支持5 000万元。[②]

---

① 《2012年中南出版传媒集团股份有限公司关于获得文化产业发展中央专项资金等事项的公告》腾讯网财经频道,http://finance.qq.com/a/20121222/000536.htm。
② 《我省新闻出版单位获得2013年中央文化产业发展专项资金支持5000万元》,http://www.jxcbj.gov.cn/system/2013/11/25/012815590.shtml。

表 3.6 2010年—2013年部分企业获得中央文化专项资金情况

年份	企业	项目	金额
2010年	武汉理工大学出版社	基于虚拟现实技术的文化产业保护与传播平台建设	800万元
2010年	湖南出版投资控股集团有限责任公司	中国国家数字家庭传媒内容应用基地平台与湖南红网掌上红网项目建设	1 400万元
2010年	宁夏黄河出版传媒集团	数字出版网络传媒统一应用平台建设	1 000万元
2011年	科学普及出版社	未标记	350万元
2011年	河海大学出版社	水利教育培训数字化出版工程	200万元
2012年	科普出版社	提升科普文化创新能力，加强科普传播渠道建设	1 500万元
2012年	中南出版传媒集团股份有限公司	国家电子书包应用与示范工程	1 800万元
2012年	中国海洋大学出版社	海洋科普全媒体出版与展示与教育产业化平台建设	100万元
2012年	河海大学出版社	水文化与水科技数字出版工程（系统开展水文化的数字化研究成果的数字化资源建设，水利科技数字化资源建设，数字出版技术平台）	500万元
2012年	辽宁科学技术出版社有限责任公司	设计传媒出版"走出去"海外基地建设	1 800万元
2013年	江西日报、江西教育期刊社、江西东方女报红杜鹃、宜春日报社	数字化绿色印刷项目、红色教育LED视频资源平台、当代女性创新知识与公共数据服务数据库、新媒体产业建设项目	4 600万元
2013年	上海印刷集团有限公司，上海世纪出版股份有限公司，上海界龙实业公司，上海紫江企业集团股份有限公司，上海金汇通创意设计发展有限公司	柔性版水墨教科书印制基地建设、按需出版印刷前端业务平台、胶转柔绿色印刷技术改造、当代女性创新知识与公共数据服务数据库、绿色印刷设备购置与绿色印刷综合改造等8个项目	4 600万元
2013年	哈尔滨工业大学出版社	数字数字出版综合应用一体化平台新型服务系统	900万元
2013年	西安电子科技大学出版社	电子信息类等高教类资源的数字化新型服务系统项目	800万元
2013年	武汉理工大学出版社	教育类图片资源库及其传播平台建设（教育类图片资源库建设、传播平台建设、数字出版运营模式建设）	500万元

2013年,53家中央文化企业被纳入第一批数字化转型升级项目支持范畴,项目支持的财政资金为1.6亿元。①

姜占峰(2013)搜集了近三年大约400个获得中央和地方财政资金支持的数字出版类项目,近100个近两年被列入了原新闻出版总署改革发展项目库的项目信息。统计分析结果显示,命名为"×项目""×平台""×服务"的最多,占比超过50%,分别占文化产业发展专项资金支持项目的34%、23%和14%,占列入总署改革发展项目库的20%、21%和12%。此外,还有的以工程、中心、网、库、基地、园、系统、实验室等作为项目关键词。② 这与上面的不完全统计均印证了近几年来,中央和地方财政对数字出版项目的支持力度较大,在扶持对象上呈现出立足于技术、系统、平台开发建设等方面的特点。这既减轻了传统出版数字化转型技术投入的压力,又起到了数字化经营的引导作用。但需要注意的是,支持方式和侧重点应该兼顾共性需求和个性需求,在扶持时间周期以及侧重点转化方面,应该具有一定的弹性,渐进式扶持共性需求和差异化设计。另外,数字化转型过程中从投入与产出效率来看,技术、平台和内容时间的开发与侧重次序不同,应该从内容产生方式和整合方式上多下功夫。

与新闻出版相关的中央文化企业或集团共有72家,例如中国出版集团公司、中国文化传媒集团有限公司和中国数字文化集团有限公司和中国教育出版传媒集团有限公司等。2013年10月,中央财政下达当年中央文化企业国有资本经营预算资金8.3亿元,共支持39家由财政部代表国务院履行出资人职责的中央文化企业实施的55个项目。资金重点支持三个方向,其中第二项与数字出版产业最为密切,即支持中央文化企业进行数字化转型升级、网络传播平台、移动多媒体等项目建设,研发拥有自主知识产权、有利于推动企业产业结构调整或升级的关键技术。其他两项则是在资本运作和开拓国际市场方面予以支持。2011年至2013年,中央财政已累计安排国有资本经营预算资金18.9亿元,共支持了65家企业实施的107个项目,切实

---

① 郑立新、姜占峰、王勤、华宝余:《数字出版项目经验谈①:高效项目团队,一个都不能少》,http://mp.weixin.qq.com/s?__biz=MjM5MzIwMTgyNA==&mid=200190231&idx=5&sn=c28b71ef06ef9af86cd621ef79607ef5#rd&dt=1&cv=0x15010006&fs=2。
② 姜占峰:《数字出版类财政资金项目申请探析》,科技与出版2013年版,第20页。

发挥了财政资金的引导作用。① 具体情况见表 3.7：

表 3.7　2011—2013 年中央文化企业国有资本经营资金情况

年份	2011 年	2012 年	2013 年	总计
国有资本金经营预算（亿元）	5.6	5	8.3	18.9
项目数（个）	11	41	55	107

而税收优惠的表现形式则更为多样，有增值税先征后退、营改增试点、所得税减免等。例如财政部和国家税务总局发布的《关于延续宣传文化增值税和营业税优惠政策的通知》规定，自 2013 年 1 月 1 日起至 2017 年 12 月 31 日，出版物在出版环节及印刷、制作业务等方面将实行增值税先征后退政策，退税比例为 50% 或 100%；还规定，免征图书批发、零售环节增值税。② 依据《关于印发〈高新技术企业认定管理办法〉的通知》（国科发火[2008]172 号）和《关于印发〈高新技术企业认定管理工作指引〉的通知》（国科发火[2008]362 号）的规定认证的高新技术企业，减免 15% 的税率征收企业所得税；文化企业开发新技术、新产品、新工艺产生的研究开发费用，允许按国家税法的规定在计算应纳税所得额时加计扣除。2005 年的《国家税务总局关于文化体制改革试点中支持文化产业发展若干税收政策问题的通知》，对政府鼓励的新办文化企业，自工商注册登记之日起，免征 3 年企业所得税；完善高新技术企业认定管理办法，经认定为高新技术企业的互联网企业依法享受相应的所得税优惠税率；落实企业研发费用税前加计扣除政策，合理扩大加计扣除范围；积极推进邮电通信业营业税改增值税改革试点；进一步落实鼓励软件和集成电路产业发展的若干政策；加大现有支持小微企业税收政策落实力度，切实减轻互联网小微企业负担；研究完善无线电频率占用费政策，支持经济社会信息化建设。不同产品类型的增值税税率差别化以及低税率，可能会对新兴业态形式产品起到积极推动作用。另外，以税前间接优惠方式（加速折旧、投资抵免、税收抵免、税项扣除、成本扣除等）为主的手段和方式较少，致使现行税收优惠政策总体激励力度不大。如没有制定对数字出版等新兴出版发行业态、民族新闻出版、出版发行体制中的出版企业资

---

① 《中央财政安排 8.3 亿元国有资本经营预算支持中央文化企业发展》，http://wzb.mof.gov.cn/pdlb/gzdt/201310/t20131011_997611.html。
② 《财税出新规，出版业获重大利好》，http://wzb.mof.gov.cn/pdlb/whcyxxzb/201401/t20140113_1034914.html。

产重组、出版单位文化体制改革中的不良资产处理等领域的税收优惠扶持政策,导致税收优惠政策激励内容不全面、不完善。①

(2)环境面政策的延续性和规制放松与激励趋势

第二个层面含义是管理方式的延续与突破。主要的立足点是法规规制政策。它发挥了两个层面的作用:一方面是管理方式的走向——规制类型的延续还是创新,从而判断其管理框架和管理制度;另一方面是放松规制和激励性规制的采纳,其重要作用在于刺激市场活力。其中规制的延续,主要是从内容质量、重大选题备案、审读和管理方式的角度来探讨的,还有就是从打击违法、侵权盗版等犯罪行为从而营造良好环境的角度;而规制的放松则涉及管理权限的调整,以及行政审批权的调整。

在 73 条政策文本中,有 25 条提及法规规制政策,占到政策文本总量的 34%,这与传统出版、电子出版以及数字出版的选题、内容质量以及审批方式的法规规制政策具有一定的相似性和延续性。

在内容生产环节,传统出版物、音像制品、电子出版物和网络出版物均需要进行审读,对内容实施监管。要坚持落实重大选题备案制度、出版物"三审"制度和出版物阅评等制度,确保舆论导向正确。② 在语言使用标准方面,《关于进一步规范出版物文字使用的通知》要求音像制品、电子书、互联网等各类出版物,遵守与践行语言文字规范化要求。在选题管理方面,传统出版物、音像电子出版物、电子书以及网络游戏均涉及选题规划和审核环节。而选题审批制带有一定的计划性特征,容易造成与市场需求的错位。要么叫好不叫座,要么因程序复杂而延误市场时机。③

在书号制度管理方式上,音像和电子出版物使用专用书号(ISRC),非音像或电子出版单位配合本版出版物出版音像制品或电子出版物的同样需要申领 ISRC。电子书也需申领和使用专用书号。自 2009 年起,书号网上实名申领在全国推广,虽进行了调整,但数量、结构控制并无实质改变。④ 而对于碎片化、模块化的数字出版产品与服务来说,其生产与消费周期具有较大差异性,其管理方式应该予以调整。

---

① 杨京钟:《我国新闻出版产业发展的财政政策激励》,《现代出版》2013 年第 4 期,第 22 页。
② 王庚梅:《当前新闻出版业存在的主要问题及发展对策》,《产业与科技论坛》2009 年第 8 卷第 3 期,第 49-50 页。
③ 孙利军:《对出版体制改革背景下书号实名申领质的思考》,《中国出版》2009 年第 5 期。
④ 蔡翔、陆颖:《对全面深化出版体制改革核心问题的几点认识》,《现代出版》2014 年第 1 期。

关于经营业务范围和资质,国家对电子出版物出版活动实行许可制度,涉及进口管理、委托复制、年度考核等方面。"印客网站"涉及提供相应在线浏览、阅读或下载的业务,必须取得互联网出版许可。电子书出版业务需要分流程领域获得相关资质审批,例如出版资质、复制资质、总发行资质和进口资质。

在首批获准电子书从业资质单位的名单中,中版集团数字传媒有限公司、人民出版社等 4 家单位获得电子书出版资质,中版集团数字传媒有限公司、汉王科技股份有限公司等 13 家单位获准电子书复制资质,北京方正飞阅传媒技术有限公司、上海盛大网络发展有限公司等 8 家单位获准电子书总发行资质,中国图书进出口(集团)总公司、中国教育图书进出口公司等 5 家单位获准电子书进口资质。①

从上述例子中,我们发现数字出版法规规制政策属于延续性政策,横向维度是围绕着传统出版企业产品谱系的数字化延伸角度展开的,纵向维度是围绕数字出版产品服务的流程环节,赋予不同阶段和环节以资质和许可而展开的。这种延续性政策的优势在于便于管理框架层面的微调和整合;而可能存在的问题是产品服务适用性的调节以及不同流程资质管理的复杂性和细分政策调节的公平度与倾斜度的平衡。

在产业经济学中,政府规制(government regulation)是指政府部门依据有关的法律、法规,通过支持、许可或禁止、限制的手段实施的直接或间接对企业的经营活动产生影响的行为。② 从根本上说,政府规制是在市场经济条件下,政府对市场运转出了问题的一种纠正,其目的在于维护正常的市场秩序,提高资源配置效率,增进社会的福利水平。政府规制划分类型如表 3.8 所示:

表 3.8 政府规制类型

政府规制					
直接规制					间接规制
有关行政部门					司法部门
经济性规制				社会性规制 (安全、健康、环境)规制	法律依据
价格规制	进入和退出市场规制	数量规制	质量规制		

资料来源:根据张新华《转型期中国出版业制度分析》③绘制

---

① 《电子书书号明年可网上申领》,http://tech.163.com/10/1108/09/6KV650L9000915BD.html,转引自信息动态,《新闻前哨》2011 年第 1 期。
② 参见臧旭恒等:《产业经济学》,经济科学出版社 2005 年版,第 444—445 页;转引自张新华:《转型期中国出版业制度分析》,中国传媒大学出版社 2010 年版,第 65—66 页。
③ 张新华:《转型期中国出版业制度分析》,中国传媒大学出版社 2010 年版,第 65—66 页。

下面主要从细分规制类型的角度，分析一下主要的规制方式和需要解决的问题。

第一，间接规制强调法律依据的构建和遵循，2006年《关于印发新闻出版业"十一五"发展规划的通知》中，涉及较多间接规制，即从司法角度丰富不同介质产品、不同生产经营环节的管理条例，比如涉及作者环节、生产环节、网络传播环节等部分规则。2013年《国务院关于促进信息消费扩大内需的若干意见》提到，加强法律法规和标准体系建设[1]同样需要使用间接规制手段，例如推动修订商标法、消费者权益保护法、标准化法、著作权法等法律，加快修订互联网信息服务管理办法、商用密码管理条例等行政法规，促进新兴消费环境的健康有序发展。2009年《文化产业振兴规划》中，同样强调严厉打击盗版侵权行为。另外，原新闻出版总署推出的部门规章规定，对《信息网络传播权保护条例》第十八条列举的侵权行为，同时损害公共利益的，以及第十九条、第二十五条列举的侵权行为，使用行政处罚措施。[2]

直接规制中，涉及经济和社会性规制并举的情况。经济规制层面，在2011年《出版物市场管理规定》修订后，其他资本涉及发行活动的已规定不能超过30家连锁门店。这就涉及了进入规制和经营门店数量规制。除此之外，对音像、电子出版单位的资质，数字印刷企业的资质，互联网文化单位的主体准入、内容管理、经营规范及违法处罚等，修订后的《出版物市场管理规定》都作了具体规定。这些规制在本质上属于质量规制范畴。质量规制范畴体现在通过产品审读、进口产品审查和选题规划审查等方式进行质量和意识形态层面的管理。把好内容、编辑加工、装帧印刷环节的质量关，达不到标准的都将被撤销。

价格规制问题非常值得探讨，目前价格规制方式不多见，较常见的有传统纸质书籍的"印张定价"方式，还有稿酬标准和个税起征点等相关措施。而新型数字出版产品与服务很少涉及价格规制的方法。这种做法的益处在于，在新型数字出版产品与服务形态开发与拓展阶段，市场自发价格机制还没有完全成熟，需要一个自然的供需、成本、投入等市场要素的磨合期。但

---

[1] 《国务院关于促进信息消费扩大内需的若干意见》，http://www.js.xinhuanet.com/2013-08/15/c_116951133.htm.

[2] 常青：《国家版权局法规司关于〈著作权行政处罚实施办法〉修订问答》，《中国版权》2009年第4期，第22—23页。

长久如此可能产生的问题是,在数字出版产品与服务中会形成价格主导博弈现象,而产业链格局中主体不平衡的现象比较集中。不同市场化程度的企业、不同核心要素的议价能力、不同资本的积聚程度、不同等量的企业规模程度,都会影响产业链中话语权的格局。造成这种现象的原因较为复杂,有历史原因、技术原因、资本原因、主营产业规模甚至是产业关联度的原因,当出现垄断等外部不经济行为时,是遵循市场自发机制调节,还是必要干预调节,这个答案肯定不能简单地用是与否来回答,而应从产业生命周期、相关数字出版产品与服务供给格局以及垄断形成方式入手来给出答案。在一定时间段内,数字出版产品和服务仍将处于引入期,传统出版社如何做好数字化整合、集约和产品服务分拆显得至关重要。但显然,不同出版领域在数字化整合、集约的难度和周期方面存在明显差异。

社会性规制主要通过重点图书、音像、电子出版物选题规划、少数民族语言文字类选题目录、重点外向型选题目录、民族网络游戏出版工程选题评选、中国政府奖评选等方式,对区域性文化、少数民族文化、优秀历史与现代文化进行鼓励。

规制的放松涉及管理权限的下调和调整,以及行政审批权的调整。例如,2012年原新闻出版总署发布的《关于做好第六轮新闻出版行政审批项目取消调整后续工作的通知》是最为典型的规制放松的表现。其中,涉及取消电子出版物制作单位接受境外委托制作电子出版物审批项,其中关于印刷活动的5项行政审批权被下放。这将减少行政审批环节,减少印刷环节管理权限等级。在规制部分,我们政府规制是核心主体,其他社会机构的规制性发挥较少。尤其是一些行业协会,应该促进这些主体的能动作用,发挥桥梁作用。在发展电子书产业方面,主导部门积极倡导电子书行业自律。希望适时成立电子书行业协会,鼓励内容提供商、技术提供商、设备制造商和渠道运营商等参与其中,共同规范电子书的生产和销售。这可看作是规制主体联合发展的新举措。

2. 供给面政策和需求面政策比例差异问题

从统计数据中来看,供给面政策工具的出现频次实际略少于环境面政策,但与需求面政策比重之比为8.5∶1。单从比值来看,供给与需求功能性比例差异较大,需求面政策供给较少。

供给面政策从短期和长期两个角度,对具有正外部性的环节和机构予

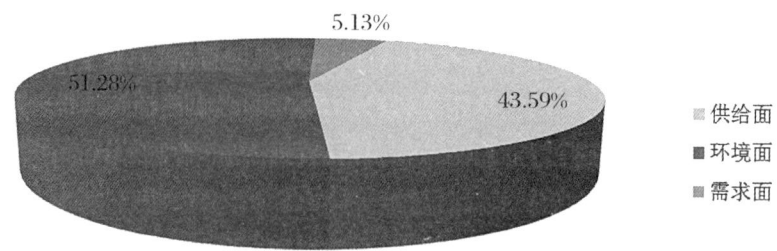

图 3.3 工具轴内部三类工具频次比重分析

以支持,对负外部性环节和机构予以管理。需求面政策则包含用户导向型创新计划和领先市场行动计划等。① 出版业产品是典型的外部性产品。② 这也是数字出版产业供给面政策和需求面政策的基本出发点。

(1)供给面政策——兼具公益性与产业性诉求

目前,我国数字出版产业供给面政策往往具有这样的特征:强调人才、信息、技术、资金、基础服务等要素性作用。在人才、信息、技术、资金和基础服务等要素提供方面,主要发挥软性指导作用。根据之前的编码统计,涉及基础服务的政策工具出现频次最多,之后才是资金支持工具,第三是人才资源工具。而在基础服务和资金支持层面,也是公共服务与产业引导兼而有之,但主要是公共服务性。

具体来说,在人才资源培育方面,发挥带动作用,鼓励多种形式的人才培养和提高计划,包含领导干部培训、专业人员业务轮训、经营管理人才、翻译人才和技术人员的培养。在培养机制上,主要建立政府引导、新闻出版单位和社会各界共同参与的人才培养投入机制,形成总局、地方和新闻出版单位三级培训体系;实行新闻出版单位领导干部岗位培训和调训制度、专业人员业务轮训制度;在全国知名高校建设出版传媒人才培训基地。③ 另外,推动和鼓励出版传媒集团创新人才激励机制和选拔机制。通过实施"四个一批"人才培养工程、新闻出版名家工程、文化名家工程、翻译人才库工程等形

---

① 彭春燕:《完善需求面创新政策 扩大科技创新的市场需求——OECD 需求面创新政策报告对我国的启示》,《科技创新与生产力》2013 年第 5 期,第 5 页。
② 陈昕:《中国出版产业论稿》,复旦大学出版社 2006 年版,第 14 页。
③ 《新闻出版业"十一五"发展规划》,《中国报业》2007 年第 2 期,第 17—23 页。

式培养和凝聚人才。同时,倡导实施农村实用技术人才培训计划、完善图书馆人才政策、实行信息化人才技术培训、各地制定文化产业战略人才指导目录、设立人才培养专项资金等进行区域性、行业性的针对性提升计划。再以职业准入和岗位准入形式,依据新闻出版专业技术人员职业资格制度,提升基层人才队伍素质。

信息建设方面,从管理信息平台整合角度出发提升管理效率和效力,例如,建立传统出版物和数字化内容的动态监管平台。着手弥合其他供需信息"不对称"的互通活动和项目,有时信息资源建设工具与基础设施公共服务工具共同起作用。例如,建设出版物流通信息平台,统一信息标准,减少信息不对称造成的不必要的"不经济"现象。设立中国MPR注册中心,提倡公共信息资源共享和开发利用,实施网络文化信息内容建设工程,助力信息惠民政策。

技术指导方面,以具体技术形式重点支持语言文字技术、声音技术、图形图像技术、内容采集与处理技术、知识组织管理技术、协同编辑管理技术等新闻出版产业支撑技术的发展和应用。加快全媒体资源管理、语义分析搜索及自动分类标引技术、多介质多形态内容发布技术、彩色电子纸等新兴数字显示技术的研究,促进传统新闻出版产业的数字化转型升级,形成覆盖网络、手机以及适用于各种终端的数字出版内容生产供给体系[1];研究数字印刷和绿色环保印刷技术,促进传统印刷设备的升级改造和节能减排;重点支持电子图书、数字报刊、网络原创文学、网络教育出版、数据库出版、手机出版等数字出版新兴业态,提升创新能力;研究数字版权保护关键技术,推动数字出版产业健康发展。关注网络信息集成传播技术及前沿引导技术,研究新兴网络文化创新服务模式,繁荣民间文学、影视、音乐创作与传播。

开发数字出版相关技术流程,涉及印刷数字化以及数字产品开发集成、制作、出版、销售环节和版权保护。扶持方式包括:鼓励与引导企业资本与社会资本合作、纳入科技创新攻关项目以及开展标准化工作;重点加强与新兴文化业态密切相关的数字技术、数字内容、网络技术等高新技术的研发;发挥科技项目支撑引领作用,把重大文化科技项目纳入国家相关科技发展规划和计划;安排实施文化产业科技项目,在文化产业发展专项资金、高技术产业发展项目资金、科技型中小企业创新基金中,加强对研发具有自主知

---

[1] 《新闻出版总署关于进一步推动新闻出版产业发展的指导意见》,《新华月报》2010年第4期,第82-85页。

识产权的关键、核心技术的支持;鼓励企业提升自身技术和产品水平,对环保印刷设备购置或改造、仓储物流设备更新升级、重点新闻网站软硬件技术平台建设等给予重点支持,并纳入重大项目管理;支持出版传媒集团建立相应科技创新体系。另外,协调与组织高等院校、科研机构对新闻出版业关键领域和关键技术的攻关,提升自主技术能力;围绕数字出版产业,积极发展纸质有声读物、电子书、手机报和网络出版物等新兴出版发行业态;开展"国家数字复合出版系统"研发工程、"中国知识资源数据库"出版工程、"中华字库"建设工程、"中华数字古籍全书"和"数字版权保护技术"研发工程等。

在资金支持方面,注意利用多种方式积极研发数字、网络等新媒体出版物。充分运用补贴、公益性基金和产业发展资金等方式提升公共数字文化服务和数字出版产业发展。一方面,运用好宣传文化发展专项资金、国家出版基金、民文出版专项资金、农家书屋工程专项资金、扶持动漫产业发展专项资金、"走出去"专项资金等财政专项资金;另一方面,加大对出版传媒集团改革发展资金的支持力度。通过贷款贴息、项目补贴、补充资本金等方式,支持国家级文化产业基地建设,支持文化产业重点项目及跨区域整合,支持国有控股文化企业股份制改造,支持文化领域新产品、新技术的研发,支持大宗文化产品和服务的出口。大幅增加中央财政"扶持文化产业发展专项资金"和文化体制改革专项资金规模。[①]

据财政部有关负责人介绍,"国家出版基金"自 2008 年实施以来投资逐年增加,2014 年规模已达 4.5 亿元,累计投入达 19 亿元,资助出版具有文化传承与积淀价值的图书 1200 余项。这为提高出版社选题策划能力、提升产品质量水平、建立品牌意识提供了助力。[②]

在基础服务方面,有时与信息建设以及其他政策工具共同发挥作用。加强信息化资源建设,推进国家基础数据库、金融信用信息基础数据库等数据库的协同,支持社会信用体系建设;积极扶持农村出版物市场和连锁网点建设,建立以大城市为中心、中小城市相配套、贯通城乡的新闻出版产业流通网络;加大组织实施国家重大出版工程、少数民族新闻出版"东风工程"、农家书屋工程、全民阅读工程及文化环保工程等公共服务重大工程的力度,

---

[①] 《文化产业振兴规划》,《新华月报》2009 年第 20 期,第 82-83 页。
[②] 《为了文化的尊严——写在国家出版基金实施六周年之际》,http://news.gmw.cn/2014-02/11/content_10330462.htm。

推动基本公共服务的均等化、数字化和现代化。① 例如,推进数字农家书屋试点工作,构建农家书屋综合服务平台。一定公益性出版项目的实施,将极大丰富特殊优秀文化作品的保留与传承。另外,通过相应优秀产品的评选与推荐,提升围绕"三农"、少数民族、青少年等特殊对象和细分出版领域等问题的社会效应,尤其支持一些新兴介质、数字化和网络化产品与服务形态。文化信息资源的数字化建设包括公共文化数字资源基础库群、数字图书馆推广工程、公共电子阅览室建设计划等三大数字文化惠民工程。

(2) 供给面政策与环境面政策存在连带效应

虽然,供给面政策并没有直接促进数字出版相关企业发展的要素聚合,但对数字出版市场中人才、技术、资金和信息要素都进行了观照。我们需要考虑环境面政策工具和供给面政策工具可能产生的连带效应。具体来说,二者在实施方式和战略载体方面,存在着一定的共性特征。二者都可以通过营造数字文化服务环境和数字出版产品体验等形式,间接促进图书馆等"组织市场"的活力,培养民众对相关文化产品的阅读和使用习惯,带动数字文化产品与服务市场的形成。但如何作用二者,以及怎样发挥更大的效力,还需要进一步的数据分析才能够论证。在德国文化政策实施过程中,曾出现过"迂回赢利"现象。这一现象与上述政策工具的连带作用有异曲同工之处。"迂回赢利"是由所有文化产业所带来的收益减去上缴给国家的一切支出(如税费、契约金等)所得到的利益。1988年德国信息中心计算得出,在德国,为文化事业支出8.77马克就会收到19.13马克的收益,也就是说,由"迂回收益"产生的纯赢利额是10.36马克。企业经济学研究表明,为文化花出的每1马克都会通过"迂回赢利"以最低1.4马克的回报重新流回公众手中。除了直接赢利额,如果加上与文化产业相关的行业所创造的价值,那么"迂回赢利"可达1.8马克。人们在调查萨尔茨堡音乐节和维也纳艺术周时,把被公共文化支出所带动的私人企业以及个人消费也算进去,发现"迂回赢利"竟高达4.2马克。② 而这里的"迂回赢利"实际上产生了额外社会有用性和经济性,会产生"外部性回补"效应。当然,这种现象不可一概而论。因国家个体投入差异和相关事业与产业发展程度不同等主客观因素,都会影响各国连带效应的具体情况。

---

① 《新闻出版总署关于进一步推动新闻出版产业发展指导意见》,《新华月报》2010年第4期,第82-85页。
② 周睿睿:《文化是我们的力量——由德国文化政策所看到的》,《中德学志》第3期,陈洪捷主编:北京大学出版社2012年版,第221页。

(3)需求面政策工具占比过小

需求面政策工具使用频次较少,这种现象值得我们关注。从需求面类目来看,出现最多的是海外机构设置政策,频次为6,其次是政府采购政策和贸易规制政策,各出现2次,而外包政策工具出现频次为0。

其中,海外机构设置工具对外向型海外市场拓展具有明显的调节作用。支持有竞争力的传统出版产品和多种形态的数字出版产品进入国际市场;支持有实力的出版传媒集团兼并、收购境外有成长性的优质出版企业;支持有条件的出版传媒集团通过独资、合资、合作等方式,到境外建社建站、办报办刊、开厂开店。列入文化出口重点企业和重点项目的,还可以获得出口卖方信贷、境外投资贷款等便利条件。按照相关资质要求还可以申请境外投资项目补助。政府采购政策虽然在政策文本中出现频次仅为2,但在实际数字化转型过程中却发挥了极大的作用。

从政府采购的公开信息中,可以了解其支持和投入的方向。例如涉及不同属性内容资源的关联标识软件,奠定了出版产品与服务的多元化与数字化的基础。除此之外,还有复合出版物生产和投送系统,希望通过此种形式实现传统生产和数字化生产的整合同步生产。按照达斯古普塔(Dasgupta,1987,1988)的观点,这属于纠正创新中的市场失灵的政策的一部分,即促进市场未能给予足够支持的活动的政府支出或采购。①

贸易规制方面,呈现出两个方向性:一个是关于音像出版进口内容管理规定,强调的是质量规制和进入规制;另一个则是对外文化贸易的促进政策。通过具体的活动和项目形式,有针对性地提供行政审批政策的便利和资金汇兑方面的便利。建构外向型企业信息、产品网络资源库、相关出口基地和服务平台,通过研发环节予以基础支持;另外通过奖励方式鼓励外向型产品的进一步推广。

(4)需求面工具导向需拓展

关于需求面政策工具,要考虑最本质的问题是刺激和调动哪方面的需求以及谁的需求。可以说,需求面政策工具的作用,有别于市场体系中的需求策略。政府主体作为需求面政策的实施者,一方面,可以作为特殊组织市场购买相关技术设备系统,推动创新性技术产品和服务的使用——提升公共服务或加速新兴产品与服务扩散;另一方面,出于国家形象展示策略和经

---

① 〔英〕G.M.彼得·斯旺:《创新经济学》,韦倩译,格致出版社、上海人民出版社2013年版,第217页。

济还原主义诉求的考虑,政府通过外包形式来补贴和资助相关企业,利用政府采购的方式向其他国家和区域市场提供本国文化产品内容。日本就曾采用类似的需求面工具,但数字出版产品是否具有类似可操作性不可一概而论。就目前我国需求面政策工具的使用情况来看,外包手段极为少见。在需求面政策中,贸易规制是非常重要的环节,应给予开拓海外市场的企业一定奖励与优惠。从上述分析来看,需求面政策工具主要是为了调动产品与服务的市场需求,调动与满足供给者需求。其立足点更多作用于企业主体,侧重于企业领先市场的行动目标,而对于用户导向创新和消费者政策涉猎较少。这一点在与产业活动交叉分析时也有明显的特征,表现在政策涉及消费比重与利好对象方面。在产业活动轴中,我们会进一步分析。经济合作与发展组织(OECD)于2011年出版了《需求面创新政策》报告,该报告强调该系列政策可包含公共采购、政策法规、标准政策、消费者政策、用户导向型创新计划以及"领先市场行动计划"等。① 这种需求面的创新设计提供了一种新的导向拓展视角,即用户导向和消费者政策。

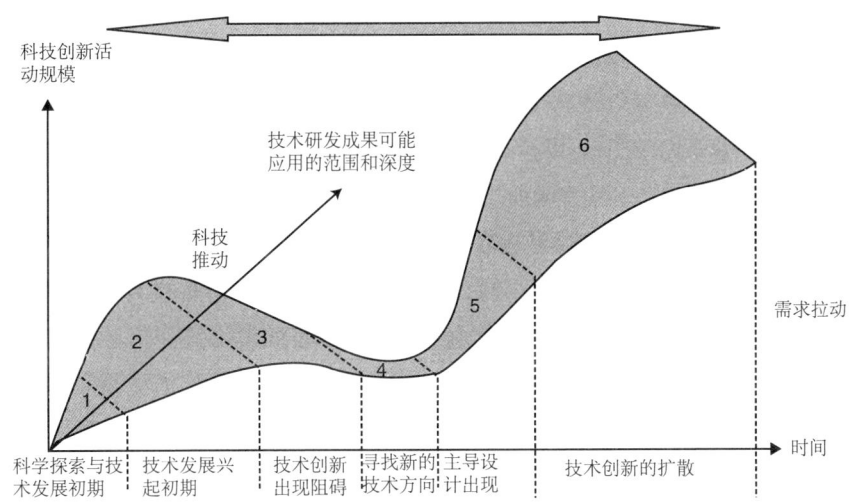

图 3.4　针对创新链不同阶段的政策体系②

---

① 彭春燕:《完善需求面创新政策 扩大科技创新的市场需求——OECD需求面创新政策报告对我国的启示》,《科技创新与生产力》2013年第5期(总第232期),第4-5页。
② 常静:《重视"需求侧"创新政策,完善新时期创新政策体系》,《科技管理研究》2012年第22期,第33页,转引自 Edler J Georghiou L.Public procurement and innovation——Resurrecting the demand side[J].Research Policy 2007(36):949-963。

常静(2012)对技术创新过程的政策供给进行了阶段性思考,即从基础发展的不同阶段调整供给面和需求面政策,尤其在技术创新扩散阶段,需要需求面政策发挥巨大作用。① 因此,需求面政策一方面需要进行导向拓展,另一方面也需要注意数字出版产业所处阶段。在数字出版产业相关技术引进、发展标准化之后,需要提高需求政策面工具的作用。但是数字出版产业之所以有别于一般产业,还在于它的内容和文化特质。因此,需求面政策与供给面政策的辅助作用,也应考虑经济属性、社会属性以及公益属性。

从上述分析中,我们可以看到,环境面政策比重较大,其基础性作用使其成为最主要的政策工具,但其他政策工具比例到底占比多少合适值得探讨。目前环境面政策比重较大,虽然扶持和鼓励性较强,但具体方式、手段和效果评析仍需要进一步细化。一方面,需要注意补贴方式可能存在的"连带效应"和"低社会额外性"可能;另一方面,目前的财政金融、税收手段具有一定的"泛惠"现象,是否会造成原有差异与不平衡的拉大,还是能够替代性地形成与引导市场要素配置的完善,需慎重考量。除此之外,数字出版产业的三种不同市场类型——大众、教育以及专业市场,其数字出版转型道路难易不均,需要提供更加具有针对性的弹性扶持政策。在环境面政策工具中,除了经济规制工具,还应该发挥社会规制工具的作用。通过一系列的文化性活动、创意性活动的开展,带动大众对数字出版产品与服务的认知,提高认可程度,促进使用习惯与阅读方式的培养。

对数字出版产品与服务的最初形式,内容、创意的最初提供者(例如作者群),我们的观照略显不足。国外对文化创意产业的研究出现了一种新的现象,就是核心层的再认识。其中文学、音乐表演艺术和视觉艺术的核心文化表达方式是文化创意产业的中心。这回归了文化创意产业的核心要素,同样也回归到产生这些核心要素的人。他们既是个体性的,同样更应该是社会性的,与广阔的企业管理者、经营者之间存在着密切的联系。② 这里就需要从多种角度调动和提升内容创意最初提供者们的积极性与创造力。比如说数字产品与服务中包含的信息网络传播权的有效实现,以及稿酬和税收起征点的调节问题。还可以通过一系列的社会活动、评选活动,予以作者群体或者设计者群体鼓励和奖励。2014年4月《教科书法定许可使用作品

---

① 常静:《完善新时期创新政策体系》,《科技管理研究》2012年第22期,第33页。
② Creative Economy Report 2013, http://www.unesco.org/culture/pdf/creative-economy-report-2013.pdf.P23。

支付报酬办法》经国家版权局与国家发改委联合公布后正式实施,教科书选用作品"明码标价",支付稿酬有了可以遵循的明确标准,这将有利于维护作家利益。① 我们也需要考虑当下电子书所涉及的作家权益的计量方式和利益维护方式的实施细节。但需要注意的是,目前数字出版产品的开发并不具有普遍性,附加性开发或者复合型出版的意图较大。在这种情况下,间接规制和社会规制可能需要发挥更大作用,即在法律法规层面和行政管理层面予以内容提供者更多保障,也可以在信息建设和公共服务当中承担一定的基础性工作,例如版权时间、归属以及变更信息平台的搭建,促进信息的有效协调。另外,还可进一步发挥行业组织的作用,提供更多作者群或设计群交流与培训的机会。

三、产业活动轴频次与现象分析

产业活动轴是数字出版发展的基本面,从这一维度可以探讨政策工具使用的侧重点,比较它与企业市场需求之间的重合关系。通过编码统计发现,在生产环节,政策出现频次最多为50;在内容鼓励与管理环节,频次略少于生产环节,为49;在流通环节,政策出现频次为45;而在消费环节,政策频次出现最少,为生产环节政策的20%,仅为10。这种数量现象值得我们关注,即产业活动轴中的政策空洞的现象十分严重。具体情况如下图3.5:

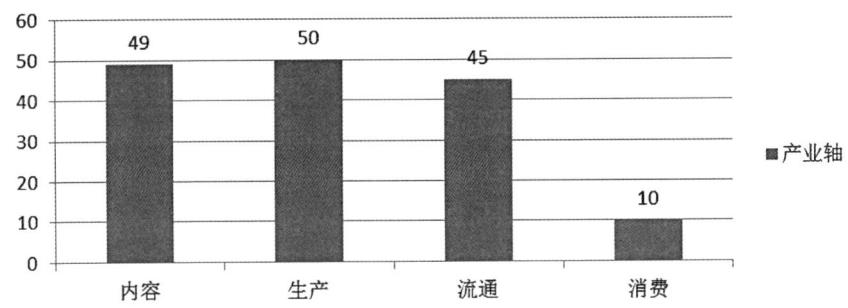

图 3.5　产业活动轴政策频次统计图

---

① 《教科书终结"免费",作家讨薪成功》,http://edu.people.com.cn/n/2014/0415/c1006-24895208.html。

(一) 内容环节社会性与技术性并重

数字出版产业是以内容产品或服务作为主要载体和依托形式的,因此,内容生成环节虽然与生产环节有一定的联系,但其侧重点仍有所差别。

内容环节包含社会性、技术性政策侧重。社会性方面,强调内容发展要立足于先进文化,以中华民族传统文化内涵为特色。在选题和内容资源选择上,一方面延续使用重大选题备案制度,规范使用标准书号和国家技术标准;另一方面,要注意内容导向和倾向,有广泛社会价值和意义的"电子书""有声书""音像电子书"可以适当给予经费补贴,并且形成推荐目录向社会公布。针对少数民族文字音像制品、电子出版物制作业务实行税收补贴,增值税先征后补。[①] 另外,利用国家出版基金等,鼓励和丰富优质文化内容的传播。国家出版基金资助对象是坚持党的出版方针、政策,对推动社会主义先进文化建设,促进经济、社会和谐发展与文明进步产生重要作用的涉及古今中外社会科学、自然科学等学科门类和多种媒体形态的优秀公益性出版项目。资助经费应当专项用于资助项目出版物的编辑、稿酬、版权费、校对、排印装、复制、原辅材料及资料购置等直接成本费用支出。

技术性方面,强调应用高新科技,积极开展内容资源的数字化加工;丰富电子书内容资源,开发整合电子和网络数据库资源。内容环节政策,在选题把握管理方式和社会价值考量方面呈现出延续性特征;数字出版产业的内容政策要侧重内容资源的数字化、数字化内容的开发以及数字化内容资源的技术保障研发,还有数字化内容资源的整合形式、管理方式和可能售卖模式。对于内容资源序列次序开发情况以及适合数字化阅读和展现方式的产、学、研、管互动的内容涉及较少。

(二) 生产环节系统革新与融合

生产环节,强调生产系统的革新与丰富,遵循各个环节的转换质量标准。涉及的人才问题,即提供原创内容的互联网出版单位要加强网络编辑专业队伍的建设。例如数字化流程再造和规范控制,技术研发与创新贯穿复制、印刷(按需出版)、开发、运营等环节。一方面,注意没收侵权制作设

---

① 《财政部、国家税务总局关于宣传文化增值税和营业税优惠政策的通知》,《税收征纳》2007年第2期。

备,维护健康产业环境;另一方面,侧重传统生产经营方式和现代经营方式的深度融合,大力发展以网络出版、手机出版、云出版、动漫出版等为代表的新业态、新产业。改变一社(站、报、刊、厂、店)小生产模式,实行联合重组,打造全媒体产业链。

生产环节的政策引导,强调由封闭式生产模式向开放式生产模式转移,在内容产品与服务生产系列中,采用重组开发和领域拓展方式实现。为了有效促进传统出版单位的数字化转型以及现有出版产业的升级,《新闻出版总署关于推动科技创新驱动,加快新闻出版产业转型升级的指导意见》和《关于加强数字出版内容投送平台建设和管理的指导意见》先后出台;推动了一系列国家重点工程的实施,例如中华字库、数字版权保护技术研发、国家数字复合出版系统、数字出版内容投送平台及绿色印刷技术研发工程;加强多媒体印刷读物(MPR)标准、"中国出版物在线信息交换(CNONIX)"国家标准的应用推广。

生产环节存在有关技术政策的标准化现象。可以说,标准的建构和推广具有重要意义。原因在于:第一,标准化可以减少交易的规格,有利于发展专业化与劳动分工,提高创新度和生产率;第二,产品与服务同技术国家标准的实施相关,有利于国内产业发展有序化和形成国际竞争的话语权,并进一步向国际标准冲刺。但需要注意的是标准的开放性问题,即过于封闭的标准将成为进入者的障碍。而开放的标准,将有利于提高开放市场的竞争,增加小规模新进入者的附属产品创新,使生产者和用户更容易利用其网络效益。①

(三)流通环节一体化与差异化平台重构

流通环节是数字出版产业活动中非常重要的环节,将原来传统产品的出版环节和销售环节整合在一起,甚至由于新兴产品形式的应用,也将复制环节和发行环节贯穿起来。这种重合性特征体现在以下几个方面:传统渠道的巩固与延伸、线上线下营销渠道和销售渠道的整合。这使得出版企业在经营数字出版产业活动中,拓展原来的出版与发行渠道,尤其是利用一些新兴互联网传播方式,涉及传播渠道的网络化、数字化资源与服务平台的建设。而在这一点上,政策鼓励对平台建设给予重点支持。之前在政府财政

---

① [英]G.M.彼得·斯旺:《创新经济学》,韦倩译,格致出版社、上海人民出版社2013年版,第80页。

投入的不完全统计中,我们也能够看到类似的现象,即对复合性出版、数字资源库运营平台以及数字印刷平台建设项目的支持。在传统出版企业转型过程中,搭建集编辑、复制、发行功能于一身的数字化平台的设想与做法屡见不鲜。其核心诉求是互联网传播附加价值的实现和用户黏性的维护。

这无疑对数字出版企业技术水平、管理效率和成本、费用分布方式提出了更高的要求。新型营销工具的运用、人力资源的配置、经费投入与效果评估都成了必须要解决的问题。而这一软性问题,将在很大程度上影响平台化建设等的实施效果和管理效率。但目前看来,无论是企业还是政策供给均对这一软性问题涉及较少。

已有平台化建设过程中,前端建设即生产系统的革新具有必要性,但也具有一定的特定性。数字出版的根本要求在于其内容的规模性和投入产出的补偿性。但并不是所有的已有出版内容均适合数字化,也并不是所有内容都适合数字化序列产品服务开发。另外,对于一般文学类性质的作品,其版权合同的时限问题也会成为制约其开发的重要问题,可能会出现投入与产出的不成比例。版权问题将成为影响数字产品开发的一个核心问题。另外,专业性和教育性内容可能更容易规模化和集聚,但目前的问题是,当下的数字化出版开发程度较低,其持续投入与维护也是需要考虑的成本问题。在重合平台建设过程中,同样面临着选择的困境,即 B2C 模式、B2B 模式、C2C 模式还是三者的综合体选择。对产品服务的定位、产业链合作主体的关系以及收益方式都会影响这些模式的选择。前端数字出版产品内容细分市场的刚需程度和集约化程度差异,决定了销售、营销、交易重合平台的效果。差异化平台建设需要差异化思路,一体化重合平台与多链条平台跳转都具有开发可能,重点在于如何获取产出与投入效益与优势的最大化。

除了要立足于本国市场,还需要开拓海外市场。政策鼓励传媒集团通过与全球性和区域性大型连锁书店合作,进行主流营销渠道建设,以及针对不同区域与国家建设立体营销网络和国际交易平台。主要以项目带动和"走出去"优惠方式予以扶持,立足于国家文化出口重点企业和出口重点项目,鼓励推动大型集团公司的组建和海外市场的开拓。这一点体现了通过优势企业与加强扶持的组合模式来提高产业集中度和竞争力的倾向。

对于一些具有较大社会价值的内容产品,政府相关部门应辅助产品进行展销和宣传活动,对获奖和入选重点选题目录的产品组织展销和进行集中宣传,对其中特别优秀、市场反应良好的及输出版权或出口的出版物还应当给予适当经费补贴。兼具公共服务与产品市场选择的倾斜性,这在一定程度上是相关部门对产品服务外部性的一种反馈。

另外,一些国家和地区也出台了相关的数字出版企业扶持政策,涉及技术研发、转让和出口方面。围绕发行环节,2014年年初,财政部和国家税务总局下文,免征图书批发、零售环节增值税。按照《中华人民共和国增值税暂行条例》,纳税人销售图书、报纸、杂志,税率为13%。从国有书店来看,江西新华发行集团总经理涂华认为,人口比较多的省份的大型新华书店,会减免不少成本。以平谷新华书店去年600多万元的销售额为例,按优惠可以减免13万元左右的增值税。对于生存更为艰难的民营书店来说,房租、税收、网店价格战是压在他们头顶的"三座大山"。但免税对一些二三线城市的民营小书店可能起不到太大作用。因为书店规模很小,税务部门采用定税制,每月也就交几千元的税,减免这部分税务,对他们来说是杯水车薪。这次免税也惠及网上书店,但京东集团副总裁石涛认为,减免的钱对于京东来说并不多。当当网市场部资深经理于萌表示,无论免不免,线上线下书店的利益冲突一直存在。线上线下经营理念不一样,不会因为免税就使双方的矛盾激化或缓和。[①]

例如,湖北省出台了7项税收优惠政策。对被认定为国家高新技术企业的,减至按15%的税率征收企业所得税。新创办的数字出版企业被认定为软件生产企业的享受获利年度计算优惠。对数字出版企业从事技术转让、技术开发和与之相关的技术咨询、技术服务业所取得的收入,按国家规定享受相关税收优惠政策。符合条件的数字技术转让,在一个纳税年度内,技术转让所得不超过500万元的部分,免征企业所得税;超过500万元的部分,减半征收企业所得税。对属于增值税一般纳税人的数字出版企业,销售其自行开发生产的软件产品,按照17%的法定税率征收增值税,对其实际税负超过3%的部分,按照规定实施即征即退。通过软件企业认定的数字出版企业取得的即征即退增值税款,由企业专项用于软件产品研发和扩大再生产进行核算,可以作为不征税收入。数字出版企业为开发新技术、新产品、新工艺发生的研究费用,未形成无形资产计入当期损益的,在按照规定据实扣除的基础上,按照研究开发费用的50%加以扣除;形成无形资产的,按照无形

---

① 刘蓓蓓:《免税13%意味着什么 回答各有不同》,http://www.chinaxwcb.com/2014-01/20/content_285186.htm。

资产资本成本的150%摊销;对研究开发实际支出占当年销售收入比例超过5%的企业,企业所在地政府给予一定的奖励;数字出版企业的固定资产由于技术进步等原因,确需加速折旧的,可按照国家有关规定,缩短固定资产折旧年限或采取加速折旧的方法;出口数字出版产品经登记软件产品,在符合国家关税政策的前提下实行免税;数字出版企业从事离岸服务外包业务取得的收入可按国家有关规定,享受相关税收优惠。[1] 按照达斯古普塔(Dasgupta,1987,1988)的观点,这属于纠正创新中市场失灵的政策的一种,即对研发活动及其他创新活动出现的正外部性进行补贴。[2]

(四)消费环节——供给者还是使用者的补贴选择

从频次统计图中,可以发现消费环节政策数量远远少于其他环节,这种现象值得我们关注。涉及产业活动的政策工具往往并不是均衡的,也不一定要平均用力。对于消费环节来说,更多的是需要市场环境供给与需求关系的互动作用。但在准公共性产品需求满足与产业转型产品扩散方面,相关政府部门需要予以政策供给。一般情况下,可以使用补贴的形式予以扶持与倾斜。但问题是具体形式如何,实施对象是谁。

1.供给者补贴占比较大

对于消费环节而言,相关政府部门主要影响的是公共文化服务建设提供、文化消费环境的营造以及针对不同主体的文化消费补贴。数字公共文化服务在很大程度上有赖于政府资金支持。除此之外,还需要倡导大众养成数字文化消费习惯。数字公共文化服务方面,政府应对数字农家书屋以及公共电子阅览室等给予一定补贴政策。另外,政府应集中向社会推荐展示农家书屋推荐目录。对于数字文化消费产品与服务的补贴,鼓励实施文化消费补贴制度,引导城乡居民文化消费,有条件的地方要为困难群众和农民工文化消费提供适当补贴。鼓励在商业演出中安排一定数量的低价场次或门票,鼓励网络文化运营商开发更多的低收费业务,侧重基础消费环节的优惠方式。更为主要的是作用于企业层面,通过多种形式例如文化产业发展专项资金、文化产业投资基金等予以扶持。文化产品不征收消费税。鼓励企业大力开发适宜互联网、移动终端等载体的网络文化产品,提升城市文

---

[1] 《7大税收优惠政策支持数字出版企业》,http://www.changjiangtimes.com/2012/12/424550.html。
[2] 〔英〕G.M.彼得·斯旺:《创新经济学》,韦倩译,格致出版社、上海人民出版社2013年版,第216页。

化消费的质量和层次。同时,加强农村文化网点建设,扩大农村文化消费。除此之外,积极开发文化消费信贷产品,保证文化消费扩大。例如培育电子书消费市场,积极开展各种数字阅读体验活动,培养新型阅读习惯;鼓励企业开发面向大众和农村,面向教育的普及型产品,不断拓展电子书产业的市场空间[①];支持和鼓励电子书企业"走出去",拓展海外市场,提高我国电子书产业的国际竞争力。

2.使用者补贴是否是政策空洞?

之前的需求面政策工具主要调动与满足供给者需求,对用户导向创新和消费者政策涉猎较少,这一点在消费环节的交叉分析中更为明显。对供给者的补贴还是对使用者的补贴是核心判定问题。虽然涉及基础消费环节的优惠方式,但针对新兴数字出版产品与服务的使用者补贴很少见。

这是否属于政策空洞?对于新兴数字出版产品与服务使用者而言,是否需要补贴,是否需要以这种方式促进新兴产品服务扩散?目前,从新移动终端售卖和数字阅读习惯的调查来看,2014年第33次互联网发展状况统计调查显示:手机网民规模达5亿并且持续上涨,电脑和手机搜索新闻用户各占60.8%和58.3%,电脑和手机用户搜索阅读小说等文学作品各占37.7%和41.9%。[②] 以手机为主的无线智能终端阅读杂志的中国用户已经超过1.5亿。[③] 上述调查显示,新兴数字媒介产品具有一定的消费群体,虽然如此,出版数字化产品与服务仍可能要与其他音视频和游戏类文化产品共同竞争用户碎片化时间和注意力资源。这需要比较出版数字化产品与服务和其他类型文化产品之间的交叉弹性。另外,虽然具有一定的数字阅读使用群体,但付费情况如何,愿意支付的金额又是多少?可以说,产品与服务质量和价格性价比,是支付行为的出发点。这需要从两方面入手,一方面提升产品与服务质量的体验,另一方面建构体验价格体系或感知价格体系。在这种情况下,如果实行使用者补贴政策,可能会影响价格机制的形成。另外,如果实行消费者补贴政策,如何补贴也是一个复杂的问题,是发放书券还是类似家电下乡式的价格补贴,是针对特殊群体的基本消费环节,还是针对某种数字

---

① 新闻出版总署:《关于发展电子书产业的意见》,《中华人民共和国国务院公报》2011年第6期,第45-47页。
② CNNIC:《2014年第33次中国互联网络发展状况统计报告 网民互联网行为篇(5)》,http://www.199it.com/archives/187953.html。
③ 《手机阅读用户 已超1.5亿人》,http://news.163.com/14/0228/05/9M58C20U00014AED.html。

出版产品,这种选择与倾斜是否会造成竞争环境的不公平,都值得仔细考量。

其实除了补贴的思路之外,在消费环节刺激消费者需求,也可以从增强消费者利益角度出发。通过竞争机制的引入,确保消费者获得公平的利益分配,保护消费者利益,使之享受更加丰富的产品与服务。

(五) 其他政策重心

企业投融资与研发领域也涉及一定政策优惠。民资也可融入网络建设降低成本等层面,解决资金难问题。这在此前的工具轴和流通环节进行了相应的分析。例如:金融机构可按照支持小微企业发展的各项金融政策,对互联网小微企业予以优先支持。鼓励创新型、成长型互联网企业在创业板等上市,稳步扩大企业债、公司债、中期票据和中小企业私募债券发行。探索发展并购投资基金,规范发展私募股权投资基金、风险投资基金创新产品,完善信息服务业创业投资扶持政策。

当下产业发展的环境正面临着巨大的变化,由企业化、市场化带来的治理方式和产业结构的变化以及由技术创新和数字化重组带来的产业关联方式的变化,需要共同重塑企业形态、产业边界、市场环境和政府管理制度。

除了上述提到的环节和领域之外,政策重心还涉及企业主体性质的优惠政策,即企业化、集团化以及国有资产管理等趋势。企业集团发展,包括企业经营管理、品牌和多元化经营、股权激励以及整合等方面的相关引导与扶持。"转企改制"相关支持性政策见2003年出台的105号文、2008年出台的114号文和2011年出台的19号文,优惠政策主要集中于土地、财税等方面,希望实现市场主体的本性回归,在产权明晰情况下,实现其资源流程的升值。在土地等方面,对经营性文化事业单位转制为企业,其使用的原划拨土地用途符合《划拨用地目录》的,经所在地县级以上人民政府批准,可仍以划拨方式使用;不符合《划拨用地目录》的,应依法办理土地有偿使用手续,经评估确定后,以作价出资(入股)等方式处置,转增国家资本;在财税方面,经营性文化事业单位转制为企业后,免征企业所得税;原事业编制内职工的住房公积金、住房补贴中由财政负担部分,转制后继续由财政部门在预算中拨付;转制后原有的正常事业费继续拨付,主要用于解决转制前已经离退休人员的社会保障问题;党报、党刊将其发行、印刷业务及相应的经营性资产剥离组建的文化企业所取得的党报、党刊发行收入和印刷收入,免征增值税。① 这为释放出版机构活力、减少历史包袱、增强管理运营能力奠定了基础。

四、效力轴频次与问题分析

出版政策经常以国家机关制定和颁布的决定、决议、命令、规则、规定、意见以及通知、领导人讲话、会议纪要、号召等形式出现。出版法规一般都是在出版政策实施以后并取得一定经验的基础上确立下来的比较具体的行为规范。②

(一) 基本情况

在这个部分,主要以法规、部门规章、规范性文件和战略规划等作为分析单元。在 73 个政策文本中,虽未统计具体法律内容,但仍然有相关法律需要关注,即《著作权法》第三次修改草稿,此次修订被视为是对《著作权法》的首次主动修改。《著作权法》曾于 2001 年和 2010 年进行过两次修订,均与世界贸易组织有关。2001 年进行的第一次修订是为了满足中国加入世界贸易组织的需要,对《著作权法》与世界贸易组织《与贸易有关的知识产权协议》不一致的地方进行修改或补充;2010 年进行的第二次修订是为了执行世界贸易组织关于中美知识产权争端案的裁决,对著作权法进行的只涉及两个条文的小修改。③

冯晓青、付继存(2012)对"修改草案"提出见解,增加传播者相关权,完善著作权法体系结构。并建议对"私人复制""网络服务者不承担信息审查义务"条款进行修改,增加"著作产权"与"获得报酬权"的概念界定、网络出版的法律规定以及简短表达了著作权法的保护内容。④

另外,有 7 个保护条例值得关注:第一,2013 年 3 月 1 日进行相关修改

---

① 郭全中:《80 余项改革大多都是"硬骨头"——今年协调推进新一轮文化体制改革的思考》,《中国新闻出版报》,http://www.pac.org.cn/index.php? a=show&c=index&catid=6&id=607&m=content。
② 黄先蓉编著:《出版法律基础》,武汉大学出版社 2013 年版,第 17—18 页。
③ King & Wood:《中华人民共和国著作权法》第三次修改草案的主要争议问题,《中国法律期刊》2012 年 5 月,http://www.kingandwood.com/article.aspx? id=china-bulletin-2012-05-05&language=zh-cn。
④ 冯晓青、付继存:对我国《著作权法》第三次修改的若干意见,《中国法律》(China Law)(中英文双语)2012 年第 3 期,http://www.fengxiaoqingip.com/lunwen/20121026/8927.html。

的《中华人民共和国著作权法实施条例》。① 第二,2013年3月1日进行修改的《信息网络传播权保护条例》:将第十八条、第十九条中的"并可处以10万元以下的罚款"修改为:"非法经营额5万元以上的,可处非法经营额1倍以上,5倍以下的罚款;没有非法经营额或者非法经营额5万元以下的,根据情节轻重,可处25万元以下的罚款"。② 另外,还有2011年进行修改的《音像制品管理条例》、2011年3月施行相应修改的《出版管理条例》、2005年3月1日施行的《著作权集体管理条例》、2013年3月1日施行相应修改的《计算机软件保护条例》以及2011年施行的《印刷业管理条例》。

统计政策文本中,存在部分政策未标记政策效力情况,只有政策号。因此,虽然效力轴类型界定各项具有互斥性,但各效力层级占比总和不足100%。但从现有统计来观察,如下图3.6所示,我国目前的政策工具效力主要集中在规范性文件层面,规范性文件占比为66%,部门规章占比为6%,发展规划占比为5%,而行政法规只占1%。从政策效力层面来看,政策效力主要集中为各部委单独或联合发布的规范性文件,整体效力不高。

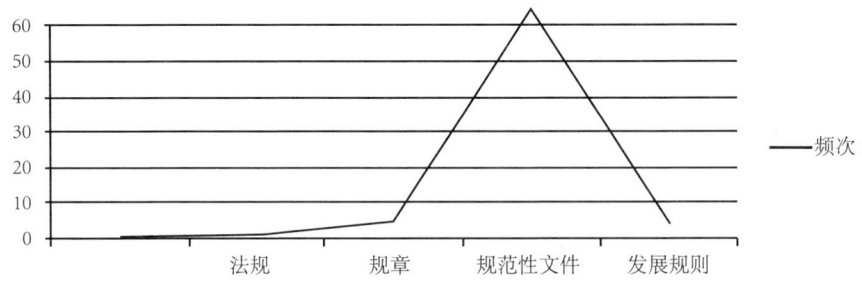

图3.6 效力轴政策频次统计图

法规层面:主要探讨互联网文化产品的规制层面,对经营性质的企业要进行网络文化经营许可证的备案;在内容方面,对违反相关规定的施行罚款等措施。

---

① 《国务院关于修改〈中华人民共和国著作权法实施条例〉的决定》,http://www.gov.cn/zwgk/2013-02/08/content_2330132.htm。
② 《国务院关于修改〈信息网络传播权保护条例〉的决定》,http://www.gov.cn/zwgk/2013-02/08/content_2330133.htm。

部门规章层面:以原新闻出版总署作为主要发布机关,单独和联合发布围绕出版物市场管理规定、文化产品和服务出口指导目录、电子出版物出版管理规定和著作权行政处罚实施办法等;对准入资质等环节实施行政审批和许可制度,对侵权行为的处罚范围进行相关界定;政策名称多使用"决定""规定"和"办法"等词汇。

规范性文件层面:涉及政策文本数量最多。具体覆盖税收政策,音像、电子和网络出版等准入资质,内容审查、选题备案和整合目录方式,数字印刷经营活动,体制改革方案和新兴业态发展意见,标准化政策管理方式以及传媒集团化、财政金融扶持方式。在政策工具选择上,环境面政策工具较多,其次是供给面政策,且二者有交叉使用情况。政策名称中"通知"应用最多,其次是"若干意见""指导意见"和"实施意见"。

发展规划层面:涉及文化建设"十一五"规划、"文化产业振兴规划"、文化部"十二五"时期文化改革发展规划、文化部信息化发展纲要以及全国公共图书馆事业发展"十二五"规划。从文化事业和文化产业双重角度健全文化经济政策。具体支持方式包括中央设立并增加对基层文化设施建设的补助专项资金和税收优惠政策,凝聚社会力量举办公益文化项目,在融资、用地、税费方面享有与国有单位相同的政策优惠;健全文化产业领域的准入、融资、税收等政策;为新兴出版发行的技术研发和设备更新改造以及项目带动方式培育产业示范基地,促进新兴出版发行业态。这些都具有促进国内产业规模提升和外向型市场拓展的双重导向。在发展规划政策中,有这样一个现象:工具轴政策工具不同类型细目混用,大多涉及供给面和环境面中多个政策工具,例如人才、技术、资金等供给面政策和财政金融、税收优惠、法规规制和策略措施等环境面措施的交叉使用。

另外,12个未标记政策效力的文本中,比较重要的是国办发[2003]105号对文化产业发展和经营性文化单位转制为企业的相关规定,在税收优惠、投融资、行政审批简化和资产处置方面进行了细致的规定。财政[2005]第2号中,转制为企业的出版发行单位的策略措施和新办文化企业可享受所得税3年优惠政策、出口退税等税收优惠。除此之外,还包括财税[2009]34号税收优惠,财文资[2012]4号专项资金管理办法,国科发高[2012]759号新闻出版全产业链技术创新与应用,国发[2013]32号扩大信息产品供给和丰富信息消费内容,包括数字出版等新兴文化产业,财税[2013]98号对动漫产业实施增值税和营业税政策。

(二) 存在问题分析

1. 政策效力整体不高

主要集中为各部委单独或联合发布的规范性文件整体效力不高。政策中直接规定使用经济性规制和少量社会性规制,经济性规制主要体现在进入规制、质量规制层面。间接规制上,目前需要加快新兴业态发展中的一些核心问题和争议的法律法规增补与界定问题。例如,涉及新渠道盗版、侵权行为认定等方面的法律和司法解释的完善。从其他国家对著作权法修改的频次来看,美国立法部门对著作权法修改十分关注,《千禧年数字著作权法案》出台后,几乎每年都有新的修正案提交国会,其中重要的有2005年《家庭娱乐与著作权法案》、2004年《著作权版税分配改革法案》、2004年《残疾人教育促进法案》等;"文学和艺术产权"一章是1992年《法国知识产权法典》的重要组成部分,随后近二十年间,法国依据欧洲联盟1996年关于数据库、2001年关于追续权、2001年关于信息社会版权、2004年关于知识产权执法等诸多指令以及世界贸易组织的《与贸易有关的知识产权协定》、世界知识产权组织的"互联网条约"适时进行修改,进入新世纪之后已四次修改著作权法,其中重要的有2009年《关于在互联网上传播和保护创作》《文学和艺术产权刑事保护》两部[①];《日本著作权法》从1976年颁布至2009年止,为回应科技、经济、社会的发展变化,已经进行了26次修改;《韩国著作权法》制定于1957年,先后进行过18次修改,其中2006年和2009年完成了两次重要修改。[②] 2014年3月14日,日本政府在内阁会议上提出新著作权法修正案,认定电子书籍拥有"出版权",并允许出版社对盗版电子书籍提出禁止销售的要求。[③]

2. 争议问题和核心问题在法律上存在真空

目前政策效力不够,存在着法律法规真空或待界定的几个重要问题。蔡翔、陆颖(2014)认为出版物负外部性可能产生的市场失灵缺乏基本的法律法规。[④] 另外,缺少针对文化产业领域不正当竞争和市场化以及计划性垄断可能

[①] 参见十二国著作权法,《十二国著作权法》翻译组译,清华大学出版社2011年版,第51页。
[②] 吴汉东:《〈著作权法〉第三次修改的背景、体例和重点》,《法商研究》2012年第4期,http://www.iprcn.com/IL_Lwxc_Show.aspx? News_PI=2183。
[③] 《日本政府拟修改著作权法 以打击盗版电子书籍》,http://news.xinhuanet.com/zgjx/2014-03/21/c_133203923.htm。
[④] 蔡翔、陆颖:《对全面深化出版体制改革核心问题的几点认识》,《现代出版》2014年第1期。

造成不经济现象的法律法规;缺少涉及文化产业反垄断法律,缺少针对可能危害国内、国际市场秩序和文化安全的法律法规。这可能与当下数字出版产业生命周期处于引入期阶段有关,更多采用的是调节战略性关系的方式来解决。

五、类别轴频次和注意问题分析

从类别轴政策频次统计图来看,产业组织政策出现频次最多为65次,其次是产业结构政策38次,再次是产业技术政策20次,最后是布局政策,仅为11次。

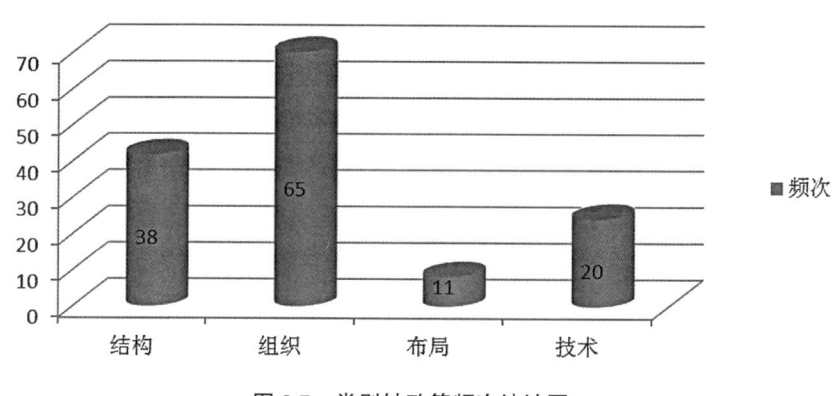

图 3.7　类别轴政策频次统计图

(一)基本情况

产业结构政策,涉及产品结构和产业结构两个方面。产品结构侧重多介质出版产品开发与共存、出版教辅产品比例调整。产业结构方面,通过技术、产权、资本等方式再造产业融合与关联,提高数字出版相关产业比重。通过提高规模扶持、技术引导等方式提高产业集中度,调整新兴出版企业联合与强势企业集团重组、扶持传统出版企业数字转型。

针对产业内部格局进行有针对性的引导,例如音像电子出版领域,重点支持优势电子出版集团以及其他一体化机构,积极鼓励和支持跨媒体、跨行业、跨所有制组建公司,鼓励国有和民营企业在政策许可范围进行股份制改造或重组。鼓励出版传媒集团通过整合报纸、期刊、图书、音像制品、电子出版物、数字出版业务和出版、印刷复制、发行等资源,实现多媒体、全产业链发展;鼓励出版传媒集团对业务相近、资源相通的中央和地方出版企业进行兼并重组,实现跨地区发展;鼓励出版传媒集团兼并重组新闻出版领域以外的其他国有企业,实现跨行业发展;支持主业突出、具有品牌优势的专业性出版传媒集团走特色经营之路;鼓励和支持转企改制到位的新闻出版单位自愿加入各类出版传媒集团;在三到五年内,重点培育六七家资产超过百亿、销售超过百亿的国内一流、国际知名的大型新闻出版企业,努力打造具有国际竞争力的跨国出版传媒集团;鼓励电子书和数字印刷,扶持动漫产业和民族游戏。从国内外市场不同的侧重角度,通过文化企业"走出去"等形式扶持外向型市场拓展。①

产业组织政策,主要强调干预性手段协调市场结构和市场行为。产业组织政策可细分为竞争促进和产业合理化两个层面。二者侧重点不同,前者侧重于重点企业的促进,强调各种要素的鼓励和行政审批权的放松。例如对内容资源丰富、具备技术和其他条件的传统出版单位优先赋予互联网出版权;鼓励条件成熟的传统出版单位开发基于互联网、无线通讯网、有线电视网、卫星传输等各类移动终端的数字出版产品;鼓励传统出版企业与新媒体公司进行深层次合作。② 后者则侧重规制性因素完善、规范市场行为以及一些特殊内容与细分对象的正外部性补偿。其中,产业合理化政策出现频次较多,是竞争促进政策的 2.4 倍。

产业布局政策包括区域产业扶持和区域产业调整两个层面,二者作用方向不同,目前主要侧重于区域产业扶持角度。《新闻出版业"十一五"规划》中谈到,到"十一五"末,建设 4-15 个数字出版产业基地,形成 10-20 个网络出版强势企业。积极推动用数字技术改造传统新闻出版业的生产、管理和传播方式,建设数字出版综合业务平台,提升出版产业的整体实力和核心竞争能力。在全国建立 5-6 个区域性出版物物流配送中心,积极构建现代物流体系。

重点发展少数民族语言文字出版、数字出版、版权创意等产业园区和基地,大力推进国家级产业园区和基地建设。鼓励西南、西北等地区发展具有鲜明地域和民族特色的出版产业群。支持珠三角、长三角和环渤海等特色

---

① 《关于加快出版传媒集团改革发展的指导意见(2012 年 2 月 20 日)》,《中国编辑》2012 年第 3 期,第 4-9 页。
② 《新闻出版总署关于加快我国数字出版产业发展的若干意见》,《中华人民共和国国务院公报》2011 年第 1 期,第 38-41 页。

印刷复制产业带建设,振兴东北印刷产业,促进中西部印刷产业的开发与崛起。① 进一步贯彻落实关于推动经营性文化事业单位转制、扶持文化企业发展、支持文化产品和服务出口、鼓励技术创新的税收扶持政策。争取将文化产业列入《西部地区鼓励类产业目录》,西部文化企业所得税减至15%。继续争取财政资金、金融机构资金、产业基金等各种资金对新闻出版产业项目的支持。重点推进出版创意、数字出版、绿色印刷、音乐产业等基地(园区)建设,出台规范和指导新闻出版产业园区和基地发展的政策文件,提高规模化、集约化、专业化水平。启动"十三五"时期新闻出版重大项目的调研工作。

产业技术政策包括技术引导和技术限制两个方面,但基本以技术引导作为侧重点。国家鼓励科技创新以信息技术、语言计算技术政策为先导,以企业为主体。提高各环节领域技术水平,例如财办文资[2013]4号中涉及电子书生产技术水平、技术装备水平,对环保印刷设备购置或改造、仓储物流设备更新升级、重点新闻网站软硬件技术平台建设等给予重点支持,纳入重大项目管理范畴。产业组织、布局和技术政策具体类目频次如图3.8所示:

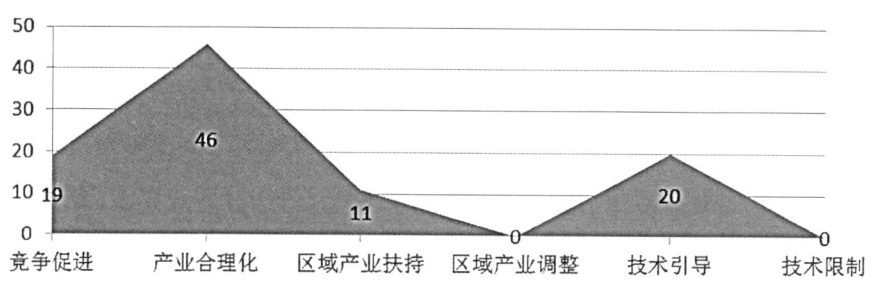

图3.8 组织、布局、技术政策具体类目频次统计图

(二)注意问题分析

第一,目前我国新闻出版产业进行产业升级调整,需要从产品结构、企业结构、产权结构和产业集中度等方面进行调节。但目前主要的产业政策工具

---

① 王化兵、韩阳:《站在新起点,推进新闻出版业由大国向强国迈进——访中国出版科学研究所所长郝振省》,《出版参考:业内资讯版》2010年第3期,第8-10页。

是产业组织政策,尤其是产业合理化政策出现频次最多,带有规制性完善和规模性扩张两种意图,与产业结构政策有交叉混用的情况。这可能与当下产业发展阶段的要求有关,虽然目标是升级产业结构、提高产业竞争力,但数字出版产业仍需要较长阶段作为人才、资金、技术等其他要素禀赋的积累期。

第二,产业技术政策虽然数量不多,但与产业活动轴和工具轴技术结合分析发现,技术鼓励与扶持政策力度较大,倾斜方式较多样。目前,没有明显的技术限制政策,但存在落后产能向先进产能转换的现象。并且,关于技术标准化问题,多种数字出版产品与服务形态标准化工作正在推进,既要合理配置技术资源、提高技术研发积极性,又要避免标准化不当可能引起的技术限制。

第三,产业布局政策虽然出现频次最少,但在实际数字出版产业的发展过程中却成为典型的驱动政策和实施载体。目前,国家数字出版基地数量已经达到 13 个。具体情况如表 3.9 所示:

表 3.9　国家数字出版基地布局情况

序号	时间	区域	侧重点
1	2008.7	上海张江	网络游戏和超算服务
2	2010.4	重庆北部新区	云计算技术服务
3	2011.5	广州	电子报纸、电子图书、电子杂志、手机出版、数据库出版、网络教育、数字音乐、网络游戏、动漫、按需出版与数字印刷等产业发展;重点扶持复合出版技术、智能化信息处理技术、新媒体载体技术、数字版权保护技术、数字印刷技术等技术的研发
4	2011.7	南京、无锡、苏州、扬州、镇江	数字教育(电子书包)和电子(纸)阅读器
5	2011.9	武汉	知识内容数字产品与服务、数字在线教育及培训、动漫产业、游戏产业、数字影音、网络增值服务、数字出版终端、衍生产品开发
6	2011.10	天津	云计算技术服务
7	2011.11	长沙	数字产品创意、制作、出版及销售,数字平台运营;中国数字出版企业和数字内容运营企业集聚中心、数字版权认证维护中心、无线终端阅读内容制作中心、数字出版投融资中心和数字出版技术研发中心
8	2012.4	杭州	移动阅读和网游动漫
9	2012.6	西安	手机出版、电子书、传统出版数字化、数字动漫与网络游戏

续表

序号	时间	区域	侧重点
10	2012.12	合肥、芜湖	电子图书、数字报刊、网络原创文学、网络地图、数字音乐、网络动漫、网络游戏、数据库出版物、手机出版、互联网出版、数字教育、跨媒体复合出版、按需出版和数字印刷
11	2013.4	福州、厦门5个园区	数字图书、数字报刊、海峡数据库出版、网游动漫、手机出版、数字印刷、数字版权
12	2013.4	北京	电子图书、数字报刊、数字音乐、数字视频、网游动漫和网络教育
13	2014.3	青岛	终端研发生产、传统出版数字化、网络教育培训、动漫游戏产业

基地建设仍然普遍面临着诸多困难和问题,如企业集中度低,资源配置不合理,资源分散和区域壁垒严重,传统业态向新兴业态转型迟缓,企业创新能力不足,数字出版人才队伍匮乏和经营管理水平较低等。[1] 由于数字出版产品和服务呈现出过渡性和序列开发的特点,因此,很难仅从地理区域布局定位差异来减少同质化的可能。另外,对于数字出版企业的界定范围到底是什么,这是基地管理层和政策落脚点中需要解决的重要问题。不光是从产权形式来细分,传统出版单位的数字出版资质和民营技术企业的数字传播资质也要考虑进来。从新闻出版角度入手的话,传统出版企业的数字化转型是侧重点,有线和无线互联网出版内容提供涉及的其他产业链主体,是否属于数字出版企业,跨行业、跨产业管理如何实行,都需要更多细化的政策解释作为立足点。发展数字出版产品和服务的企业,也会对研发产品是否属于该类型存在界定上的模糊性。上海市《关于促进本市数字出版产业发展的若干意见》中第二条对数字出版企业进行了界定。为解决数字出版企业在工商登记时所遇到的问题,上海市新闻出版局和工商局在2009年联合发布了《关于本市从事数字出版业务工商登记有关问题的意见》(沪工商注(2009)284号)。这在全国是首创的。[2]

产业结构政策和组织政策侧重于规模化和集团化趋势,鼓励跨区域、跨行业、跨媒体经营;这一点如何和布局政策中的区域性集聚进行协调,是需

---

[1] 《中国新闻出版研究院〈国家数字出版产业基地模式研究〉课题取得初步调研成果》,http://www.chuban.cc/yw/201211/t20121129_133086.html。
[2] 《通过政策优惠项目支持等方式扶持数字出版业》,http://sh.sina.com.cn/news/f/2011-04-22/1041180420.html。

要进一步解决的深层问题。优势企业跨区域集聚整合,优惠政策是否应该差异性设计,各数字出版基地之间有必要整合相关企业登记信息数据库。另外,数字出版基地中的企业,可享受一定的税收优惠、研发、设备用地等扶持政策。一方面,对引入期企业发展非常必要,但同样也需要注意借鸡下蛋情况和政策利益投机行为以及如何有效判定其产生经济收益与社会收益的正外部性。

目前,数字出版基地当中,有较多功能园区和区域园区的设计,它们之间如何调配才能既突出功能优势,又对企业区域调整给予一定弹性处理,这非常重要。另外,产业集聚是提高产业集中度和关联性,进而提高产业竞争力的必要阶段和方式。结合地理优势和企业优势产生的空间产业集聚现象值得细分,当下数字出版产业存在着实体产业集聚情况和虚拟产业集聚情况,即物理性区域产业布局集聚和虚拟网络空间产业关联集聚两种。我们对虚拟网络空间产业关联集聚关注不多。针对数字出版领域,既要关注物理性区域布局集聚的效力,也要关注虚拟网络空间产业关联集聚的效力,更重要的是二者之间的互动作用。更多 O2O(online to offline)的服务形式出现,更多虚拟网络关联、合作关联形式出现,需要打造更多有价值的整合渠道(一体化渠道)或者多链条跳转平台。即使如此,也存在着虚拟网络外的实体生产线、存储库、展示厅、研发等环节,因此,需要对数字出版产业中客观存在的智力密集、技术密集和资本密集流程细化,在布局集聚中找到对接点。数字化产业群中哪些环节仍属于第二产业,哪些属于第三产业,可根据产业层级差异进行政策微调。

六、政策维度交叉分析

根据已有数据,通过 SPSS 软件对四个维度分析框架进行两两维度交叉分析,尝试归纳不同政策诉求维度之间的关联程度。

(一)工具轴和活动轴交叉分析

这种分析维度,有利于解读政策工具选择与产业活动侧重点的重合性,帮助判断重点环节和可能存在的薄弱环节。工具轴和活动轴交叉分析情况如表3.10 所示,工具轴中供给面政策与活动轴中的内容环节交叉性最强,重合度为43.8%。而生产和流通环节与供给面政策的交叉性相同,消费环节与供给面政策交叉性最小。环境面政策更多关照的是生产环节,重合度为58.9%,其次是内容环节56.2%,流通环节53.4%,消费环节最少,仅为6.8%。需求面政策与活动轴交叉率普遍较低,更多侧重的是流通环节,尤其是面向国际市场的海外渠道。由此,也可验证上述单维度分析中消费环节政策偏重度较低的现象。

表 3.10 工具轴和活动轴交叉分析表

$A * $B 交叉制表

			活动轴[a]				总和
			1	2	3	4	
工具轴[a]	1	数量	32	26	26	9	42
		所占百分比	43.80%	35.60%	35.60%	12.30%	57.50%
	2	数量	41	43	39	5	64
		所占百分比	56.20%	58.90%	53.40%	6.80%	87.70%
	3	数量	4	5	8	1	8
		所占百分比	5.50%	6.80%	11.00%	1.40%	11.00%
总和		数量	48	49	44	10	73
		所占百分比	65.80%	67.10%	60.30%	13.70%	100.00%

百分比和总数都基于受访对象

(二)工具轴和效力轴交叉分析

这种分析维度展现的是政策工具选择范畴和实际政策强度的关联重合性。具体情况如表3.11所示,供给面政策主要是以规范性文件方式出台的,重合度为57.4%,发展规划重合度为6.6%,没有以更强的法规和规章形式出现。环境面政策主要也是以规范性文件出现,重合度为70.5%,其次是部门规章,重合度为8.2%,发展规划和法规重合度分别为4.9%和1.6%。需求面政策没有以法规形式出现的,主要是以规范性文件形式出台,重合度也仅为9.8%。这验证了需求面政策本身占比较少的现象,另外就是数字出版工具轴政策工具整体效力强度不高,法规形式占比均最少,总体重合度仅为1.6%。

表 3.11　工具轴和效力轴交叉分析表

$A * $C 交叉制表

			效力轴[a]				总和
			1	2	3	4	
工具轴[a]	1	数量	0	0	35	4	39
		所占百分比	0.00%	0.00%	57.40%	6.60%	63.90%
	2	娄得	1	5	43	3	52
		所占百分比	1.60%	8.20%	70.50%	4.90%	85.20%
	3	数量	0	1	6	1	8
		所占百分比	0.00%	1.60%	9.80%	1.60%	13.10%
总和		数量	1	5	51	4	61
		所占百分比	1.60%	8.20%	83.60%	6.60%	100.00%

(三) 工具轴和类别轴交叉分析

这种分析维度展现的是工具轴政策工具侧重点和产业政策类别归属之间的交叉关系,这种分析角度较为新颖,之前很少有从这个维度着手的分析。首先,环境面政策和类别轴整体重合性最高,重合度为87.7%。其中,与产业组织政策类别重合度最大,为76.7%。其次是产业结构政策,交叉重合度为49.3%。产业布局政策最少,仅占11%。从供给面来看,与产业组织政策重合度最高,为52.1%。其次是产业结构政策,为35.6%。再次是产业技术政策,为23.3%。最后是产业布局政策,为11%。需求面政策情况类似,与产业组织政策重合度最高,为9.6%。

这里出现了一个值得关注的问题,即目前数字出版产业政策工具与产业布局政策重合关联度整体不高。这似乎与目前普遍对产业布局政策的重要性认知有些矛盾。出现这种情况的原因,一方面是与统计角度选择有关,只考虑了国家层面布局政策,各实施地区政策没有被计入,因此可能未覆盖布局政策整体。除此之外,不排除编码归类认定范围存在狭窄的可能。而另一个原因,可能是政策工具供给与产业布局政策要求之间存在偏差,需要重新思考环境、供给和需求面对产业布局政策的对应性,另外,需要重新厘清产业布局政策的定位诉求和资源配置的关系。

表 3.12　工具轴和类别轴交叉分析表
$A * $D 交叉制表

			类别轴[a]				总和
			1	2	3	4	
工具轴[a]	1	数量	26	38	8	17	42
		所占百分比	35.60%	52.10%	11.00%	23.30%	57.50%
	2	数量	36	56	8	18	64
		所占百分比	49.30%	76.70%	11.00%	24.70%	87.70%
	3	数量	6	7	1	5	8
		所占百分比	8.20%	9.60%	1.40%	6.80%	11.00%
总和		数量	38	65	11	20	73
		所占百分比	52.10%	89.00%	15.10%	27.40%	100.00%

(四)活动轴和效力轴交叉分析

这种分析维度展现的是产业活动环节与政策效力强度的重合关联性。具体情况如表 3.13：第一，产业活动轴各环节政策主体大部分为规范性文件。第二，在内容环节，法规、规章和发展规划重合度较低，主要为规范性文件，重合度为 63.9%。第三，生产环节，规范性文件重合度最高为 52.5%，发展规划、规章和法规重合度分别为 4.9%、3.3% 和 1.6%。流通环节规范性文件重合度最高为 39.3%，其次是规章，为 8.2%，发展规划为 4.9%，法规为 1.6%。而消费环节规范性文件重合度最高，为 11.5%，其次是发展规划，为 1.6%，而法规和规章均不涉及该环节。

表 3.13　活动轴和效力轴交叉分析表
$B * $C 交叉制表

			效力轴[a]				总和
			1	2	3	4	
活动轴[a]	1	数量	1	1	39	1	42
		所占百分比	1.60%	1.60%	63.90%	1.60%	68.90%
	2	数量	1	2	32	3	38
		所占百分比	1.60%	3.30%	52.50%	4.90%	62.30%
	3	数量	1	5	24	3	33
		所占百分比	1.60%	8.20%	39.30%	4.90%	54.10%

续表

			效力轴[a]				总和
			1	2	3	4	
	4	数量	0	0	7	1	8
		所占百分比	0.00%	0.00%	11.50%	1.60%	13.10%
总和1		数量	1	5	51	4	61
		所占百分比	1.60%	8.20%	83.60%	6.60%	100.00%

(五) 活动轴和类别轴交叉分析

这种分析维度展现的是产业活动环节侧重与产业政策类别选择的重合关联性。具体情况如表3.14:第一,产业组织政策与活动轴整体的重合度较高,为89%。第二,生产环节与类别轴整体重合度最高,为67.1%,内容环节略微低一点,为65.8%,流通环节与类别轴整体重合度排第三,为60.3%。第三,产业结构政策与生产环节重合度最高,其次是流通环节。第四,产业布局政策与流通环节重合度最高。产业技术政策在各环节的出现次数比较平均,与流通环节重合度最高,为23.3%,其他依次为生产环节、内容环节和需求环节。

表 3.14 活动轴和类别轴交叉分析表

$B * $D 交叉制表

			类别轴[a]				总和
			1	2	3	4	
活动轴[a]	1	数量	22	44	8	10	48
		所占百分比	30.10%	60.30%	11.00%	13.70%	65.80%
	2	数量	32	42	8	16	49
		所占百分比	43.80%	57.50%	11.00%	21.90%	67.10%
	3	数量	29	37	9	17	44
		所占百分比	39.70%	50.70%	12.30%	23.30%	60.30%
	4	数量	5	9	3	4	10
		所占百分比	6.80%	12.30%	4.10%	5.50%	13.70%
总和		数量	38	65	11	20	73
		所占百分比	52.10%	89.00%	15.10%	27.40%	100.00%

(六)效力轴和类别轴交叉分析

这种分析维度展现的是政策效力强弱与产业政策类别选择的重合关联性。具体情况如表 3.15:首先,规范性文件与产业政策类别轴整体重合度较高,为 83.6%。规章和发展规划与类别轴重合度较为相似,分别为 8.2% 和 6.6%。其次,产业组织政策与效力轴整体重合度较高,约为 93.4%。

表 3.15 效力轴和类别轴交叉分析表

$C * $D 交叉制表

			类别轴[a]				总和
			1	2	3	4	
效力轴[a]	1	数量	0	1	0	0	1
		所占百分比	0.00%	1.60%	0.00%	0.00%	1.60%
	2	数量	1	5	0	1	5
		所占百分比	1.60%	8.20%	0.00%	1.60%	8.20%
	3	数量	25	47	7	12	51
		所占百分比	41.00%	77.00%	11.50%	19.70%	83.60%
	4	数量	3	4	0	2	4
		所占百分比	4.90%	6.60%	0.00%	3.30%	6.60%
总和		数量	29	57	7	15	61
		所占百分比	47.50%	93.40%	11.50%	24.60%	100.00%

建议做完效力轴、类别轴、工具轴、活动轴两两之间的交叉分要析后,有进一步地挖掘,而非简单呈现各种轴入具体所占比重,表格中均可看出来。

七、政策情境目标分析

从上述单维度和交叉分析中,我们构建出了当下数字出版产业政策的基本情境。数字出版产业政策主要是延续性政策,管理力量呈现待集中趋势,在跨产业领域可能有更多需要共同解决的问题。主要利用环境面政策手段对数字出版产品内容进行控制,在结构层面强调行政引导和市场共建,长远目标是产业结构升级和提升竞争力,但短期目标是必须先解决人才、资本、技术、信息等市场要素的禀赋积累问题。那么,数字出版产业政策要实现哪些目标呢?

(一) 宏观目标指向

当下产业政策的宏观目标是发挥出版产业的外部性以及建构本国国际范围的"后发性优势"。对国际竞争力、产业成熟度与结构升级进行组织调整。要客观认识当下"市场失灵"现象的本质是有一定的历史原因和制度原因的,即产业内企业市场化运作时间成本不同,技术资金容量基础不同,主客观资源优势转化效率不同。针对当下的"市场失灵",需要产、学、研、管四个层面共同分析与探讨市场资源自发配置可能存在的问题以及政策调控范围的切入点。另外,还要避免可能存在的"政府失灵",避免扶持、倾斜对产业环境造成的不公平影响,发挥公共数字文化服务的高效率。例如,民营企业相应出版资质准入限制问题,可能产生消极影响。在维护国有出版企业垄断力量和运用市场机制促进产业发展之间,没有可长期保留的中间地带。[①] 之前发行环节实施优惠税收政策,惠及网上书店,包括一些主要电商,传统书店担忧优惠政策可能产生"马太效应"。

(二) 微观目标混合叠加发挥作用

当下的数字出版产业政策,并不是单项的数字化、信息化、技术化和融合化政策,而是多种微观政策目标叠加共同起作用的政策集。

第一,市场化、企业化诉求。数字出版产业发展引入期的经营性与公益性分开,转企改制规划实施存在时间重合性。这对企业主体资质发挥、管理运营水平提升、市场化运作方式提出更高要求。因此,作为打算和涉及开发数字出版产品的出版企业来说,也会享有转企改制相关的政策扶持。另外,微观层面,企业治理制度创新、国家出版管理制度创新和技术与产业市场创新带动多元互动的经济、政治、文化、技术环境。

第二,技术创新与研发转化。通过信息化重点项目、政府财政、税收、金融政策以及政府采购等方式,鼓励数字出版相关技术的研发和自主创新。通过高新技术企业资质认定所得税优惠、项目研发和信贷补贴等方式予以扶持,具有较强供给面政策和环境面特点。

第三,目前更加侧重传统企业的数字化转型以及传统出版领域的升级。通过产业布局政策、组织政策和结构政策予以调控。

---

① 蔡翔、陆颖:《对全面深化出版体制改革核心问题的几点认识》,《现代出版》2014年第1期。

第四,重点奖励和扶持重点集中型、外向型企业和集团,通过集团化操作、股份制改造等方式,提升优势企业和产业集中度。共同辐射国内市场和国际市场,享有财税、金融,尤其是出口和海外贸易的相关优惠政策。

第五,由市场化运作层面拓展到资本运作引导,通过专项资金、基金项目以及投融资扶持政策,解决高投入、缓收益的资金短缺问题。实际是为推动市场主体发展,从出资人制度、股权结构和经营者激励约束层面进行制度突破。[①]

第六,公共服务型和产业政策型交叉的区域性扶持政策。公益性数字文化项目与数字出版产业性项目的组合,可能存在连带效应,即社会效益的经济效益以及经济效益的社会效益互动。数字公共文化建设的投入,很大程度上也会带来社会效益和一定程度的经济收益。对于被纳入数字公共文化产品体系中的软件和硬件,这是值得进一步探讨的问题。

第七,在规制层面,经济规制、社会规制和间接规制程度与强度不均衡,质量规制和进入规制强度较大,间接规制待完善,效力待提高。

因此,数字出版产业政策辐射了上述政策目标,形成了"众事多议"型政策群。尤其是财政、税收层面,具有泛惠特征。

第三节 地方性数字出版政策梯度联系
——以北京为例

一、北京市数字出版产业政策分析原因

北京由于具有文化发展的历史优势和区域优势,成为国家数字出版格局中的北部重镇。数字出版产业已经成为首都经济新的增长点。北京市采取约十项措施加快数字出版产业发展。我们可以从地方性产业政策与国家产业政策的衔接角度,来分析其政策工具运用的方式和侧重点。具体措施:一是完善扶持政策,推动数字出版产业化、规模化、集约化;二是整合发展资源,加快推进中关村数字出版基地建设,发挥首都出版联盟优势;三是推动企业与资本市场深度对接,利用资本市场帮助企业扩大规模,提升实力;四是加快建设一批重点项目、工程,建好国家出版创意产业园,搭建服务全国的数字出版平台;五

---

① 郭全中:《文化体制改革开启制度化突破》,http://news.china.com.cn/live/2014-05/07/content_26504197.htm。

是大力实施文化创新、科技创新"双轮驱动"战略,研发一批关键技术、基础技术、核心技术、原创技术、拥有自主知识产权技术,占领行业制高点;六是打造数字出版精品,促进内容、渠道、终端的有机结合;七是充分发挥企业主力军作用,率先在全国建设形成"数字文化社区";八是加强国际交流合作,学习借鉴世界先进经验,推动中国文化"走出去";九是培养精通内容、技术、传播、市场、终端的复合型领军人物,建立专业化的人才服务体系;十是加强知识产权保护等,严厉打击侵权盗版行为,营造良好发展氛围。①

2013年,北京国家数字出版基地落户丰台区,目前已拥有大型图书物流中心"西南物流"。基地将打造集内容原创、技术研发、创业孵化、人才培训、版权交易、投融资服务等为一体的综合性数字出版产业链,形成数字出版产业的创新中心、集聚中心、反哺中心、传递中心和交流中心,实现数字出版产业的技术创新、产品创新、市场创新和机制体制创新。基地建成后,预计入驻企业400家,其中品牌企业50家,实现年产值800亿元。② 无论是从文化资源优势和创意产业发展情况,还是从政策战略布局角度来看,都有必要对北京市相关扶持政策的倾向和影响进行分析。以下仅使用工具轴政策分析工具,对近几年的相关政策文本进行分析。

二、政策文本内容分析

根据北京市国有文化资产监督管理办公室(相关扶持政策)的汇总,笔者统计了2006—2012年9个政策文本。具体政策名称和发布机关如表3.16:

表3.16 北京市相关扶持政策统计

序号	政策名称	发布机关及文件号	发布时间
1	北京市促进文化创意产业发展的若干政策	中共北京市委宣传部、北京市发展和改革委员会	2006.11.7
2	北京海关支持北京市文化创意产业发展的若干措施	北京海关,京关办〔2006〕467号	2006.12.20

---

① 《北京十大措施助推数字出版产业发展》,http://www.keyin.cn/news/sczc/201205/30-920559.shtml。
② 《北京国家数字出版基地落户丰台花乡榆树庄》,http://www.keyin.cn/news/sczc/201310/24-1071250.shtml。

续表

序号	政策名称	发布机关及文件号	发布时间
3	北京市保护利用工业资源,发展文化创意产业指导意见	北京工业促进局,京工促〔2007〕129号	2007.10.15
4	北京市文化创意产业贷款贴息管理办法(试行)	北京市文化创意产业领导小组办公室,京文创办发〔2008〕5号	2008.4.15
5	北京市文化创意产业担保资金管理办法(试行)	北京市文化创意产业领导小组办公室,京文创办发〔2009〕3号	2009.3.1
6	关于金融支持首都文化创意产业发展的指导意见	中国人民银行营业管理部、中国银行业监督管理委员会、北京监管局银管〔2009〕144号	2009.7.3
7	关于大力推动首都功能核心区文化发展的意见	中共北京市委办公厅,京办发〔2010〕23号	2009.11.1
8	北京市文化创意产业创业投资引导基金管理暂行办法	北京市文化创意产业领导小组办公室,京文创办发〔2009〕7号	2010.11.1
9	北京市文化创新发展专项资金管理办法	北京市财政局,京财文〔2012〕1440号	2012.7.16

资料来源:北京市国有文化资产监督管理办公室网站.http://www.bjwzb.gov.cn/

从上表可看到,政策文本涉及多个发布机关,包含中共北京市委宣传部、北京市发展和改革委员会、北京海关、北京工业促进局、北京市文化创意产业领导小组办公室、中国人民银行营业管理部、中国银行业监管委员会、北京监管局、中共北京市委办公厅和北京市财政局。其中,北京文创办发布政策约占三分之一。政策涉及领域涵盖宏观发展规划、指导意见和财政、金融、税收、海关以及区域集聚等方面的扶持优惠政策,并兼顾公共文化服务和产业发展两个方面。

从相关扶持政策年份分布情况来看,2006年是一个政策机遇期的起始节点,与当年国家相关政策数量相同,均为2个;2009年政策供给最多,数量占相关扶持政策的三分之一,在2006—2009年形成了一个供给高潮;2010年至2012年政策供给数量略有回落。

三、工具轴维度内容分析与国家政策目标关联分析

根据北京市国有文化资产监督管理办公室(相关扶持政策)的汇总情况,笔者对2006—2012年9个政策文本进行工具轴分析。分析维度与类目

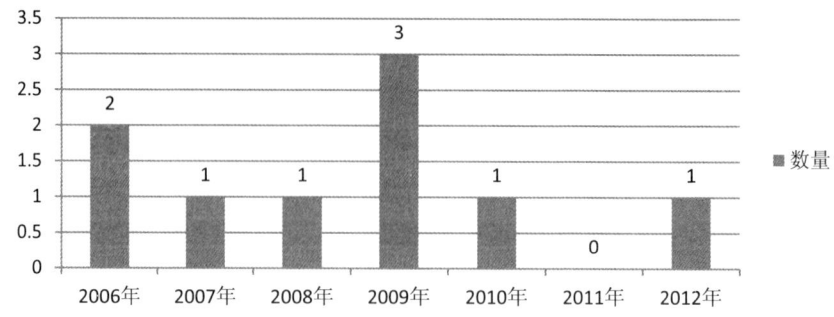

图 3.9　北京市相关扶持政策年份分布

设计与国家数字出版政策分析相一致。由于统计过程中存在单一文本供给面、需求面和环境面混用情况，因此，每个单一工具轴频次总数可超过文本总数量。具体情况如表 3.17：从工具轴角度来看，环境面政策频次最多为 15，其次是供给面政策为 13，最后是需求面政策为 3。供给面、环境面与需求面三者之比为 1.3∶1.5∶0.3。其比例情况与国家数字出版政策工具轴类目比较，具有一定的相似性。

表 3.17　北京市相关扶持政策工具轴分析

工具轴	类目	单一频次	频次总数
供给面	1.1.1 人才资源	4	13
	1.1.2 信息建设	1	
	1.1.3 技术支持	1	
	1.1.4 资金支援	3	
	1.1.5 基础服务	4	
环境面	1.2.1 财政金融	8	15
	1.2.2 税收优惠	2	
	1.2.3 法规规制	2	
	1.2.4 策略措施	3	
需求面	1.3.1 政府采购	1	3
	1.3.2 外包	0	
	1.3.3 贸易规制	1	
	1.3.4 海外机构	1	

(一) 供给面政策——人才培育吸引与基础服务建设并重

供给面政策层面,强调人才资源的培育、吸引政策与基础服务平台建设并重。在人才资源方面,政策供给较多。开发四种方式培育和吸引相关人才:第一,利用北京市教育资源,加强文化人才培养,并构建高等院校、职业院校与文化创意企业联合建设文化创意产业人才培养基地①;第二,鼓励高等院校、研究机构和企业开展文化创意人才的国际交流。可享有教育部门对文化创意人才海外培训、海外专家和大学生来京研习资助,人事部门对文化创意企业引进外国专家、留学人员或建立博士后科研工作站给予立项、经费资助等方面的支持;第三,文化创意企业聘用海内外高层次的管理人才、创意人才和营销经纪人才,可参照《北京市吸引高级人才奖励管理规定》予以奖励②,积极实施海关手续方面的安家、购车税收优惠③;第四,市政府设立文化创意奖,对发展文化创意产业做出突出贡献的集体和个人给予表彰和奖励,所得奖金免征个人所得税。文化创意企业以股权、期权等形式给予其高级管理人员的奖励,按现行税收政策规定,在计征个人所得税时给予优惠。④

基础服务层面,兼顾数字公共文化服务和产业集聚中的基础服务平台建设。具体表现为:一方面推进数字图书馆服务实现社区全覆盖,重点建设图书大厦二期等一批重点文化工程,辐射带动公共文化视野发展,运用在线图书馆、博物馆等资源创建数字化、现代化社区文化站⑤;另一方面,对文化创意产业集聚区基础设施和公共服务平台建设予以资金支持,并搭建为企业服务的专业化服务平台⑥。

信息建设方面,建立版权资源信息中心和版权国际交易中心,构建版权授权体系。资金支援方面,财政对文化事业的投入要随着经济的发展逐年

---

① 《关于大力推动首都功能核心区文化发展的意见》,http://www.bjwzb.gov.cn/index.html? Para=79,23。
② 《北京市促进文化创意产业发展的若干政策》,http://www.bjwzb.gov.cn/index.html? Para=76,23。
③ 《北京海关支持北京市文化创意产业发展的若干措施》,http://www.bjwzb.gov.cn/index.html? Para=77,23。
④ 《北京市促进文化创意产业发展的若干政策》,http://www.bjwzb.gov.cn/index.html? Para=76,23。
⑤ 《关于大力推动首都功能核心区文化发展的意见》,http://www.bjwzb.gov.cn/index.html? Para=79,23。
⑥ 《北京市保护利用工业资源,发展文化创意产业指导意见》,http://www.bjwzb.gov.cn/index.html? Para=78,23。

增加,增加幅度不低于财政收入的增长幅度。主要体现在外向型企业的奖励投入方式上。在国际市场开拓资金中,对企业在出口过程中发生的境外市场推广费用,经核定后给予支持。技术支援方面,主要体现在研发领域的支持,设立市级企业技术中心或工程技术中心。对符合条件的,积极推荐申报国家级企业技术中心、国家工程技术中心或国家工程研究中心,承担国家重大科技专项、国家科技计划重点项目、国家重大技术装备研究开发项目和重大引进技术消化吸收再创新项目。①

(二) 环境面政策——财政金融工具运用较多

环境面政策运用最多,立足于构建扶持、倾斜产业环节。具体类目中,财政金融政策应用最多,频次为8,其次是策略措施,频次为3,税收优惠工具为2,法规规制工具为2。

财政金融政策工具应用最多,包含财政资金投入、金融信贷工具、奖励、融资担保、股权投资、项目补助以及产业投资基金等支持形式,较为细致地解决了技术研发、产品开发和金融需求方面的困难,实现奖励与补助相结合、事业与产业相结合、国内与国外市场相结合。例如:自 2006 年起,市政府每年安排 5 亿元文化创意产业发展专项资金,采取贷款贴息、项目补贴、政府重点采购、后期赎买和后期奖励等方式,对符合政府重点支持方向的文化创意产品、服务和项目予以扶持。另外,市政府设立文化创意产业集聚区基础设施专项资金,资金规模 5 亿元,分三年投入。市级财政性资金,专项用于支持首都文化、文物、体育、旅游、广播影视、新闻出版、社科理论、精神文明建设和互联网管理等领域(以下统称"文化领域")事业、产业发展。② 从 2012年起至 2015 年,每年安排 100 亿元。设立区级文化创意产业发展专项资金,作为市级专项资金配套,对重点文化创意产业项目进行支持。在众多金融工具中,关注消费这一环节,通过推出消费信贷产品,扩大新闻出版等领域消费信贷规模。这种从需求层面推出的金融工具值得关注。尤其是对在新闻出版等行业中有特色、有品牌的中小企业,各银行可以开展知识产权、版权、收益权等质押贷款业务,予以扶持。这种版权或收益权质押贷款业务,需要获得版权信息平台的支持以及明确的权益信息来降低质押风险。

---

①② 北京市促进文化创意产业发展的若干政策,http://zfxxzk.beijing.gov.cn/columns/5241/2/558935.html。

税收优惠政策主要侧重两个方面：第一，技术研发领域的所得税优惠，企业自主创新投入的所得税前抵扣力度，以及加速研究开发仪器设备折旧政策；另一方面，侧重于鼓励和支持文化创意产品和服务的出口业务，具有自主知识产权和自主品牌文化创意产品和服务的出口，按照国家税法规定享受出口退(免)税政策，对在境外提供文化劳务取得的境外收入，不征营业税、免征企业所得税。进一步支持软件出口，落实国家对软件产品的出口退税政策，对通过非物质介质方式进行跨境交易(如网络传送)而无法办理出口退税的软件产品，应积极引导企业采用实际物质介质进行通关的方式解决相应问题。可采取对在境外提供文化劳务取得的境外收入不征营业税、免征企业所得税等方法。

税收优惠便利主体涉及服务于文化创意企业以及技术转让、技术开发、技术咨询和技术服务的高等学校、科研机构。税收政策还鼓励职工教育经费在计税工资总额2.5%以内的，可在企业所得税前扣除。这些措施有利地促进了企业主体、科研机构和高校之间的技术联动。

法规规制层面呈现出规制放松倾向，一方面放宽市场准入，完善准入机制，例如制定和发布《北京市文化创意产业投资指导目录》，明确了鼓励、允许、限制和禁止投资的项目，进一步放宽市场准入条件和领域，鼓励非公有资本及海外资本进入文化创意产业；另一方面，强化法律意识，加强知识产权海关边境保护力度，引导企业加强知识产权的海关备案工作，有针对性地打击侵权行为和侵权产品。

策略措施层面，主要有重点环节扶持和重点企业倾斜两种方式。重点环节角度，一方面从著作权登记源头予以资助，鼓励文化创意产业自主创新形成的成果及时申请、注册相关权利，设立数字著作权登记中心，鼓励文化创意企业登记著作权，对属于本市文化创意产业发展重点领域的作品著作权进行登记，政府给予资助；另一方面采取重点区域策略，重点推进中国北京出版创意产业园等国家级和市级文化创意产业集聚区建设。以商务印书馆、中华书局、三联书店三家有百年历史的图书出版机构为核心，以人民出版社、人民文学出版社、东方出版社为依托，利用东四一带国家出版资源聚集的优势，形成展示百年出版历史进程、代表国家出版最高水平的出版文化区。以中国出版集团、新华书店、新华社、中国新闻社、北京出版集团、高等教育出版社等为依托，做大做强中国北京出版创意产业园区，力争形成国家级出版创意产业示范区。

重点企业倾斜侧重有两种方式：一是认定一批重点文化创意产业，鼓励重点文化创意企业承担本行业共性技术研发、市场推广等公共服务平台的建设。对经认定的涉及文化创意产业发展全局性、可持续性的重大项目，市政府在"财政专项资金"中安排资金予以支持。二是对在本市设立的具有一定规模和重大经济效益的文化创意企业总部，对其境外管理服务、研究开发、投资和资产处置所获得收益的所得税地方留成部分，财政资金予以支持；在规划新城内选址建设的，政府在土地供应方面予以优先支持。①

（三）需求面工具应用比例较少

需求面政策工具频次统计总数最少为 3，仅为环境面政策频次总数的 20%。北京市与国家的需求面政策工具比例和类目表现呈现出一致性。政府采购、贸易规制和海外机构各出现 1 次，而外包出现频次为 0。虽然涉及"鼓励动漫、网络游戏、软件等外包贸易的发展"的词条，但严格意义上不属于政府外包范畴。在需求工具导向方面，主要以供给者补贴为主，基本没有涉及使用者。

政府采购方面，凡纳入本市预算管理的机关、事业单位和社会团体，在采购文化创意产品和服务时，优先采购自主创新产品和服务。贸易规制方面，市政府对文化创意产品和服务出口业绩突出的企业予以奖励。海外机构方面，支持文化创意企业实施收购国际营销渠道和传媒等战略性境外投资项目，市政府给予资金配套或贴息补助，并支持企业获得国家开发银行的股本贷款以及金融机构的其他优惠贷款。②

三、北京市数字出版产业发展情况分析

北京市新闻出版局 2011 年统计数字显示，目前北京拥有数字出版企业近 300 家，在国内所占比例约为三分之一。2010 年，北京市数字出版产业总值已达 195 亿元，2011 年这一数字将创历史新高，预计突破 225 亿元。北京市知名的电子图书运营公司包括中文在线、北大方正、书生公司、超星公司

---

① 杜海萍、苏大军：《大力发展首都文化创意产业——访北京市发改委副主任刘志》，《中外企业文化》2007 年第 2 期，第 12~14 页。
② 北京市促进文化创意产业发展的若干政策，http://zfxxzk.beijing.gov.cn/columns/5241/2/558935.html。

等,单这几家企业,就占据全国电子书市场90%的份额。① 可以说,北京数字出版产业发展具有一定的优势和先导性。

据北京出版年鉴统计,2011年以后,北京市统计指标开始涵盖网络出版、手机报刊、电子书等新兴形式。2006年至今,北京市兼顾公共服务建设与产业扶持、兼顾公共服务与基础设施建设,涉及农家书屋和益民书屋建设以及相关惠民活动,2012年新建200个卫星数字益民书屋。产业扶持则从数字出版信息中心建设到推动一系列重点项目补助。仅2006年就有20个项目进入市创意产业项目库,其中有3个被确认为文化创意产业重点项目。2010年,汉王获得北京文化创意产业专项资金和海淀区科委共计1000余万元的资金支持。到2011年5月,北京市财政已累计投入25亿元,支持各类重点项目600个。②

在集聚园区建设方面,2006年建立国家网络游戏动漫产业(北京)发展基地,2011年推动北京出版创意产业园区发展,同年开始推进绿色印刷战略,到2012年25家企业通过绿色印刷认证,位居全国前列,全市教科书绿色印刷率达到42%,达到国内领先水平。③

---

① 路艳霞:《北京数字出版产值将突破225亿元》,http://news.xinhuanet.com/newmedia/2011-10/15/c_131192683.htm。
② 《25亿专款力挺北京文化创意企业上层楼》,http://www.chycci.gov.cn/news.aspx?id=2050。
③ 尹卫国:《绿色教材印刷应在全国推广》,《中华读书报》2013年06月12日。

第4章
国际视野下数字出版产业政策比较分析

信息化、网络化和数字化是世界各国都正在经历的技术变革和社会变革,对于技术实现方式、产品呈现形式和产业链格局都产生了极大的影响。面对这种新型的数字经济形势,各国数字出版产业发展情况如何,政府或相应机构是否给予一定的扶持政策或管制政策,在协调资源配置、调节市场失灵方面有哪些共性手段和差异方式,值得我们结合本国发展经验进行比照和参考,从而对不同制度形式的数字出版管理模式做出界定。

第一节 中外数字出版产业模式分析

各国数字出版产业发展速率、产业链主体地位差异以及产业管理方式的不同,一定程度决定了数字出版产业政策变动的取向差异。这种差异一方面体现在政策本身调整路径应采取延续、改良还是创新的方式;另一方面体现在不同强度政策效力对产业链中不同主体施加的选择性侧重倾向。由此,我们需要从各国数字出版产业的发展情况入手,探寻产业发展与产业政策联动之间的关系。在这个部分,我们主要从美国、日本、英国、韩国、法国、德国的数字出版发展情况,来比照中国数字出版发展的共性与个性。选择这些国家是出于如下考虑:首先是数字出版发展速率较快,例如美国、日本;第二是扶持政策较强,例如英国、韩国;第三是政策调整路径延续性较强,且偏重产业链前端主体,例如法国和德国。通过这三个不同的维度,比照分析我国的数字发展与产业政策的联动关系。

一、美国、日本数字出版产业模式分析

美国和日本数字出版产业发展速度较快,二者数字出版产品形态消费侧重略有差异。我们可以从它们的数字出版发展情况以及产业链主体博弈情况,来判断我国数字出版产业发展方面的共性和个性问题。

(一)美国数字出版产业发展情况

美国数字出版产业处于世界领先地位,传统出版集团积极参与数字化转型,在资源整合、数字化平台搭建和开发各种 B2C、B2B 服务等方面,与技术企业展开合作,也会并购与业务相关的技术服务公司。无论是大众出版、教育出版还是学术出版都探索各自的赢利模式。而技术开发商、硬件制造商(如苹果)、平台销售商、网络运营商也都立足于自身优势,积极介入该领域。可以说,数据库、在线服务、电子书、相关阅读器、APP 应用、按需印刷等产品服务形态较为多元。

目前,美国 80% 以上出版企业都开展电子书业务,美国六大出版商如兰登书屋(Random House)、阿歇特(Hachette Book Group)、哈伯·柯林斯(Harper Collins)、圣智(Cengage learning)等还开发了特色数字出版产品。[①] 亚马逊在 2012 年 11 月英国议会上遭受到这样的指控——"我们不指责你非法,我们指责你不道德"[②]。亚马逊购买内容提供商的电子书版权时,要求在亚马逊网站销售的电子书须提供正文前 20 页免费下载优惠。对这则霸王条款,内容提供商无能为力。[③] 近三年时间里,亚马逊在北美地区的增长率,2010 年为 46%、2011 年为 43%、2012 年为 30%,增长速度较快。如表 4.1:

---

① 谭学余:《美国数字出版最新见闻》,http://www.bookdao.com/article/28237/。
② Rüdiger Wischenbart.*Global ebook*:*A report on market trends and developments fall* 2013.P.7.
③ 《数字化时代的书业状况——访加拿大莫赛克出版社社长霍华德阿斯特先生》,《编辑之友》2012 年第 11 期,第 12 页。

表 4.1 亚马逊 2010—2012 年各区域发展表现[①]

Amazon's performance in 2012

	2012				2011				2010			
	Absolute ($bn)	Growth yr-on-yr	Media ($bn)	Growth Media	Absolute ($bn)	Growth yr-on-yr	Media ($bn)	Growth Media	Absolute ($bn)	Growth yr-on-yr	Media ($bn)	Growth Media
North America	$34.8	30%	$9.2	15%	$26.7	43%	$8	16%	$18.7	46%	$6.9	15%
International	$26.3	23%	$10.7	9%	$21.4	38%	$9.8	23%	$15.5	33%	$8	18%
Consolidated	$61.1	27%	$19.9	12%	$48.1	41%	$17.8	19%	$34.2	40%	$14.9	17%
DE	$8.7	21%	$3.4*		$7.2	36%			$5.3			
JP	$7.8	18%			$6.6	32%			$5			
UK	$6.5	20%			$5.4	38%			$3.9			
DE+JP+UK	$23	20%			$19.2	35%			$14.2			
Rest Int	$3.3	50%			$2.2	69%			$1.3			

Source: SEC filings. *€2.6 billion. Estimate buchreport.

还有针对谷歌等国际技术巨头的类似批评。从某种程度上说,也验证了它们在国际数字出版市场上的影响以及对各国区域化数字出版企业造成的压力。

电子书已经占据美国书籍贸易市场份额的 20%,成为主流阅读的重要组成方式(AAP 图书数据,2013)。2012 年年底,超过 1000 本电子书估计销售会超过 25000 个副本(《出版人周刊》2013 年 3 月 18 日)。主要出版商公布的电子书市场份额收入大约为 30%(例如西蒙 & 舒斯特尔),大约是 2013 年第二季度数字图书收入的 29%,比第一季度增长了 39%。[②]

无论是传统出版集团还是技术巨头、网络运营商、批发零售平台商,它们在产业链中数字化积累时间较为同步,且具有各自的竞争优势。但在销售模式和定价机制方面,确实存在博弈问题。

电子书最初沿用纸书批发价销售模式,即出版社按定价 5 折批发给零售店,零售店根据销售自行定价。亚马逊由于其雄厚的资金积累和强大的销售网络,形成了批发价垄断议价优势,挤垮了美国近半数的地面实体书店,占据了美国电子书市场垄断地位。谷歌以其搜索引擎的优势,苹果以其独特的设计和用户体验及新的营销分成模式,瓜分了市场,逐渐形成了亚马逊、谷歌、苹果三分电子书天下的市场格局。[③] 无论是批发形式还是代理商模式,均有可能带来垄断效果的担忧。而这些主体由于网络效应,会形成渠道的用户优势,进而用更广泛的产品与服务形态捆绑消费者。

---

①② Rüdiger Wischenbart.*Global ebook*:*A report on market trends and developments fall* 2013.p.7.
③ 沈明:《中外数字图书发展现状及定价机制比照》,《出版广角》2013 年第 7 期上,第 82 页。

(二) 日本数字出版产业发展情况

日本数字出版市场规模从 2002 年的 10 亿日元增加到 2010 年的 650 亿日元。2010 年以前日本的数字出版市场规模一直处在世界第一的位置。

日本数字出版市场销售收入结构中,90% 为手机电子书收入(其中 80% 为连环漫画收入),余下 10% 为 PC 电子书。立足于原来动漫产业内容资源,在数字化展现方面,内容提供商仍然具有一定的内容资源优势。利用简单电子书的处理方式以及手机和 PC 阅读网站的在线服务形式提供数字出版产品。

在日本,印刷企业进入数字出版领域的趋势越发明显。日本印刷产业联合会调查结果显示,约七成日本印刷企业认识到了数字出版的重要性,近九成企业已不同程度地参与数字出版。被调查的印刷企业中,有 54% 已参与数字出版业务,即将参与占 27%,已预定参与占 7.9%,合计为 88.9%。参与数字出版业务企业大多为私营企业,并以股份制的运营方式迅速增加资本积累,为出版企业长期发展注入活力。2010 年,美国智能手机、平板电脑、电子图书专用阅读终端等全球销售量日益增加,依托手机付费交易模式的日本,优势逐渐被美国取代。日本总务省、文部科学省、经济产业省联合作家、出版社、新闻社、印刷企业、书店、通信事业者、企业等政府机构和出版行业代表共同致力于数字出版企业振兴事业。[①]

在日本,虽然零售环节也会受到互联网电商的冲击,但由于零售环节市场成熟度较高,因此所受冲击较小。而我国当下围绕图书和电子书的销售平台大战,可能也与传统出版机构零售环节运营不成熟有关。

二、英国、韩国数字出版产业模式分析

英国和韩国在数字经济和文化创意产业领域,具有较大的政策扶持力度。从国家战略层面和法律层面,不断给予本国企业各种优惠和倾斜性政策。

(一) 英国数字出版发展情况

据英国出版商协会统计,英国数字市场占当年国内图书市场总体份额已经由 2008 年的 3% 猛然增至 2011 年的 10%—15%。[②] 在学术期刊领域,

---

[①] 崔景华、李浩研:《韩日数字出版产业发展现状及扶持政策》,《出版发行研究》2012 年第 10 期,第 88-90 页。

[②] 吴琦、苏蕾:《方兴未艾的英国数字出版业》,《编辑之友》2012 年第 8 期,第 123 页。

数字产品与服务的收入则已接近90%。①

在英国,数字出版和传统出版并不对立。数字出版行业巨头大都由传统出版企业经数字化转型发展而来。② 2011年剑桥大学出版社的数字内容销售已占出版社总销售的20%,其中70%来自图书馆、30%来自Kindle阅读器;牛津大学出版社开发了"牛津在线学术专著数据库OSO系统",向世界许多大学图书馆提供18个大学科、4 500多种学术图书的数字版本;企鹅集团提出电子书优先策略,短篇小说只出数字版;培生教育集团在考试系统研发方面投资巨大,已经投入市场的包括线上导师系统、交互式学习系统等,为英国、印度等5 000多万人提供在线学习、辅导、考试测评等服务。出版社既制作电子书也开发移动客户端软件,如企鹅集团的客户端软件下载已获可观收入。③

英国电子书也沿用美国式的"批发价"销售和代理销售。英国主要国际出版集团在定价方式上,不断与亚马逊进行对抗。企鹅集团的马金森(Makinson)认为,对出版商来说,掌控定价权最重要,其次还要了解消费者需求和意愿支付额度,产品是在企鹅官网、亚马逊还是苹果在线销售并不重要。④

英国数字出版产业主体博弈情况与美国类似,传统出版集团在数字转型方面积极投入,并在专业出版和大众出版层面获得了一定收益,且尝试各种新型产品服务,在赢利模式方面也探索了广告模式。英国的传统出版集团在经营数字出版产品和服务时,需要和美国的亚马逊和苹果公司展开博弈,争夺定价权。

(二)韩国数字出版发展情况

韩国百济艺术大学教授金贞淑认为,"韩国数字出版2007年后处于原地踏步状态,但随着亚马逊Kindle的成功,局面开始发生变化。2010年,数字出版规模增至1975亿韩元。"⑤

电子书市场规模大幅增长,2011年接近3 000亿韩元,占比为2%—3%。韩国新书上市一年内销售书价不得低于9折,又推动立法规定,"电子书应

---

① Digital publishing: Lessons Learned, http://Publishing Perspectives.com.
② 《培生集团数字化转型秘诀》,http://www.dajianet.com/digital/2012/0217/181137.shtm。
③ 魏玉山:《英国数字出版业观察》,《出版参考》2012年第10期下,第1页。
④ 吴琦、苏蕾:《方兴未艾的英国数字出版业》,《编辑之友》2012年第8期,第124页。
⑤ 廖小珊:数字出版遭遇成长烦恼:中韩业者共议出版业数字化转型前景,http://news.xinhuanet.com/newmedia/2011-09/20/c_122062387.htm。

由出版社制作,决定价格,用出版界共用 DRM 系统打包加密后,才能流通。"①

韩国数字出版企业中,熊津教育集团旗下主攻数字出版物流通的 BOOXEN、主要提供 e-paper 电子纸张的开发与相关服务的 UBIGATES 及主要经营有声读物的制作、服务和分销的 AUDIEN 等公司,大多以股份制形式经营,资产组织方式灵活。通过实施会员制扩大市场占有率,为网络用户和智能手机用户提供差别性服务。此外,韩国政府针对新创业数字出版个人独资企业提供宽松的发展平台和扶持政策,包括援助新的数字出版企业的创业融资等基础性服务以及促进电子书的制作、流通、销售的公共服务。②

韩国数字出版产品形态,包括电子书、电子词典、手机电子书、专门知识、学术论文、有声书和其他数字出版物。根据《韩国数字出版年鉴》和《海外内容市场调查》测算,估计2013年出版市场份额最大的为电子书且年增长率为36.5%,第二位是电子辞典但年增长率出现负增长倾向,第三是手机电子书,年增长率最高达74.6%。如表4.2:

表 4.2 韩国数字出版市场规模及发展趋势　　　单位:亿韩元,%

数字出版内容分类	2006	2007	2008	2009	2010	2011	2012	2013	年增长率
电子书	825	1 235	1 278	1 323	1 975	2 891	3 250	5 838	36.5%
电子辞典	1 220	2 100	2 400	2 542	2 597	2 613	2 518	2 581	-0.3%
手机电子书	208	265	279	247	533	929	1 315	2 024	74.6%
专门知识/学术论文	127	192	214	248	251	264	270	282	2.9%
有声书 Audio book	72	115	118	104	122	139	142	165	10.9%
其他数字出版物	941	1 203	1 262	1 322	1 430	1 492	1 528	1 678	4.9%
合计	3 393	5 110	5 551	5 786	6 908	8 328	9 023	12 568	16.0%

资料来源:2010 年《韩国数字出版年鉴》和韩国文化振兴院出版的《海外内容市场调查》③

三、法国、德国数字出版产业模式分析

法国和德国是比较典型的欧洲国家,其国内的图书阅读消费量较高,但数字出版产业发展速度相对缓慢,且电子书经营多沿用图书定价方式,法律

---

① 沈明:《中外数字图书发展现状及定价机制比照》,《出版广角》2013 年第 7 期上,第 83 页。
②③ 崔景华、李浩研:《韩日数字出版产业发展现状及扶持政策》,《出版发行研究》2012 年第 10 期,第 88—90 页。

法规对内容提供商保护力度较大。

(一) 法国数字出版发展情况

2012年,SNE(法国出版商协会)估计电子书收益仅占所有的法语书收入的3%(高于2011年的2%),价值8 176万欧元;由于对电子书收益更窄的,GfK(消费品市场研究公司)界定得出一个更低的估计值,即电子书仅占贸易销售收入的2.1%。尽管经济繁荣,一个主要的多媒体零售渠道维珍,从2012年开始认真对待电子书业务,但不幸破产。维珍作为第五大图书零售商,营业额大约2.8亿,大约8 000万来自于图书,占据法国图书市场2%—4%的市场份额,在2013年1月14日宣告破产。[1]

据法国出版协会统计,该国数字图书营业额为4 900万欧元,其中有实体书支持的电子书销售为3 590万欧元,网络下载电子书为1 310万欧元。这与法国国民普遍具有阅读书籍的习惯有很大关系。

目前,法国约有7 000个注册出版者,但无论是从出书规模,还是从人员数量来看,大多是小型出版社。还有很多世代传承的家族出版社。经营出版社的出版商不是出身书香世家,就是学者、教师或者是热爱某一行业的自由职业者。[2]

2011年5月,法国电子书统一价格法令正式施行。法令复制实体书统一定价规则,规定法国市场的出版商必须制定电子书零售的单一价格,尽管电子书销售渠道多样,不同渠道的经销商都要维持出版者的统一定价。[3] 这主要出于避免盲目竞争的目的,保护传统出版产品阅读方式,倾向于保护出版商的利益。但某种程度上来说,这也降低了其他渠道介入数字出版产品的积极性,一定程度压缩了渠道商利润空间。法国的定价机制和政府管理方式带有典型的延续性特征,并且法国的数字出版管理也受到欧盟组织相关政策统一设定的影响。

(二) 德国数字出版发展情况

德国从事图书商务的企业有1.5万余家,正式出版社约有2 000余家、书店6 000余家、书亭2 000多个,中间商(大型图书批发商和出版社供货商)

---

[1] Rüdiger Wischenbart.*Global ebook: A report on market trends and developments fall 2013*:31-32.
[2] 李奇志、李倩颖:《法国文学出版长期繁荣之探析》,《新闻爱好者》2011年第4期,第64-65页。
[3] 《欧洲大国抢占数字出版时代新商机》,http://world.people.com.cn/GB/157278/17886527.html。

和发行商78家,全德年均图书销售总额在100亿欧元左右。德国朗根沙伊特出版社马蒂亚斯·海因里希(Mathias Heinrich)表示,电子书市场"会增长,但会很慢"。在德国,人们接受电子书的速度比美国等国要慢得多,虽然计算机、数字读物等电子产品已推出多年,但人们更喜欢传统阅读产品。数字读物在短时间无法撼动纸质书的主导地位。①

2013年上半年,德国图书销售出现约为2.5%的轻微增长。此前两年,德国图书销售从2011年的96.01亿欧元减少到95.2亿欧元,根据德国出版商和销售商协会年度统计报告,受影响最为严重的是传统图书连锁店。与此同时,电子书发展成为一个重要的增长部分。电子书的市场份额估计在2013年中能达到10%左右。目前,84%的德国出版商打算尽快提供电子书服务。一个更为深入的调查发现,传统图书连锁商店与主要网络平台之间的差距正在加大,后者大约占据16%的书籍销售业务,还牢牢控制电子书的下载业务。②

德国也沿用原有图书定价机制,无论是哪种售卖环节,发布新书后18个月的价格均统一,并且电子书价格与精装本价格相同。③这对不同规模的出版机构形成了强势均衡作用,一定程度上保护了中小型书店,且新型网络环节并没有形成价格优势和成本优势。这对避免价格战有一定的积极作用,尤其降低了国际销售平台巨头的影响,但也容易减弱新型渠道对数字出版产品投入的积极性。

四、与中国数字出版产业模式差异和共性问题分析

中国数字出版产业的相关发展历程,从最初统计来看可追溯到2005年。但其基础发展可向前追溯到电子墨水技术研发,以及20世纪90年代末开展的数字图书馆数据库加工项目,和技术公司的数字化格式与平台技术开发运营。可以说,其业务雏形与传统出版内容较远,参与主体也并不是传统出版机构和主要国有企业。21世纪初,互联网技术的应用以及移动通信技术的发展,互联网内容与服务开发,即时通讯工具、网络文化内容以及销售平台的运营已经经历了10年左右的时间,网络基础使用人群基数增大。互联网公司前期经历了资金积累和用户群体的集聚。移动通信技术不断更新,

---

①③ 《欧洲大国抢占数字出版时代新商机》,http://world.people.com.cn/GB/157278/17886527.html。
② Rüdiger Wischenbart.*Global ebook: A report on market trends and developments fall* 2013:26.

通信运营商产业运营基数较大,从技术附着语音产品、开发更多附加业务拓展盈利模式,合作进行内容产品推送带动流量资费形式成为新的利益增长点。因此,传统出版企业的外围竞争对手群,在近十年当中除了从各产业领域做大做强核心业务之外,也开始转向内容产业与服务的关联。反观传统出版企业转型过程,其需要进行进一步市场化的调整,重新对必要生产要素予以培育。对数字出版领域介入积极性不高,主要原因是版权归属复杂、投入资金短缺、收效周期较长以及主营资源转化开发方式困惑等。

(一) 差异问题

与国外数字出版发展情况相比,我国数字出版产业模式主要有以下几个方面的差异和问题。

第一,传统出版企业介入数字出版领域的时间节点、参与程度与主体地位不同。中国数字出版产业链主体地位不平衡现象较为明显。

第二,数字出版产业盈利模式仍处于摸索期。尤其是传统出版企业转型,其数字出版市场仍属于培育阶段。

第三,传统出版企业销售环节不成熟,销售方式、运营理念仍需市场化操作改进,从而减少网络销售平台的影响。

第四,对渠道重要性判定存在差异。正如英国出版集团专家所说,在自建渠道还是其他渠道售卖产品并不重要,重要的是产品的定价权。这可能与传统销售渠道不成熟有关,国内很多传统出版社更多立足于自建运营平台和销售渠道。这可能与投放其他渠道收益比例不高有关。归根结底,其核心仍然是传统出版企业转型的资源优势开发速率和资本博弈的问题。

第五,国际市场影响力方面,受到本国文化吸引力与传播力的影响。中国图书进出口公司领导曾对中国数字出版"走出去"情况进行梳理。目前,我国实物及数字出版产品的售卖对象一是海外图书馆,以美国为例,哈佛燕京图书馆、斯坦福大学、耶鲁大学、公共图书馆、社区图书馆、美国国会图书馆;二是海外华文书店,例如纽约华人区书店。存在的主要问题是缺乏立足国际视野的出版策划人才,国有企业数字出版涉入程度仍不足,作为出版产业主体,其在创意创新方面可能出现矛盾;国内外生产模式存在差异,成书再卖版权的模式效果不佳,缺乏市场试验和调试过程;相关法律尚需完善。目前,数字出版产品"走出去"主要体现在期刊数据库方面(同方、超星、古籍),例如日本等国家和地区地区研究中国的那些机构。

(二) 共性问题

关于定价权的博弈问题,无论是美国、英国还是韩国、法国,经营数字出版的传统企业都在一定程度上感受到了网络销售平台渠道、技术巨头和终端巨头的影响。但是,在定价权博弈处理方式上,各国情况不同。美国、英国由于实行的是批发销售制,渠道、技术商和终端商凭借网络效应和资金规模的影响,对内容经营企业施加了议价压力。但主要出版企业和集团用联合方式,抵制批发销售、开发代理模式,减少渠道上的垄断。另一方面,也通过法律诉讼方式,以反垄断等方式予以回击。而韩国、法国和德国则主要是通过法律法规形式,让出版社拥有定价权来保护内容提供商。日本的情况比较特殊,该国的移动互联网发展迅猛,在受到美国和其他国家推出的新兴阅读终端影响下,不断调整政策环境扶持本国出版企业。由于日本本土漫画内容资源优势较大,因此在数字产品开发方面,仍然占有一定的内容资源优势。

第二节 中外数字出版产业政策比较

对上述不同国家发展情况差异和共性问题的梳理,便于我们分析不同国家管理方式和扶持侧重点效力。对不同环节以及不同政策方式的选取,可以为中国数字出版产业政策效力验证和调整提供依据。

在之前的分析过程中,不难发现中国的数字出版产业管理主体比较多元,管理方式待集中,产业政策调整为延续性路径,在管理方式上有延续传统出版方式的影子,但开始呈现规制放松和规制激励倾向。下面本书将从管理部门设置、工具轴政策功能应用两个方面进行分析与比较。

一、各国政策制定与管理部门归类分析

通过资料整合可以发现,在数字出版领域具备统一管理机构的国家并不多见,多为多元联合管理模式。除政府部门机构之外,行业协会发挥了不同程度的作用,有的甚至可以影响政府政策和法律的制定,例如德国。在管理方式层面,各国在间接规制(司法)层面均有一些涉猎,但各国法律法规健全程度以及调整程度不一。各国不同程度地涉及一些扶持政策,但扶持对象有公益性文化事业层面的也有产业层面的,美国主要体现在贸易层面的税收优惠上。因此,各国在管理方式上仍然以分散多元管理为主。

在管理强度上,韩国属于"小政府、大协会"管理模式,协会分担了政府大部分管理职能。[①] 与数字出版有关的协会有电子出版内容管理中心、电子图书协会、Electronic-Book Korea、Book topia、韩国出版物伦理委员会、韩国电子出版协会、泛在出版振兴中心等。[②] 相比较而言,我们国家目前也是多部门联合制定政策,但实施过程中曾经出现过不同政策矛盾或重叠管理等情况。有一点需要加强的就是行业协会的积极作用,其要在信息平衡、专项服务代理、行业规则与产业发展政策的进一步融合方面发挥更重要的作用。当下存在着行业指标和产业指标的差异化情况,为避免这种悖论、减少二者差异带来的效益转化矛盾,行业协会应该进一步搭建桥梁,并将行业规则与产业政策的设计与试错环节更紧密地联系在一起。各国管理方式情况如表4.3:

表 4.3 各国政策制定部门和管理方式

国别	政策制定部门	涉及部门和机构	管理方式
美国	没有统一制定机构	行业协会发挥积极作用(美国出版商协会、美国书商协会、全国图书委员会、美国大学出版联合会)	间接规制 公益性补贴 贸易(税收)优惠
英国	没有统一制定机构	教育技能部门、国际发展部、文化传媒体育部(出版)、文化委员会、AOP	间接规制 公益性补贴
韩国	文化体育观光部、教育科学技术部、知识经济部、广播通信委员会等部门共同参与设立泛政府性质的数字出版产业振兴协议会	电子出版内容管理中心、电子图书协会、Electronic-Book Korea、韩国出版物伦理委员会、韩国电子出版协会、泛在出版振兴中心	间接规制 产业扶持
日本	没有统一制定机构	文部省、大藏省、通产省、法务省、总务省、外务省、经济产业省、特许厅、邮政事业厅、国土地理局	间接规制 产业扶持
法国	法国文化与交流部图书阅览司	行业协会合作	间接规制
德国	各州文化教育部门	行业协会权威作用	间接规制
中国	国家新闻出版广电总局、文化部、国务院、财政部等	行业协会配合	间接规制 产业扶持 公益性补贴

资料来源:根据《提高我国出版政策水平的思考》部分资料整理[③]

---

① 余敏:《国外出版行业协会研究》,中国书籍出版社 2005 年版,第 212 页。
② 陈玉凤、黄先蓉:《韩国数字出版法律制度的现状与趋势》,《出版科学》2013 年第 1 期(第 21 卷),第 94 页。
③ 黄先蓉、赵礼寿、甘慧君:《提高我国出版政策水平的思考》,《科技与出版》2011 年第 3 期。

二、政策工具轴功能应用比较分析

上一章节对我国数字出版政策进行了框架分析,其中一个主要的维度是工具轴。在这部分,我们将继续使用这一政策分析工具,即供给面、环境面和需求面政策,来尝试构建各国数字出版产业政策的工具性和功能性特点。

(一)环境面政策应用分析

在上一章的研究当中,我们发现中国数字出版产业政策的环境面政策占比较大,略高于供给面政策,远高于需求面政策。我们围绕数字出版发展推行的举措,对各个国家进行分析来判断其政策工具的侧重点。环境面政策的作用在于营造某种特定的产业发展环境,立足于本国市场和国际市场,一方面纠正国内产业中可能存在的"市场失灵"现象,另一方面立足于"动态比较优势"理论,通过国家干预及贸易环节的相关政策,打击竞争对手,以实现保护本国企业抢先进入某特定产业部门的目的。

1.财政金融

不同国家政策扶持强度不同。美国政策扶持强度最弱,主要侧重于公益性项目与机构,没有直接财政扶持政策。英国和韩国财政金融政策扶持力度最强,直接投入产业项目,兼顾公益性诉求。而日本政策强度居中,更多的是鼓励其他资本形式资助文化产业发展。

(1)美国公益性环节投入

美国对文化创意产业的财政支持主要表现在对某些非营利机构和文化基础设施提供必要的资金投入,以及采取间接的财税支持政策,主要是提供优惠的政策环境,引导和鼓励私人企业对文化创意产业的投资。[1]

(2)英国资本投资自由宽松

英国实行资本开放政策,各种资本都可以投资出版。文化委员会可以对英国出版业(含数字出版业务)进行指导,负责制定相关政策和资助英国出版物出口。[2] 由于资本投资较为宽松,并不需要过多金融政策工具来促进

---

[1] 张京成、沈晓平、张彦军:《中外文化创意产业政策研究》,科学文献出版社 2013 年版,第 153 页。
[2] 黄先蓉、冯博:《英国数字出版法律制度的现状与趋势》,《出版科学》2013 年第 1 期(第 21 卷),第 81 页。

融资和解决信贷困难,通过市场交易、股票、产权以及资本运作的方式就可以实现投融资。

另外,政府通过财政拨款方式对数字经济涉及的内容与创意项目予以支持,还通过结合彩票基金和社会融资的方式对文化创意产业进行扶持。财政拨款既有公益性项目,也涵盖产业项目。例如:英国技术战略委员会(TSB)实施"知识转型网络"计划,计划在两年内资助14个灯塔项目(Beacon Project),涵盖数字内容、分销和创意工具等环节,对纳入计划的项目给予1000万—1亿英镑的财政支持。①

英国文化创意产业的融资渠道主要包括财政拨款、彩票基金和社会融资等。伦敦每年设立近2亿美元的专款用于文化创意产业投资。英国政府对文化创意产业的财政支持力度较大。英国艺术委员会代表政府促进艺术发展和艺术人才培养,通过财政拨款的形式支持众多非营利性的公共文化项目。②

(3)韩国投放扶持资金

根据2010年《电子出版产业育成法》,韩国政府将在五年内向电子书市场投放635亿韩元,使电子书市场规模扩大到2010年的5倍。③

(4)日本多元化投资机制

投融资方面,日本政府采用多元化投资机制,即政府推动并大力鼓励民间资本和境外资金资助文化创意产业发展。④

2. 税收优惠

差别税率是各个国家使用的主要方法,但实施对象却有较大差异。美国只按照营利与非营利二分法实施差别税率,营利性机构不享受优惠,但税种较为简单,更加鼓励研发环节的减免优惠。为支持新兴电子出版物发展,韩国实施电子出版物"零税收"政策。由于受到欧盟组织限定,法国虽有意愿对电子书减税,但可能遭受调查。对于国际互联网服务商的垄断等问题,法国企图通过"谷歌税"等方式补偿内容提供商。而德国仍然保持传统纸质电子书税率的一致做法,并没有给予相应税收优惠。

---

① 魏玉山:《英国数字出版业观察》,《出版参考》2012年第10期下,第1页。
② 张京成、沈晓平、张彦军:《中外文化创意产业政策研究》,科学文献出版社2013年版,第50页。
③ 《韩国投入635亿韩元做大电子书市场》,http://book.ifeng.com/gundong/detail_2010_10/02/2694627_0.shtml。
④ 张京成、沈晓平、张彦军:《中外文化创意产业政策研究》,科学文献出版社2013年版,第155页。

(1) 美国研发性税收减免与差别性税率

根据美国《国内税收法》第41部分中有关"研究与试验税优惠"的规定，美国公司研究性支出可享受高达20%的税收减免。① 美国政府实行两分法差别税率。营利性出版机构无特殊优惠政策，税率在15%—34%之间。联邦政府不征收商品销售税，无增值税项目。非营利性出版机构，联邦政府不征税，还给予资助。美国对出口图书免征营业税（先征后退），对进口图书也免征进口税。②

(2) 法国减税与征税并举

为发展本国数字出版产业，法国在税收方面实施对本国电子书产品减税、对国际巨头征税的方法弥补内容提供商的外部性政策。2012年1月，法国将电子书增值税调低为5.5%，此前电子书增值税是19.6%。不过，欧盟将电子书视为服务业，成员国擅自下调其增值税属非法。法国文化部泽尔尼克委员会调查网上文化内容后，建议政府向谷歌等企业的在线广告业务及互联网服务提供商征税，这被称为"谷歌税"法案草案，征税对象就是谷歌、苹果、亚马逊等国际巨头。③

(3) 德国电子书、纸质书差别税率

与法国情况较为类似，德国仍使用差别税率，同样受到欧盟成员国限制，减少电子书税率目前仍不太可行。这并不利于电子书等新兴产品形态的发展，无形当中提高了产业进入门槛、增加了经营负担。

(4) 韩国电子出版物零税收

1999年4月8日，韩国政府作出对所有电子出版物"零税收"的特殊规定，在政策上大力支持数字内容产业的发展。④

3. 法规规制

间接规制层面，各国呈现出不同强度差异。第一种是以美国和英国为代表的高强度规制，美国近十年从版权保护期、合理使用、减少互联网服务商权责角度修改版权法，以保证本国内容企业和技术服务企业的利益最大化；英国积极进行版权改革，意图打造本国的数字经济优势。第二种是以韩

---

① 张慧娟：《美国文化产业政策及其对中国文化建设的启示》，中共中央党校博士论文2012年，第114页。
② 孙有中：《美国文化产业》，外语教学与研究出版社2007年版，第53-76页。
③ 《欧洲大国抢占数字出版时代新商机》，http://world.people.com.cn/GB/157278/17886527.html。
④ 〔韩〕金才允：《韩国的出版政策及其沿革》，金菊贤译，《出版发行研究》，2000年第12期，第137页。

国、日本为代表的中强度规制,进行著作权法修订,从电子出版权和定价权的角度,保证出版企业的权利最大化。第三种是以德国为代表的低强度规制,尚无专门法,而且现有法案延续传统图书管理方式,缺少对数字出版的特殊规制设计。

(1)美国提高版权保护力度

在法律规制层面,美国下了很大的功夫,不断调整和修改法律法规,以对本国数字出版企业集团、销售平台、技术公司和终端公司的权利保护达到最大限度。美国一方面提高版权保护期,给予创作者和版权归属者经济收益;另一方面对互联网服务公司的权责适当放宽,减少陷入侵权诉讼等法律风险并降低他们的相关维护成本。

1995年《知识产权与NII白皮书》是针对数字出版制定的,1998年《数字千年版权法》(DMCA)主要是针对表演和录音制品制定的,基本上适应了版权国际公约与邻接权条约对网络版权侵权责任的认定,并把版权的保护期提高到70年。[①] 而2005年4月27日签署的《家庭娱乐与版权法案》由《艺术家与防盗版法案》和《孤本作品保存法案》演化而来,其主要内容就是以刑事制裁手段保护版权。[②]

《1998年千禧年数字版权法》经历了2000年、2003年、2006年和2010年的4次修改。《数字媒体消费者权利法案》的通过部分解决了《1998年千禧年数字版权法》对合理使用的限制问题,保障了公民合理使用数字作品的权利;2009年《数字消费者知情权法》的通过很好地解决了技术保护措施采用给消费者带来的不利影响。[③]

(2)英国密集版权改革

随着《哈格里夫斯报告》公布,英国"制定政策的政府内阁、草拟方案的知识产权局、调查研究的科研机构、颁布法规的议会等部门,从2010年至2012年相继出台4个研究报告、4个政策声明书、4个征求意见稿、1个意见汇总公示集、1部修订方案、1个正式法案、1个法院裁决,开启了新一轮密集

[①] 李艳:《中美网络版权保护比较研究》,华东政法学院硕士论文2006年,第7-8页。
[②] 《解读〈美国家庭娱乐与版权法案〉》,http://www.sipo.gov.cn/sipo/xwdt/mtjj/200507/t20050718_72446.htm。
[③] Steve P. Calandrillo, Ewa M. Davison. The Dangers of the Digital Millennium Copyright Act: Much ado About Nothing[J]. *William and Mary Law Review*, 2008, 50(2):383-389. 转引自黄先蓉、李魏娟:《美国数字出版法律制度的现状与趋势》,《中国出版》2012年9月上。

而慎重的版权改革"。① 2010 年 4 月 8 日英国颁布实施《数字经济法 2010》,将音乐、游戏、电视、广播、移动通信、电子出版物等列入数字经济范畴。②

(3)日本修法认定电子书出版权

日本政府于 2014 年 3 月 14 日,在内阁会议上提出新著作权法修正案。该法案认定电子书籍拥有出版权的同时,和作者签约的出版社可以对其独家发行的相关盗版书籍提出禁止发售的要求。③

(4)韩国出版社决定电子书价格

目前《出版文化产业振兴法》中有关图书定价制条款的修订案已提交国会。从 2013 年上半年起,电子书和纸质书一样能够由出版社来决定价格。④

(5)德国尚无专门法律

德国现阶段并没有用于调节数字出版的专门法律,现行有关数字出版的法律主要从对国家法律的修改和补充而来。⑤

4.策略措施

以日本、英国和韩国为代表的国家,在数字出版方面建立了相关发展战略规划,并提供了多机构参与的开放环境政策。在标准化、产业认定以及多职能部门调动方面,为本国数字出版企业营造扶持环境。

(1)日本 E-Japan 战略

日本于 2003 年 7 月推出《E-Japan 战略Ⅱ》,把数字内容产业列为优先发展领域之一。⑥ 另外,日本认可数字版权的使用适用补偿金制度,规定文化厅长官可以确定补偿金额度,明确了征收对象、收费金额。促进数字版权授权模式清晰化,减少版权纠纷。日本著作权强制许可制度的最大特点在于政府"授权",与合理使用和法定许可制相比,构成条件最为严苛,但对作

---

① 季芳芳、于文:《英国版权制度改革对我国数字出版的启示》,《编辑学刊》2013 年第 2 期,第 57 页。
② 逄健、朱欣民:《国外数字经济发展趋势与数字经济国家发展战略》,《科技进步与对策》,2013 年第 4 期,第 124 页。
③ 《日本政府拟修改著作权法 以打击盗版电子书籍》,http://news.xinhuanet.com/zgjx/2014-03/21/c_133203923.htm。
④ 陈玉凤、黄先蓉:《韩国数字出版法律制度的现状与趋势》,《出版科学》2013 年第 1 期(第 21 卷),第 96 页。
⑤ 郝婷、黄先蓉:《德国数字出版法律制度的现状与趋势》,《出版科学》2013 年第 1 期(第 21 卷),第 86 页。
⑥ 杨梅:《发达国家内容产业发展概要》,《中国信息界》2010 年第 Z1 期,第 102-104 页。

者权利的限制和"牺牲"却较小。①

日本实行新型数字出版内容 ID 促进计划,推进数字出版标准化。日本总务省和经济产业省 2010 年共同制定了《完善开放型数字出版环境》政策,此政策的核心目标是构筑和完善各类消费者和中小出版企业,使之能够加入数字出版市场。②

(2)英国"创意英国"

2008 年,英国文化、媒体和体育部推出了《创意五年策略 2008-2013》,试图打造更有创意的英国。③ 2010 年英国将报纸印刷和数字化印前服务添加到出版行业中。④

(3)韩国"数字出版产业振兴"

2010 年,韩国的文化体育观光部、教育科学技术部、知识经济部、广播通信委员会等部门共同参与设立了泛政府性质数字出版产业振兴协议会,各职能部门分别制定相关政策以推进产业发展。

(二)供给面政策应用分析

供给面政策往往是各创新要素的供给,中国供给面政策略少于环境面政策,出现频次居于第二位。英国、日本、韩国等国较为注重数字出版人才的培养,发挥企业、培训机构和研究机构的联动作用。韩国和日本在信息建设方面,搭建产业链多元主体之间的信息渠道,减少信息失衡带来的市场失灵。资金支援方面,法国政府于 2008 年启动资助计划。而美国更多的是进行公益性基础设施建设,日本则面向产业提供电子书流通服务支持系统,二者侧重角度差异较大。

1.人才资源

英国、日本和韩国都比较关注本国新兴人才资源的培养,通过产学研联

---

① 陶云峰:《中日著作权法律制度比较研究》,中南民族大学硕士论文 2010 年。
② 崔景华、李浩研:《韩日数字出版产业发展现状及扶持政策》,《出版发行研究》2012 年第 10 期,第 88-90 页。
③ 张京成、沈晓平、张彦军:《中外文化创意产业政策研究》,科学文献出版社 2013 年版,第 49 页。
④ Creative Industries Economic Estimates – December 2011, https://www.gov.uk/government/uploads/system/uploads/attachment_data/file/77959/Creative-Industries-Economic-Estimates-Report-2011-update.pdf。

动的方式进行培养。日本则更加注重实践教学,实施岗位流动制度。[①]

2.信息建设

日本通过联合召开"三省数字化商谈会",搭建沟通信息平台。[②] 韩国建立数字出版资产管理中心,制定流通管理办法及交易秩序,减少信息不确定性造成的交易障碍和侵权可能性。

3.技术辅导

日本政府制定了新的20位数字出版流通管理代码及运用指导方针,包括具体出版内容流通环节中的各利益主体的权利处理相关对策。

4.资金支援

2008年起法国政府每年拨付一千万欧元资助电子书出版。[③]

5.基础服务

美国通过财政政策方式,进行基础设施建设。为了应对国外IT巨头威胁,日本总务省"创立新ICT利用活用服务支援事业"计划,提出要建立面向日本的电子书籍流通服务支撑系统。[④]

(三)需求面政策应用分析

中国需求面政策工具运用得最少,围绕国际贸易环节,涉及走出去等文化产品和针对海外机构的扶持政策,政府采购虽然出现频次较少,但是对促进新技术的使用起到了积极作用。需求面政策主要立足于供给者补贴,而缺少消费者或用户导向。其他国家需求面政策的运用也不多见,在贸易规制中,各国多采用较为宽松的规制要求,促进产品和服务出口,并享有税收优惠等扶持。日本和英国较多运用了需求面政策工具,日本对动漫影视产品进行政府采购并免费对外推广,但相应做法并没有运用到出版领域。英国专门建立创意出口组织,对各类型文化创意产品设计出口清单,涵盖电子

[①] 崔景华、李浩研:《韩日数字出版产业发展现状及扶持政策》,《出版发行研究》2012年第10期,第88-90页。
[②] 白跷煌:《日本连续14年负增长》,http://www.cotoday.com.cn/News/2011-03-07,34555.html。
[③] 沈明:《中外数字图书发展现状及定价机制比照》,《出版广角》2013年第7期上,第83页。
[④] 胡奎、关健:《东京书展:图书与科技交融数字与传统共舞》,http://www.bookdao.com/article/24394/。

出版(多媒体产品、数据库)和计算机软件服务等。[①] 需求面政策工具中,各国主要使用供给者导向而非消费者、用户导向。

三、启示

(一)工具轴中环境面政策运用最为活跃

从各国表现来看,环境面政策工具运用最为活跃,尤其是财政和税收工具用于减税和财政扶持,但应用领域各有侧重,美国侧重于公益性项目投入,而其他国家则侧重于兼顾公益性和产业的项目;法规规制层面变革巨大,尤其是美国和英国,韩国、日本等国虽也有变革,但其立足点主要是传统出版企业的电子出版权延伸。在策略措施方面,多个国家均采用发展战略促进相关文化创意产业和数字经济的发展。财政金融政策中,金融政策在美国和英国运用得不多,融资机构较为多元。供给面政策和需求面政策运用相对较少,主要依靠市场进行要素配置,但在供给面政策中的人才、信息和基础服务方面,涉及一定资金投入与政府扶持。

(二)税制种类调整与优惠方式选择

与其他国家实行消费型增值税不同,中国实行生产型增值税,二者计算方式与计税依据不同。生产型增值税不允许抵扣任何固定资产价值,计税依据增值额较多,经营者、纳税人实际税负相对较重;消费型增值税,经营者实际税负相对较轻。[②] 美国对非营利性企业不收增值税。在发行环节,我国也出台了类似先征后返的增值税政策,扶持营销出版主体。新兴数字出版企业也享有税收优惠,但以税前间接优惠方式(加速折旧、投资抵免、税收抵免、税项扣除、成本扣除等)为主的手段较少,只存在"研发环节"计入,致使现行优惠政策的总体激励力度不大。[③]

(三)区域组织对国家财税政策存在影响

法国和德国在传统出版方面对欧洲有一定的影响力。它们的产业政策

[①] 张京成、沈晓平、张彦军:《中外文化创意产业政策研究》,科学文献出版社2013年版,第50页。
[②] 罗紫初:《中外出版业经济政策比较》,《大学出版》2004年第1期,第30页。
[③] 杨京钟:《我国新闻出版产业发展的财政政策激励》,《现代出版》2013年第4期,第22页。

以保守性为主,延续原有传统出版的定价管理方式。在面对美国 IT 技术企业、终端企业垄断影响下,开始从政策和法律层面进行博弈,以弥补本国内容提供商的正外部性。虽然法国尝试实行电子书低税率政策,但由于欧盟组织的协约性,使得这一举措受到质疑。有鉴于法国的情况,德国仍然保持原来的电子书高税状态,这不利于电子书行业的发展。区域组织对国家财税政策的潜在影响不容忽视,可能带来集体联盟的捆绑优势,但也有可能是影响本国产业发展的障碍。

(四)注意强势国家产业政策的示范作用和倾向施加

在环境面中的法规规制,各国都需注意其变革的必要性。但参与程度和积极性差异较大。美国立足于本国产业发展情况,一方面增强版权力度,提升著作权人和出版企业的权利优势;另一方面调整适宜本国 IT 技术企业、终端制造企业、互联网服务企业发展的宽松政策,并通过一系列规制形式将其固化,对其他国家和地区形成强大示范作用。在国际市场竞争当中,创造有利于本国企业的竞争环境,由于其相关法律法规时效性强等优势,对其他国家法律规制的制定会产生参考价值和意义,容易形成法规规制层面的趋同。由于在出发点方面会与本国情况存在差异,趋同的法规规制可能对外部竞争者缺乏制约效力。

(五)立足于本国实际,施行强弱适中政策

日本、英国、法国等国同样面对美国国际技术巨头的威胁,它们的政策落脚点选择略有差别。日本加强对本国数字出版企业的扶持力度,通过标准化和信息建设、基础服务等方式调动市场资源要素,并没有针对美国互联网企业、终端企业的对抗性措施。英国和法国除促进本国数字出版企业发展之外,更多的是采用规制方式提升对本国企业的保护力度,并通过税收政策方式与外部竞争者博弈。对我们来说,产业政策的强弱,对内、对外政策工具的选择,都必须立足于本国产业发展的实际情况。在对待外部竞争主体时,是选择管制、协调还是鼓励其倾向值得进一步思考,需要选择强弱适中的政策,在合作的前提下避免过度保护与过度放松带来的问题。

第5章 基于情景分析法的我国数字出版产业政策趋势探析

在解决了政策文本框架结构、功能诉求问题和进行了国际数字出版产业政策强度对比后,我们发现我国数字出版产业政策呈现延续性特征,环境面政策运用最多。兼顾管制内容和产业结构,带动公共服务和产业扶持,政策投入趋于市场结构的规模化"垄断"诉求。在财政金融政策、税收政策和法规规制方面,应立足于本国情况进一步调整其强度,进一步提升产业政策的效力。注意强势国家政策示范和施加倾向的双重效应。产业布局政策和政策工具供给重合度较低,存在一些矛盾现象,需重新厘清其诉求并明确其定位。另外,需求面政策诉求导向,应适当拓展使用者层面。除此之外,更重要的是把握产业政策和市场发展、企业诉求之间的关联性。为了解决这一问题,本书试结合情景分析方法,对我国数字出版企业的利益相关者进行分析,并从产业发展关键因素、驱动力和不确定性角度,尝试对未来十年政策走向予以模拟和预测。

第一节 情景分析方法和技术路线

一、情景分析方法及其适用范围

情景分析方法是近年来国际上比较热门的一种研究方法,被广泛应用在战略决策、政策分析等领域,并成为同国际研究机构对话的重要平台。在过去的几十年里,情景方法的应用迅速由壳牌扩展到其他组织和机构,并发展出多种情景分析方法。① 情景分析法(Scenario Analysis)是在对经济、产业或技术的重大演变提出各种关键假设的基础上,通过对未来详细地、严密地推理和描述来构想未来各种可能的方案。②

情景分析法被广泛应用于企业风险管理、环境经济、政策分析、能源经济、技术经济分析与预测方面。国际上大量的情景分析研究是为政策服务的。如《2025 年全球情景——未来的科技管理政策问题》、世界能源理事会所做的《面向 2050 年的能源政策情景》。我国运用情景分析法进行政策研究的数量较少,主要体现在宏观经济政策分析、生态环境政策、能源经济、低碳经济、农村养老保障政策分析、住房政策分析、市场消费、卫生政策分析等方面。③ 本文试采用斯坦福研究院的 6 步情景分析法,研究未来十年数字出版产业政策的走向与趋势。

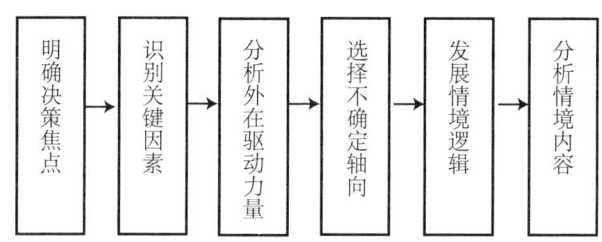

图 5.1 斯坦福研究院 6 步情景分析法

资料来源:娄伟:《情景分析理论与方法》,社会科学文献出版社 2012 年版,第 153 页。

二、技术路线设计

我国 2025 年数字出版产业政策目标:

(一)数字出版产业政策决策焦点;

(二)关键决策因素:广义范畴包含资源禀赋、市场需求、替代性产品、技术替代、企业生产能力、人力资源、政策强度等;

(三)外在驱动力:技术创新、政府管制、社会力量、经济力量等;

(四)不确定性轴:政府管制强度、本国文化传播实力、创新能力;

---

① 娄伟:《情景分析方法研究》,《未来与发展》2012 年第 9 期,第 17 页。
② 岳珍、赖茂生:《国外情景分析方法的进展》,《情报杂志》2006 年第 7 期,第 59 页。
③ 娄伟:《情景分析理论与方法》,社会科学文献出版社 2012 年版,第 520-521 页。

(五)情景逻辑:趋势分析;

(六)分析情景内容,提出对策。

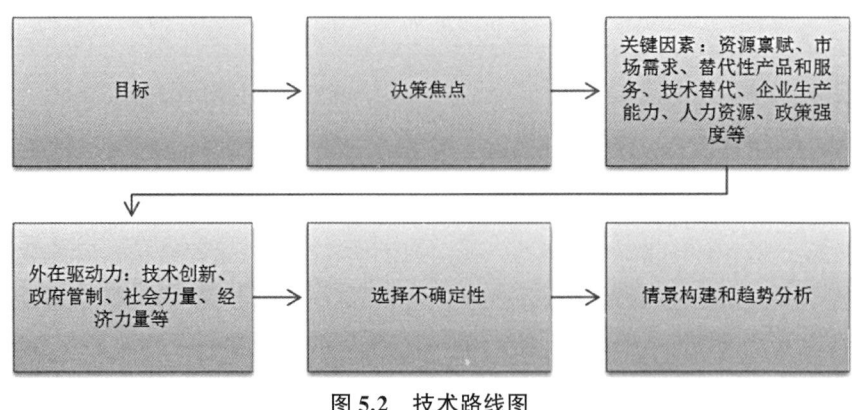

图 5.2 技术路线图

第二节 我国数字出版产业情景发展与模拟

一、决策焦点规划

在未来十年,推动我国数字出版产业发展的产业政策走向如何?

(一)对我国来说,哪些产业政策最重要;

(二)哪种产业政策应列为优先执行;

(三)何时是采取这些产业政策的适当时机;

(四)为实现产业政策目标,需要采取哪些配套措施;

(五)实行产业政策的机遇、风险及优势与劣势,如何应对;

(六)哪些部门组织推出这些产业政策最为合适,如何联动。

表 5.1 决策焦点

项目	内容要点
决策焦点	未来十年,推动数字出版产业发展的产业政策走向如何?
关键决策问题	对我国来说,哪些产业政策最重要; 哪种产业政策应列为优先执行; 何时是采取这些产业政策的适当时机; 为实现产业政策目标,需要采取哪些配套措施; 实行产业政策的机遇、风险及优势与劣势,如何应对; 哪些部门组织推出这些产业政策最为合适,如何联动。

二、数字出版企业利益相关者构成分析

米切尔(Mitchell)认为,作为利益相关者必须具备三个条件,分别是影响力、合法性和紧迫性。基于这三个特征的不同组合产生不同类型的利益相关者,因此需要界定利益相关者的权重大小。凡是能够影响情景分析对象,或对象活动所影响的人或团体都是利益相关者。①

数字出版企业的利益相关者包含管理者、股东、作者、债权人、员工、消费者、原材料供应商、内容集成商、技术研发商、技术服务商、数字印制服务商、版权运营商、终端设备提供商、营销平台集聚商和网络服务商、中央政府、地方政府、研究机构、银行、保险公司、行业协会、媒体和广告商。

三、数字出版产业关键节点、外在驱动力和不确定性

笔者通过电话采访、面访、问题咨询和专家演讲互动等方式,整合了多位数字出版企业利益相关者对当前影响数字出版产业发展的问题以及政策走向的意见,涵盖了研究机构、相关学者、传统出版数字转型示范企业、图书馆、技术工程师和政策制定部门,即产、学、研、管四个层面,尝试对数字出版产业发展关键节点、外在驱动力和不确定轴进行界定。研究存在不足的地方,是没有涉及普通消费者群体,即市场需求方的调查。

(一)利益相关者关键节点分析

关键节点中存在观点重合现象,按照相似性予以整合,共统计出涉及企业定位、出版界定、经营理念、赢利方式、企业制度建设、数字出版投入与收益率、版权问题与法律问题、数字出版产业边界、国内市场结构竞争环境、国外出版企业发展对比、数字出版发展动力、市场自发力量和行政推动力量关系、政策设计与调试13个方面以及它们对应的领域。具体情况如表5.2:

---

① 娄伟:《情景分析理论与方法》,社会科学文献出版社2012年版,第265页。

表 5.2 利益相关者关键节点分析表

序号	关键节点	涉及领域
1	数字出版产业边界与企业认定 例如:科技公司可能是内容产业集聚公司;一些数字出版企业实际是互联网公司;数字出版的产业主体应该进一步细分;淘宝也在做内容,提供各种信息服务	企业经营范围、政策落实点、产业关联性、公平竞争环境
2	市场自发力量和行政推动力量关系 例如:基地园区企业集聚方式,自发还是机关性的;数字版权基金(吸收社会资金)要界定开国家与企业的行为范畴	资源配置方式、市场失灵、政府失灵
3	现代企业制度建设与推进持续改革 例如:解决先天不足;企业制度建设非常关键	企业经营能力、市场化运作水平、制度设计(企业治理模式、出资人制度、股权结构)
4	赢利模式定位与困惑 例如:社科类数字产品,赢利模式探索较为困难;数据库要求集约性,出版单位很难做到;经典内容数量不占优势,数据库不全,无法赢利	企业赢利方式、投入与产出比例、资源不经济
5	出版核心定位 例如:选择,读者的选择权;展现;不是海量而是筛选,要寻求关键环节的掌控权	核心业务定位、实现路径
6	传统经营思维方式需改变 例如:要靠思路的创新,而不是工作的创新;不可能用信息生钱,要用快来生钱	经营理念、战略规划
7	版权制约问题 例如:优质版权不够集中,内容投送性质与方式不清楚,投入不准确,联合热情不够,独立作战;传统文艺类版权合同时限,影响数字化投入积极性;著作者数字版权收益权利保障落实问题;著作权法修订需求较高,版权统一与经营分割归属问题;产业链前端法律、产业政策保护层面不健全,主业发展不起来,后面无序	作者权益保障、企业投入程度、版权整合集中度、现行版权合同时效限制、版权统一与经营分割归属问题、法律修订
8	投入大、收益慢问题 例如:出版社评估等级包括信息化和跨媒体的程度,目前论证方向收益少;投入特别大,涉及资源集聚、品牌平台方面,有的确实靠项目推动,但只涉及基础设施建设,推广层面没有经费,投入不能马上有产出;新媒体领域投入不足;营销的重要性和操作有难度	企业投入、产出问题

续表

序号	关键节点	涉及领域
9	图书馆数字出版产品需求 例如:先搞数据库(期刊),尤其是国外,其次是纸质期刊、外文书籍、中文图书;电子书目前用得不好,需评估换算与纸质书之间费用构成	经费金额、费用比例、专业出版市场需求
10	国内市场竞争环境复杂 例如:传统出版社由民营企业拖进数字出版领域;阅读市场不是图书转网这样简单;相对于运营商来说,出版社较为弱势;电商平台已涉及这一市场;终端硬件设备市场竞争激烈;数字印刷企业与设备商存在议价博弈	竞争对手多元、产业关联度加剧
11	与国际出版企业积极性差异、收益方式有关 例如:国外大出版企业主导数字化;十年前国外图书出版企业开始兼并运作,拥有原始产品数据;国外纸质产品能够收支持平,版权收入较多,国内产品、版权收益比例差异较大;存在部分图书不靠投入经营情况;欧美重印权收益较多;数据库要求内容整合,国外企业可通过兼并获取	市场结构差异、收益方式差异、资本运作体制差异
12	数字出版发展动力 例如:发展要靠技术进步;技术不是问题,内容、技术、赢利方式关联才是最重要的;大数据储备好,谁先关联谁先赚钱;以资本为纽带,不是行政条块分割,才能发展起来,按同类产品整合,不按级别和地域;要想解决产业集中度,应先解决关联度问题	发展动力、制约因素
13	政策设计与调试 例如:政策后评估机制、政策纠错机制和政策创新实验机制的尝试;项目时间周期、验收标准和资助层面的操作弹性要求;网站采编权	制度设计、操作面微调

(二) 企业、市场、政府关键节点行为范畴

这里涉及一个核心问题,即企业、政府与市场的关系问题,这决定了市场化主体的活跃程度、政府管理模式的创新、体制机制等制度供给的变化以及技术等因素对市场资源配置的带动作用。面对融合发展、跨区域、跨行业、跨媒体等发展诉求,推进现代企业制度创新和政府管理制度创新成为了一体两面的关联问题。一方面,要求微观层面构建企业制度创新;另一方面,围绕着所有权、经营权、监督权和行政权问题,涉及产权制度、意识形态安全、文化安全和产业竞争力等政治、经济、文化制度设计问题。我们需要在此基础上,进一

步对企业、市场、政府行为范畴予以区分。从行为范畴的划分来看,涉及政府政策、法律和制度的供给环节较多。具体情况见表 5.3:

表 5.3 企业、市场、政府关键节点行为范畴

企 业	市 场	政 府
自身经营范畴定位决策	产业边界模糊,市场主体身份细化	经营范畴和领域,行政审批和监管方法,政策落脚点细化
建立现代企业制度	市场化主体竞争	现代企业制度改革、主管主办制度、出资人制度、股权与经营者激励约束
出版核心定位、经营思维方式探索	市场需求差异、替代性产品交叉弹性	管理部门政策依据远景设计与前瞻性
赢利模式问题（自主探索）	竞争对手多元、竞争激烈、不同市场投入产出速率快慢不同、渠道商"网络"效应现象	组织行业协会和研究机构联动调查研究
版权不集中和法律操作问题,文艺类版权合同时限影响	盛大、运营商渠道版权模式压力;侵权等问题、互联网服务商权责纠纷	法律法规完善、加强产业政策保护力度,保障著作人数字版权收益权益,建立透明版权信息平台,减少信息不对称,司法解释界定核心问题
投入大、收益慢、研发投入	竞争主体个体市场化程度、资本金规模差异较大	产业培育期扶持政策（财政、税收）、基地园区政策、技术支持政策
资本运作理念、能力和体制影响	社会资金	金融政策、兼并等方式的政策法律准备
资源禀赋提升（自主投入、联盟、合作）	技术要素、资本要素、人才要素	技术、人才政策扶持、制度要素供给
新闻出版企业特殊性（国企）	民营出版企业、互联网服务公司、通信运营商、技术公司	产业边界和主体政策细化,产权明晰,保护国有资产安全情况下,提升国有资本市场控制力

（三）现有数字出版产业政策发展关键节点分析

上述分析基本实现了对影响产业发展因素关键节点的梳理和对企业、市场与政府行为范畴的划分,可以发现目前产业发展对政府政策、法律和制度供给需求较大,再结合上两章对现有数字出版产业政策本身的发展关键点的分析,可以对当下政策调整聚焦点和产业发展节点进行整合思考,提出对策建议和未来政策的基本面。具体情况如表 5.4:

表 5.4 现有数字出版产业政策发展关键节点和注意问题

序号	政策发展关键节点	注意问题
1	延续性政策路径	产品服务适用性的调节以及不同流程资质管理的复杂性和细分政策调节的公平度与倾斜度的平衡
2	供给面政策与环境面政策的连带效应	经济效应的社会效应性和社会效应的经济效应性,"迂回"赢利测量
3	复合型多目标政策群补贴具有普惠特征	政策群叠加为"多事多议"状态,造成社会利好额外性评价困难、联动作用尚待数据分析;应考虑不同市场类型提供更具针对性的弹性扶持政策
4	需求面政策和消费环节政策比例较低	在准公共性产品需求满足与产业转型产品扩散方面,相关政府部门需要予以政策供给
5	作者政策关照略显不足	应与行业协会加强联动,予以更多稿酬和版权等权益保障
6	政策效力主要集中为规范性文件,整体效力不高;关键问题和核心问题需法律完善界定与司法解释	缺少针对文化产业领域不正当竞争以及计划性垄断可能造成不经济现象的法律法规;文化产业反垄断法律,针对可能危害国内、国际市场秩序和文化安全的法律法规
7	部门政策阶段性侧重可能与管理归口博弈有关	政策依据需增强协调性和前瞻性
8	布局政策中区域性集聚协调问题	存在实体产业集聚情况和虚拟产业集聚情况,即物理性区域产业布局集聚和虚拟网络空间产业关联集聚两种,对虚拟网络空间产业关联集聚关注不足

(四)数字出版产业发展目标、外在驱动力和不确定性

目前来看,数字出版产业发展的宏观目标是实现产业结构升级,发挥后发性优势和提升产业国内、国际竞争力。为实现这一宏观目标,首先要完成阶段目标即资源(要素)禀赋培育完善,这需要市场配置和政府引导的合力,尤其是在制度要素供给方面要进一步完善,实现产业政策供给向制度供给的转型。

数字出版产业发展的外在驱动力主要来自政治、经济、技术、文化、社会等五个方面。政治层面涉及产业政策、政府管理方式和支持力度、来自国际区域组织和其他国家的压力;经济层面涉及市场发展程度、产业生命周期、投入与收益比率、竞争主体多元程度、政府资金扶持力度、税收金融政策;技

术层面涉及技术创新成果、技术标准博弈、研发技术创新环境;文化层面涉及阅读方式和习惯的转变,文化自觉和文化安全、意识形态安全的需要;社会层面涉及消费模式、社会资金、社会关注度等方面。

对数字出版产业发展冲击影响的不确定性表现在宏观层面,包括政府管制强度、本国文化传播实力和创新能力三个维度,微观层面主要涉及政府政策强度、程度、差异三个维度。要推动技术制约转变为技术突破,政府需将直接推动逐步发展成为政策引导,调控市场失灵逐步转为由市场机制起作用。

四、数字出版未来发展情景模拟分析

考虑到数字出版产业所处生命周期和政策供给需求,笔者从微观与宏观两个层面建构政策情景:首先将微观层面政府管制(政府政策强度)作为坐标轴,构建三个数字出版产业发展情景,以当前政策现状和强度作为基本情景,向两极分别构建保守政策情景和创新政策情景;其次,将宏观层面政府管制强度、本国文化传播实力和创新能力作为不确定性指标,构建三个情景进行分析,如图5.3所示。

图 5.3　情景模拟

(一)微观层面情景内容分析

1.保守情景(管制加强)

如果在未来十年内实行保守情景,其代表性特征即管制加强,体现在经济规制和间接规制方面。经济规制层面,政府将对进入和退出设置较高标准,实行价格规制和质量规制,在数字出版产品的内容和形式质量以及价格层面推出定价权协议制,增强对出版企业的保护和著作权人保护。间接规制层面,可能对侵权、盗版等行为进行较为严厉的行政处罚和法律制裁。对不正当竞争,将采取必要的法律措施。扶持政策的强度低于现行财政、税

收、金融扶持强度。这一情景的优势在于,可能会对传统出版企业转型提供一个法律保护期,通过规制完善和保护强度增强的方式,支持传统出版企业的发展;另一方面,通过定价权协议制,增强出版企业的掌控权。劣势在于,资源要素培育仍需要一定周期的扶持政策,短期减弱可能会延长市场培育期;另一方面,对产业链其他环节主体产生压力与影响,不利于公平环境的构建。

2.基本情景(政策强度不变)

基本情景就是立足于现有产业政策强度和发展环境,目前情景政策强度保持不变,其目标主要是市场增长模式。该情景的优势在于,延续性政策便于操作,通过普惠的形式,促进数字出版市场的发展,且效果明显;问题在于围绕企业制度建设供给、法律法规完善核心问题增补界定方面仍有迫切要求。若不及时解决这些问题,将不利于企业经营范围和管理方式的调整,不利于促进产业关联。

3.创新情景(扶持增强、规制放松与激励)

创新情景,顾名思义,就是政策扶持增强且规制放松:第一,加大对传统出版数字转型企业的扶持力度,通过多元政策联动财政、税收、金融等方式解决资金短缺问题和市场培育资源禀赋积累问题;第二,对民营企业和其他跨行业经营企业实施鼓励政策,促进这些企业竞争能力的提升;第三,通过放松规制的方式,对数字出版产品和服务的内容制作层面的规制放松、资本运作和其他不同所有制经营主体合作路径进行探索。该情景的优势在于,帮助提供资源禀赋积累的客观周期,通过现代企业制度、出资人制度以及股权结构等制度设计方式,减少条块分割影响和资本运作壁垒问题,但可能遇到国际出版企业竞争压力和文化安全问题。

(二)宏观层面情景内容分析

宏观层面不确定性涉及政府管理强度、本国文化传播实力和创新能力三个层面。政府管理强度则会给市场带来不同的影响,成为市场发展中的一个重要环境因素。目前,在世界范围内,我国文化传播实力较其他国家和民族的影响力与吸引力而言仍有待提高。文化传播实力保持还是提升,是影响数字出版走出去的核心因素。创新能力的强弱从本质上影响着数字出版产业发展的技术环境、法律环境、政策执行环节和市场创新能力的优劣,具体涉及新技术的使用与扩散、知识产权法律保护创新、政策执行创新和市场拓展创新。这一因素是产业发展的推动因素。

假设政府管理强度为变量 A,涉及 a1 放松和 a2 保持现状两个层面,我国文化传播实力为变量 B,涉及 b1 实力提升和 b2 保持现状两个层面,创新能力为变量 C,涉及 c1 创新能力提升和 c2 保持现状两个层面。这三个维度可构建出 8 种情景,其中,a1b1c1 为理想情景,a2b2c2 为保守情景,而中间情景介于任意变量中保持现状层面两两组合的平均状态。

1. 理想情景

理想情景指向的是未来十年政府管理强度放松,以市场自身运作机制作为资源配置的主要方式,带来企业化、市场化程度的提升。本国文化传播实力得以提升,在国内和国际市场上形成中国文化的热潮。创新能力包括新技术研发、使用与扩散能力增强、知识产权保护方式创新、政策执行策略与质量创新。

为了达成这一理想情景,政府需要在政策设计与实施中,持续推进现代企业制度改革政策,进一步明晰产权关系与投融资和其他融合经营的壁垒障碍,注意金融政策兼并等方式的政策法律准备。在资质以及牌照管理方式上更加灵活。对可能涉及的跨原有业务范畴的经营活动,提供更多便捷的申请与管理方式。产业组织政策和产业技术政策优先执行,促进新技术研发和扩散;再通过调整直接规制方式,选择适宜本国国情的知识产权保护方式。通过政策实验、预估与调整机制,提升政策质量。在本国文化实力开发和提升策略中,应建立统一规划部门,积极推动产、学、研、管四个层面的互动,制定系列性文化传播实力提升策略,促进本国不同文化产品服务的光晕效应和连带效应,通过公益性和商业性等不同角度,增加文化活动与产业发展的关联性。

企业则需要注意革新经营理念、明晰经营范畴,通过对自主优势资源的有效开发,明确当下产业集中度情况和企业所在位置。通过累积式发展、按产品服务的延伸性和补充性角度进行联盟式发展,在资金条件允许的情况下通过购买等其他方式提升和拓展产品服务市场范畴和版权集中度。遵循波士顿矩阵,动态观测产业中现金牛产品和明星产品,根据市场份额和发展速率评估自身产品业务组合模式,调整问题产品投入。更要注意营销层面中跨界产品捆绑销售策略和不同强弱关系产品服务的混搭。

2.中间情景

中间情景指向的是未来十年当中,三个变量组合均存在某一变量维持现状的情况。当政府管理强度维持现状,其他变量提升时,可能存在这种可能性,但创新能力的提升和本国文化实力的提升也较为依赖政府管理强度所营造的环境,在这种情况下,可能需要企业自身调节选择、以某种文化资源作为数字出版的突破口。创新能力则有赖于企业市场拓展方式的创新。当本国文化传播实力维持现状,其他变量提升时,政府政策和企业作为焦点,除了常规产品生产与服务层面拓展,更需要二者的协调与配合,将政府牵头、学术和商业调研作为辅助,加之企业联动的推广形式,打破本国文化在国际市场中的非主流化状态。当创新能力维持现状,其他变量提升时,政府在管理强度放松的同时,应通过适度标准化以及政策执行科学性进行提升,提供技术培育与扩散的良好环境;而企业则通过预算管理、转型成本评估和投入业务组合形式,寻求新技术影响下的产品服务契机。

3.保守情景

保守情景指向的是未来十年政府管理强度保持现状,政府与市场共同主导资源配置的方式。本国文化传播实力仍保持现状,在国内和国际市场上仍需要突破英语文化圈和其他文化价值观念的影响。创新能力维持现状,可能仍存在技术选择与扩散纷乱、知识产权保护强度不足的问题。在这种情景下,政府的政策供给主要维持现状,通过选择性干预与调节的方式,参与资源配置。企业则同样可能需要解决当下赢利模式的问题,以增量发展和资源累积为主要目标。

(三)情景趋势预测

通过对未来十年数字出版产业政策的情景进行模拟,我们发现在微观层面上,基本情景(增长模型)和创新情景(创新模型)与现实拟合程度较高。近期媒体报道中相关部门积极推动金融、法律法规等扶持政策供给的消息,可以代表政策强度的可能发展趋势。只不过二者实现阶段目标和长期目标的方式路径略有不同。无论如何,产业政策应立足于数字出版产业生命周期发展规律,通过现代企业制度改革推进完善著作权法,厘清产业布局政策定位与效果,对虚拟空间产业关联集聚现象予以调节。

从宏观层面来看,目前中间情景和理想情景与现实拟合程度较高,但更多处于二者的中间地带。应注意从政府层面、企业层面、社会层面促进两种情景的转向。释放文化生产活力、增强企业发展动力、提高政策执行质量与规划的科学性。在本国文化实力开发和提升策略中,应建立统一规划部门,积极推动产、学、研、管四个层面的互动,制定系列性文化传播实力提升策略,促进本国不同文化产品服务的光晕效应和连带效应,从公益性和商业性的不同角度,提高文化活动与产业发展的关联性。

结　论

在未来十年数字出版产业政策的可能模式中,微观层面是增长模型和创新模型,对应的宏观层面是中间情景和理想情景。在具体战略模型选择过程中,需要注重对以下几个重点问题的调整。

第一,我国数字出版产业政策呈现延续性特征,环境面政策运用最多。兼顾管制内容和产业结构,带动公共服务和产业扶持,政策投入趋于市场结构的规模化诉求。财政金融政策、税收政策和法律规制方面,应立足于本国情况进一步调整、完善其强度,进一步提升产业政策的效力。注意强势国家政策示范和施加倾向的双重效应。产业布局政策和政策工具供给重合度较低,存在一些矛盾现象,需重新厘清其诉求与定位。另外,需求面政策诉求导向,应适当拓展使用者层面。要解决数字版权的保护和财产权归属问题,需要在法律法规层面进一步健全与完善。我国著作权法修订过程中,也将更加针对当下的现实问题保护权益人权利,并且注意财产权经营分割归属问题的界定。对数字出版内容经营企业的内容规制应适当调节、放宽。

第二,政策扶持方式的多元化调节。一方面,要通过现代企业制度持续改革,增强出版企业活力;另一方面,继续实施重点扶持政策,从不同代表性的图书、期刊、报社、集团的角度,尝试挖掘不同发展范式并予以推广。国家新闻出版广电总局、财政部在 2014 年 4 月出台的《关于推动新闻出版业数字化转型升级的指导意见》(新广出发〔2014〕52 号),就体现出了这一细分化和持续化的政策扶持态势,表现为供给面政策中技术标准、全流程链条与版权资产系统升级、人才培养政策工具以及环境面政策中财政扶持和策略措施工具。对不同市场类型的数字化转型升级提出有针对性的扶持策略,针对教育出版、专业出版和大众出版提供更为明确的发展思路以及可探寻的商业模式,例如教育出版基于用户数据分析技术的个性化定向投送平台建设(B2C 模式)、基于集团化学习的出版资源投送平台建设(B2B 模式)。① 除此之外,我们还需要在数字出版的几个重要环节给予政策支持,给予鼓励内容创造的各种基金支持,尤其注意流通环节和消费环节政策的完善。通过这些方式,来引导数字传播和出版领域的产业升级。税收方式和税收种类,也可进一步调整与简化。

第三,数字出版产业发展宏观目标是产业结构升级、发挥后发性优势和提升产业国内、国际竞争力。但为实现这一宏观目标,需要先完成阶段目标即资源(要素)禀赋培育完善,这需要市场配置和政府合力引导,尤其在制度要素供给方面要进一步完善,实现产业政策供给向制度供给转换的目标。另外,需要解决产业关联壁垒问题,在此基础上再推进产业结构升级。还需要通过继续推进现代企业制度以及出资人制度、股权与经营者激励约束制度,释放市场主体活力,解决阻碍产权明晰的制度性因素。2014 年 4 月 2 日,国务院办公厅发布了《文化体制改革中经营性文化事业单位转制为企业的规定》和《进一步支持文化企业发展的规定》,在出资人制度、股权结构和经营者激励约束等企业制度方面作了系统性、根本性的突破,其中国有文化资产管理机构明确了出资人,特殊管理股制度试点有效地改变了股权结构,股权激励有助于建立科学的经营者激励约束。② 这种制度突破将和技术创新等共同重塑市场格局,合力释放市场主体活力。

第四,众筹生产与许可外包的资质保障。面对当下的数字出版产品的开发问题,单一主体可能很难囊括全流程优势,考虑到成本因素和收益率问题,数字出版产品开发可能选择另外两种经营方式来降低风险,利用产品预售众筹方式,可能会简化生产周期并提前收回成本;而另一方面,围绕着数字版权,内容提供商可以通过许可外包的形式,授权其他主体参与其中,将非核心环节外包出去。这也是避免全流程竞争压力的一种方法。但是,以

---

① 国家新闻出版广电总局、财政部:《关于推动新闻出版业数字化转型升级的指导意见》,http://news.163.com/14/0430/08/9R2LSRHF00014JB5.html。
② 郭全中:《文化体制改革开启制度化突破》,http://news.china.com.cn/live/2014-05/07/content_26504197.htm。

上两种经营方式都需要具备一定前提条件,是否具有普遍操作性仍需进一步探讨。

第五,建立政策设计、评估、纠错与试验机制。复合政策目标多元化,其效力评估和设计需要进一步进行数据调查予以支持。另一方面,需要建立政策纠错和试验机制等弹性机制,增强信息对称性,减少信息不对称可能带来的政府失灵现象。目前,上海自贸区等实行的负面清单,也可作为试验区域,通过一定时间周期的测试与评估,判定其适用性和差异性,为政策弹性和制度完善提供依据。另外,还需要进一步探讨产业政策的时间价值,即时效性和适应性价值。

第六,政策操作实务层面,增强公共服务。某些企业专门成立政府事业部,研究和分析政策走向和发展重点,这种现象值得关注。一方面,正视数字出版投入大、收益缓的客观现实,具有引导扶持必要性;另一方面,适当对市场资源配置方式的行为予以进一步区分界定。了解企业发展困境与需求,是政府制定政策的前提和依据,应搭建更多产、学、研、管四个层面的互动平台。约翰·W.金登(John. W. Kingdon)认为,当由各种问题的指标、危机、反馈等形成的问题溪流,由各种解决政策问题的备选方案组成的政策溪流和由国民情绪、公共舆论、利益团体、共识建构等组成政治溪流交汇时,"政策之窗"就会开启。[①] 通过广泛利益相关者的信息沟通,可有效推动"政策之窗"的启动。

另外,具体项目操作具有时限性问题。往往项目是具有一定时限的,可能为1-3年不等。项目审核、验收以最初的项目目标为检验标准。但是目前来看,3年的时限,产品市场变化巨大,还以原来的项目目标作为验收标准,有利有弊。如果能够设计验收目标的动态变化,则可能会有更大的收效。因此需要进一步对项目时间周期以及验收标准和资助层面的弹性设计深入探讨。

一些企业被纳入数字化转型升级项目支持范畴,在具体实践中出现财政资金到账却不知如何有效组织实施及因资金闲置、实施进度慢而导致财政资金被收回的困境,或者遭遇因财政资金使用不当面临审计风险等问题。在国家新闻出版广电总局数字出版司的组织指导下,由人民交通出版社、电

---

① 陈堂发:《新闻媒体与微观政治:传媒在政府政策过程中的作用研究》,复旦大学出版社2008年版,第21-22页,转引自张风合:《公共政策价值取向中的政策空间》,《南京社会科学》2005年第5期。

子工业出版社、人民卫生出版社、中国少年儿童出版总社等出版单位和方正信产集团、同方知网等软件厂商联合编制了《数字出版项目管理实施指南》,对项目实施过程中的组织机构、需求分析、执行管理、验收和财务管理等关键步骤进行了分解,阐述了每个环节的要求和实施方法,并配以必要的模板和案例,以期达到数字出版项目规范实施、有序推进的目的。① 这既可以增强项目规范性和实施效力,又可以增强企业使用经验、提高效率,应进一步加大力度拓展类似公共服务。

一、研究不足

由于专业学科背景不足和研究水平有限,本书还存在着一定的不足之处,主要体现在以下几个方面:首先,在建构政策分析维度过程中,由于研究类型多样、条款复杂,政策文本筛选和类目归属存在一定主观性,缺乏专家层面的验证。其次,政策文本选取的主要是各部委网站中公开的政策文本以及一些媒体报道和研究文章中涉及的政策,可能存在政策不完整问题。另外,关于产业政策本身的界定,存在着内涵外延宽窄不一的情况,一些具有社会规制性质的政策被纳入其中,主要是从其规制作用角度考虑的,有的虽然没有直接与产业相关,但从宏观源头内容、选题角度予以把握,考虑其关联性也纳入了政策分析范畴。最后,在进行国外数字出版产业模式和政策比较时,由于获取资料有限,在工具轴分析过程中,可能存在工具轴政策工具不完整的情况。

二、研究展望

本书还存在着一定不足之处,对我国数字出版产业政策研究,还缺乏政策投入方向的统计分析和企业运用效果对接分析,仍可继续从效果角度,探寻产业政策的强度与效果。另外,虽然简单涉及了区域性数字出版政策,但仍可以继续通过区域性政策和国家政策的重合度研究,以及区域数字出版产业发展情况与政策相关性研究丰富产业政策研究体系。

---

① 郑立新、姜占峰、王勤、华宝余:《数字出版项目经验谈1:高效项目团队,一个都不能少》,http://mp.weixin.qq.com/s?__biz=MjM5MzIwMTgyNA==&mid=200190231&idx=5&sn=c28b71ef06ef9af86cd621ef79607ef5#rd&dt=1&cv=0x15010006&fs=2。

附录:近三年重要政策文本

1. 关于印发《2013年新闻出版改革发展工作要点》的通知(2013年)

各省、自治区、直辖市新闻出版局,新疆生产建设兵团新闻出版局,解放军总政治部宣传部新闻出版局:

《2013年新闻出版改革发展工作要点》已经新闻出版改革发展工作领导小组2013年第一次全体会议审议通过。现印发给你们,请结合实际,认真贯彻落实。

新闻出版总署办公厅 2013年1月31日

2013年新闻出版改革发展工作要点

2013年新闻出版改革发展工作要坚持以邓小平理论、"三个代表"重要思想、科学发展观为指导,深入贯彻落实党的十八大精神,按照中央关于文化改革发展工作的部署,紧紧围绕建设新闻出版强国奋斗目标,牢固树立"改革只有进行时没有完成时"理念,以更坚决的态度,更有力的措施,坚定不移在更高起点上加快新闻出版改革发展。

一、加强行政管理体制改革,切实转变政府职能

转变政府职能,切实处理好政府与市场的关系,充分发挥市场在配置新闻出版资源中的积极作用。按照政企分开、政事分开、政资分开、政府与市

场中介组织分开和管办分离的要求,推动新闻出版行政管理部门进一步实现由办向管、由管微观向管宏观的转变,更好地履行政策调节、市场监管、社会管理、公共服务职能,加快构建职责明确、运转有序、统一高效的新闻出版宏观调控体系。完善政策引导体系,加强市场监管,创造扶持事业、发展产业、鼓励创新的制度环境和良好的市场环境。深入推进行政审批制度改革。加快建立信用监管制度和失信惩戒制度。

二、深化非时政类报刊出版单位转企改制,实施报刊编辑部体制改革工作

切实做好第一批、第二批中央和地方非时政类报刊出版单位转企改制收尾工作,对照"核销事业编制、注销事业单位法人、进行企业工商登记、签订劳动合同、参加社会保险"的要求,加大推进力度,加强督导检查,确保改革规范到位。认真落实新闻出版总署《关于报刊编辑部体制改革的实施办法》,全面启动不具有独立法人资格的报刊编辑部体制改革工作,确定阶段性目标,分类指导,稳步推进。推进学术期刊改革工作,探索通过基金、财税政策等支持学术期刊发展的有效途径。

三、巩固出版发行单位改革成果,推动出版企业建立现代企业制度

按照创新体制、转换机制、面向市场、壮大实力的要求,制定《关于进一步深化出版发行体制改革的意见》。推动已转企的出版单位建立现代企业制度,完善法人治理结构,实行公司制、股份制改造,推进内部体制机制创新,进一步形成符合现代企业制度要求、体现新闻出版企业特点的资产组织形式和经营管理模式,通过有效的制度安排,提高出版企业的市场竞争力。

四、实施出版传媒企业集团化发展战略,打造骨干企业和战略投资者

鼓励和支持出版传媒企业进行跨媒体、跨地区、跨行业、跨所有制、跨国界兼并重组,加快新闻出版资源向优势企业集聚,培育新闻出版骨干企业和文化领域战略投资者。继续加强中国出版集团公司、中国教育出版传媒集团有限公司、中国科技出版传媒集团有限公司三大中央国有出版传媒集团公司和"双百亿"出版传媒集团建设,继续打造出版传媒的"航空母舰"。支

持专业性出版集团公司建设,重点支持报刊传媒集团公司建设,推进专业性学术期刊群建设。注重培育一批"专、精、特、新"的出版传媒骨干企业。加快全国性出版物发行集团公司组建方案的制定和实施工作。

五、拓宽出版传媒企业融资渠道,支持出版传媒企业走向资本市场

继续推动中国出版传媒股份有限公司、中国教育出版传媒股份有限公司、中国科技出版传媒股份有限公司等三大中央国有大型出版传媒企业和南方出版传媒股份有限公司、湖北知音传媒股份有限公司、山东出版传媒股份有限公司、读者出版传媒股份有限公司等地方出版传媒企业上市融资工作,支持北京时代华语图书股份有限公司、北京中文在线数字出版股份有限公司、北京昆仑万维科技股份有限公司等民营文化企业上市融资。支持其他有条件的出版传媒企业上市。推动出版传媒企业与金融企业进行战略合作,促进金融资本、社会资本与新闻出版资本有效对接。

六、推进新闻出版事业单位改革,深化党报发行体制改革

按照国家事业单位分类改革的要求,制定完善新闻出版事业单位改革实施办法,加快推进新闻出版事业单位改革。不断深化人民出版社、民族出版社、中国盲文出版社、中国藏学出版社等公益性出版单位劳动人事、收入分配、社会保障制度和管理机制改革,健全考核、激励和约束机制,努力形成责任明确、行为规范、富有效率、服务优良的服务运行机制。进一步深化党报发行体制改革,支持组建发行公司,与邮政部门、大型出版物发行企业或物流企业进行战略合作。

七、提升新闻出版公共服务水平,实现新闻出版惠民工作全覆盖

认真做好重大主题出版,扎实推进新闻出版精品战略。制订全民阅读中长期规划,完善全民阅读长效机制,加强全民阅读活动基础设施建设,加快城乡阅报栏(屏)工程建设,开展书香之家(乡、县、市)推荐工作,组织好各类优秀图书推荐活动。巩固和提高农家书屋工程,推进数字农家书屋试点工作,构建农家书屋综合服务平台。加快实施少数民族新闻出版"东风工程"二期工程和国家民文基地建设。深入开展"扫黄打非",集中力量开展版权保护专项执法行动。

八、健全现代出版物市场体系,建设统一开放、竞争有序的出版物大市场

加快推动以跨地区连锁经营、集中配送、电子商务为特征的现代物流,加快新闻出版产权、版权、技术、人才、信息等要素市场建设。抓住国家扩大内需的势头,大力拓展新闻出版消费空间。大力开发公共和个人、城市和农村、差异化和分众化的出版物市场,以需求定生产,以市场定经营,以服务促消费。加强实体书店建设,巩固和发展城乡出版物发行网点,开发原创数字出版内容新产品,拓展新的文化消费领域和新的消费增长点。鼓励新闻出版企业投资兴建适应群众需求的文化消费场所,引导各类市场主体在出版发行、音像产品制作、网络服务等领域积极开发新市场。

九、加快出版与科技的深度融合,推动新闻出版产业转型升级

制订《新闻出版总署关于推动科技创新驱动,加快新闻出版产业转型升级的指导意见》和《关于加强数字出版内容投送平台建设和管理的指导意见》,开展传统出版单位转型示范工作,加快出版与科技、传统生产经营方式与现代生产经营方式的深度融合。大力发展以网络出版、手机出版、云出版、动漫出版等为代表的新业态、新产业。改变一社(站、报、刊、厂、店)小生产模式,实行联合重组,打造全媒体产业链。推动中华字库、数字版权保护技术研发、国家数字复合出版系统、数字出版内容投送平台及绿色印刷技术研发工程等国家重点工程的实施。加强多媒体印刷读物(MPR)标准、"中国出版物在线信息交换(CNONIX)"国家标准应用推广,启动"出版物现代供应链系统示范工程"。

十、加快实施新闻出版项目,有序推进产业基地(园区)建设

认真落实《国家"十二五"时期文化改革发展规划纲要》和《新闻出版业"十二五"时期发展规划》,加强规划实施的跟踪,开展规划的中期评估。继续完善新闻出版改革发展项目库建设,充分发挥项目带动作用。继续争取财政资金、金融机构资金、产业基金等各种资金对新闻出版产业项目的支持。重点推进出版创意、数字出版、绿色印刷、音乐产业等基地(园区)建设,出台规范和指导新闻出版产业园区和基地发展的政策文件,提高规模化、集

约化、专业化水平。启动"十三五"时期新闻出版重大项目调研工作。

十一、引导民间资本有序参与出版经营活动,努力形成多种所有制共同发展的格局

落实《新闻出版总署关于支持民间资本参与出版经营活动的实施细则》,为支持和引导民间资本参与出版经营活动提供良好的环境和制度保障。鼓励和支持国有出版传媒企业与民间资本开展深层次的产品合作、项目合作和资本合作。制订具体办法,开展为面向境外市场生产销售外语出版物的民营企业配置专项出版权的试点工作。

十二、加强新闻出版国际传播力建设,推动新闻出版走出去

围绕加强新闻出版国际传播力建设,加快新闻出版业全球布局规划。进一步研究制订扩大版权输出的扶持政策,大力实施经典中国国际出版工程,以反映中国道路、中国经验、中国模式的主题图书和中国当代作家的优秀作品,以及能进入国外国民教育体系的汉语教材为重点,推动更多的中国优秀出版物走向世界,进一步改善版权输出的比例结构、品种结构和区域结构。加大中国出版物国际营销渠道拓展工程的实施力度,构建立体营销网络,扩大中国图书在国外主流人群中的影响力。鼓励出版传媒企业充分利用国际国内两种资源两个市场,加快走出去步伐,探索形成可持续发展的商业模式。鼓励各种所有制企业走出去,不断完善配套扶持政策。

2.国务院关于促进信息消费扩大内需的若干意见(2013年)

各省、自治区、直辖市人民政府,国务院各部委、各直属机构:

近年来,全球范围内信息技术创新不断加快,信息领域新产品、新服务、新业态大量涌现,不断激发新的消费需求,成为日益活跃的消费热点。我国市场规模庞大,正处于居民消费升级和信息化、工业化、城镇化、农业现代化加快融合发展的阶段,信息消费具有良好发展基础和巨大发展潜力。与此同时,我国信息消费面临基础设施支撑能力有待提升、产品和服务创新能力弱、市场准入门槛高、配套政策不健全、行业壁垒严重、体制机制不适应等问

题,亟需采取措施予以解决。加快促进信息消费,能够有效拉动需求,催生新的经济增长点,促进消费升级、产业转型和民生改善,是一项既利当前又利长远、既稳增长又调结构的重要举措。为加快推动信息消费持续增长,现提出以下意见:

一、总体要求

(一) 指导思想

以邓小平理论、"三个代表"重要思想、科学发展观为指导,以深化改革为动力,以科技创新为支撑,围绕挖掘消费潜力、增强供给能力、激发市场活力、改善消费环境,加强信息基础设施建设,加快信息产业优化升级,大力丰富信息消费内容,提高信息网络安全保障能力,建立促进信息消费持续稳定增长的长效机制,推动面向生产、生活和管理的信息消费快速健康增长,为经济平稳较快发展和民生改善发挥更大作用。

(二) 基本原则

市场导向、改革发展。加快政府职能转变和管理创新,充分发挥市场作用,打破行业进入壁垒,促进信息资源开放共享和企业公平竞争,在竞争性领域坚持市场化运行,在社会管理和公共服务领域积极引入市场机制,增强信息消费发展的内生动力。

需求牵引、创新发展。引导企业立足内需市场,强化创新基础,提高创新层次,鼓励多元发展,加快关键核心信息技术和产品研发,鼓励业务模式创新,培育发展新型业态,提升信息产品、服务、内容的有效供给水平,挖掘和释放消费潜力。

完善环境、有序发展。建立和完善有利于扩大信息消费的政策环境,综合利用有线无线等技术适度超前部署宽带基础设施,运用信息平台改进公共服务,完善市场监管,规范产业发展秩序,加强个人信息保护和信息安全保障,建设安全诚信有序的信息消费市场环境。

(三) 主要目标

信息消费规模快速增长。到 2015 年,信息消费规模超过 3.2 万亿元,年均增长20%以上,带动相关行业新增产出超过1.2万亿元,其中基于互联网的新型信息消费规模达到2.4万亿元,年均增长30%以上。基于电子商务、云计算等信息平台的消费快速增长,电子商务交易额超过18万亿元,网络零售交易额突破3万亿元。

信息基础设施显著改善。到2015年,适应经济社会发展需要的宽带、融合、安全、泛在的下一代信息基础设施初步建成,城市家庭宽带接入能力基本达到每秒20兆比特(Mbps),部分城市达到100Mbps,农村家庭宽带接入能力达到4Mbps,行政村通宽带比例达到95%。智慧城市建设取得长足进展。

信息消费市场健康活跃。面向生产、生活和管理的信息产品和服务更加丰富,创新更加活跃,市场竞争秩序规范透明,消费环境安全可信,信息消费示范效应明显,居民信息消费的选择更加丰富,消费意愿进一步增强。企业信息化应用不断深化,公共服务信息需求有效拓展,各类信息消费的需求进一步释放。

二、加快信息基础设施演进升级

(四)完善宽带网络基础设施

发布实施"宽带中国"战略,加快宽带网络升级改造,推进光纤入户,统筹提高城乡宽带网络普及水平和接入能力。开展下一代互联网示范城市建设,推进下一代互联网规模化商用。推进下一代广播电视网规模建设。完善电信普遍服务补偿机制,加大支持力度,促进提供更广泛的电信普遍服务。持续推进电信基础设施共建共享,统筹互联网数据中心(IDC)等云计算基础设施布局。各级人民政府要将信息基础设施纳入城乡建设和土地利用规划,给予必要的政策资金支持。

(五)统筹推进移动通信发展

扩大第三代移动通信(3G)网络覆盖,优化网络结构,提升网络质量。根据企业申请情况和具备条件,推动于2013年内发放第四代移动通信(4G)牌照。加快推进我国主导的新一代移动通信技术时分双工模式移动通信长期演进技术(TD-LTE)网络建设和产业化发展。

(六) 全面推进三网融合

加快电信和广电业务双向进入,在试点基础上于2013年下半年逐步向全国推广。推动中国广播电视网络公司加快组建,推进电信网和广播电视网基础设施共建共享。加快推动地面数字电视覆盖网建设和高清交互式电视网络设施建设,加快广播电视模数转换进程。鼓励发展交互式网络电视(IPTV)、手机电视、有线电视网宽带服务等融合性业务,带动产业链上下游企业协同发展,完善三网融合技术创新体系。

三、增强信息产品供给能力

(七) 鼓励智能终端产品创新发展

面向移动互联网、云计算、大数据等热点,加快实施智能终端产业化工程,支持研发智能手机、智能电视等终端产品,促进终端与服务一体化发展。支持数字家庭智能终端研发及产业化,大力推进数字家庭示范应用和数字家庭产业基地建设。鼓励整机企业与芯片、器件、软件企业协作,研发各类新型信息消费电子产品。支持电信、广电运营单位和制造企业通过定制、集中采购等方式开展合作,带动智能终端产品竞争力提升,夯实信息消费的产业基础。

(八) 增强电子基础产业创新能力

实施平板显示工程,推动平板显示产业做大做强,加快推进新一代显示技术突破,完善产业配套能力。以重点整机和信息化应用为牵引,依托国家科技计划(基金、专项)和重大工程,大力提升集成电路设计、制造工艺技术水平。支持地方探索发展集成电路的融资改革模式,利用现有财政资金渠道,鼓励和支持有条件的地方政府设立集成电路产业投资基金,引导社会资金投资集成电路产业,有效解决集成电路制造企业融资瓶颈。支持智能传感器及系统核心技术的研发和产业化。

(九) 提升软件业支撑服务水平

加强智能终端、智能语音、信息安全等关键软件的开发应用,加快安全可信关键应用系统推广。面向企业信息化需求,突破核心业务信息系统、大型应用系统等的关键技术,开发基于开放标准的嵌入式软件和应用软件,加快产品生命周期管理(PLM)、制造执行管理系统(MES)等工业软件产业化。加强工业控制系统软件开发和安全应用。加快推进企业信息化,提升综合集成应用和业务协同创新水平,促进制造业服务化。大力支持软件应用商店、软件即服务(SaaS)等服务模式创新。

四、培育信息消费需求

(十)拓展新兴信息服务业态

发展移动互联网产业,鼓励企业设立移动应用开发创新基金,推进网络信息技术与服务模式融合创新。积极推动云计算服务商业化运营,支持云计算服务创新和商业模式创新。面向重点行业和重点民生领域,开展物联网重大应用示范,提升物联网公共服务能力。加快推动北斗导航核心技术研发和产业化,推动北斗导航与移动通信、地理信息、卫星遥感、移动互联网等融合发展,支持位置信息服务(LBS)市场拓展。完善北斗导航基础设施,推进北斗导航服务模式和产品创新,在重点区域和交通、减灾、电信、能源、金融等重点领域开展示范应用,逐步推进北斗导航和授时的规模化应用。大力发展地理信息产业,拓宽地理信息服务市场。

(十一)丰富信息消费内容

大力发展数字出版、互动新媒体、移动多媒体等新兴文化产业,促进动漫游戏、数字音乐、网络艺术品等数字文化内容的消费。加快建立技术先进、传输便捷、覆盖广泛的文化传播体系,提升文化产品多媒体、多终端制作传播能力。加强数字文化内容产品和服务开发,建立数字内容生产、转换、加工、投送平台,丰富信息消费内容产品供给。加强基于互联网的新兴媒体建设,实施网络文化信息内容建设工程,推动优秀文化产品网络传播,鼓励各类网络文化企业生产提供健康向上的信息内容。

(十二)拓宽电子商务发展空间

完善智能物流基础设施,支持农村、社区、学校的物流快递配送点建设。

各级人民政府要出台仓储建设用地、配送车辆管理等方面的鼓励政策。大力发展移动支付等跨行业业务,完善互联网支付体系。加快推进电子商务示范城市建设,实施可信交易、网络电子发票等电子商务政策试点。支持网络零售平台做大做强,鼓励引导金融机构为中小网商提供小额贷款服务,推动中小企业普及应用电子商务。拓展移动电子商务应用,积极培育城市社区、农产品电子商务。建设跨境电子商务通关服务平台和外贸交易平台,实施与跨境电子商务相适应的监管措施,鼓励电子商务"走出去"。

五、提升公共服务信息化水平

(十三)促进公共信息资源共享和开发利用

制定公共信息资源开放共享管理办法,推动市政公用企事业单位、公共服务事业单位等机构开放信息资源。加快启动政务信息共享国家示范省市建设,鼓励引导公共信息资源的社会化开发利用,挖掘公共信息资源的经济社会效益。支持电信和广电运营企业、互联网企业、软件企业和广电播出机构发挥优势,参与公共服务云平台建设运营。加快推进国家政务信息化工程建设,建立完善国家基础信息资源和政府信息资源,建立政府公共服务信息平台,整合多部门资源,提高共享能力,促进互联互通,有效提高公共服务水平。

(十四)提升民生领域信息服务水平

加快实施"信息惠民"工程,提升公共服务均等普惠水平。推进优质教育信息资源共享,实施教育信息化"三通工程",加快建设教育信息基础设施和教育资源公共服务平台。推进优质医疗资源共享,完善医疗管理和服务信息系统,普及应用居民健康卡、电子健康档案和电子病历,推广远程医疗和健康管理、医疗咨询、预约诊疗服务。推进养老机构、社区、家政、医疗护理机构协同信息服务。建立公共就业信息服务平台,加快就业信息全国联网。加快社会保障公共服务体系建设,推进社会保障一卡通,建设医保费用中央和省级结算平台,推进医保费用跨省即时结算。规范互联网食品药品交易行为,推进食品药品网上阳光采购,强化质量安全。提高面向残疾人的信息无障碍服务能力。大力推进广播电视"户户通"工程,提升广播电视公共服务水平。推进地理信息公共服务平台建设。完善农村综合信息服务体系,加强涉农信息资源整合。大力推进金融集成电路卡(IC卡)在公共服务领域的一卡多应用。

(十五)加快智慧城市建设

在有条件的城市开展智慧城市试点示范建设。各试点城市要出台鼓励市场化投融资、信息系统服务外包、信息资源社会化开发利用等政策。支持公用设备设施的智能化改造升级,加快实施智能电网、智能交通、智能水务、智慧国土、智慧物流等工程。鼓励各类市场主体共同参与智慧城市建设。在国务院批准发行的地方政府债券额度内,由各省、自治区、直辖市人民政府统筹考虑安排部分资金用于智慧城市建设。鼓励符合条件的企业发行募集资金用于智慧城市建设的企业债。

六、加强信息消费环境建设

(十六)构建安全可信的信息消费环境基础

大力推进身份认证、网站认证和电子签名等网络信任服务,推行电子营业执照。推动互联网金融创新,规范互联网金融服务,开展非金融机构支付业务设施认证,建设移动金融安全可信公共服务平台,推动多层次支付体系的发展。推进国家基础数据库、金融信用信息基础数据库等数据库的协同,支持社会信用体系建设。

(十七)提升信息安全保障能力

依法加强信息产品和服务的检测和认证,鼓励企业开发技术先进、性能可靠的信息技术产品,支持建立第三方安全评估与监测机制。加强与终端产品相连接的集成平台的建设和管理,引导信息产品和服务发展。加强应用商店监管。加强政府和涉密信息系统安全管理,保障重要信息系统互联互通和部门间信息资源共享安全。落实信息安全等级保护制度,加强网络与信息安全监管,提升网络与信息安全监管能力和系统安全防护水平。

(十八)加强个人信息保护

落实全国人大常委会关于加强网络信息保护的决定,积极推动出台网络信息安全、个人信息保护等方面的法律制度,明确互联网服务提供者保护用户个人信息的义务,制定用户个人信息保护标准,规范服务商对个人信息收集、储存及使用。

(十九)规范信息消费市场秩序

依法加强对信息服务、网络交易行为、产品及服务质量等的监管,查处侵犯知识产权、网络欺诈等违法犯罪行为。加强从业规范宣传,引导企业诚信经营,切实履行社会责任,抵制排挤或诋毁竞争对手、侵害消费者合法权益等违法行为。强化行业自律机制,积极发挥行业协会作用,鼓励符合条件的第三方信用服务机构开展商务信用评估。完善企业争议调解机制,防止企业滥用市场支配地位等不正当竞争行为。进一步拓宽和健全消费维权渠道,强化社会监督。

七、完善支持政策

(二十)深化行政审批制度改革

严格控制新增行政审批项目。对现有涉及信息消费的审批、核准、备案等行政审批事项评估清理,最大限度缩小范围,着重减少非行政许可审批和资质资格许可,着力消除阻碍信息消费的各种行业性、地区性、经营性壁垒。在已取消部分行政审批项目的基础上,年底前再取消或下放电信资费、计算机信息系统集成企业资质认定、信息系统工程监理单位资质认证和监理工程师资格认定等一批行政审批事项和行政管理事项。优化确需保留的行政审批程序,推行联合审批、一站式服务、限时办结和承诺式服务。按照"先照后证、宽进严管"思路,加快推进注册资本认缴登记制度,降低互联网企业设立门槛。

(二十一)加大财税政策支持力度

完善高新技术企业认定管理办法,经认定为高新技术企业的互联网企业依法享受相应的所得税优惠税率。落实企业研发费用税前加计扣除政策,合理扩大加计扣除范围。积极推进邮电通信业营业税改增值税改革试点。进一步落实鼓励软件和集成电路产业发展的若干政策。加大现有支持小微企业税收政策落实力度,切实减轻互联网小微企业负担。研究完善无线电频率占用费政策,支持经济社会信息化建设。

(二十二)切实改善企业融资环境

金融机构应当按照支持小微企业发展的各项金融政策,对互联网小微企业予以优先支持。鼓励创新型、成长型互联网企业在创业板等上市,稳步扩大企业债、公司债、中期票据和中小企业私募债券发行。探索发展并购投资基金,规范发展私募股权投资基金、风险投资基金创新产品,完善信息服务业创业投资扶持政策。鼓励金融机构针对互联网企业特点创新金融产品和服务方式,开展知识产权质押融资。鼓励融资性担保机构帮助互联网小微企业增信融资。

(二十三)改进和完善电信服务

建立健全基础电信运营企业与互联网企业、广电企业、信息内容供应商等合作和公平竞争机制,规范企业经营行为,加强资费监管。基础电信运营企业要增强基础电信服务能力,实现电信资费合理下降和透明收费。鼓励民间资本参与宽带网络基础设施建设,扩大民间资本开展移动通信转售业务试点,支持民间资本在互联网领域投资,加快落实民间资本经营数据中心业务相关政策,简化数据中心牌照发放审批程序,鼓励民间资本以参股方式进入基础电信运营市场。完善电信、互联网监管制度和技术手段,保障企业实现平等接入,用户实现自主选择。

(二十四)加强法律法规和标准体系建设

推动修订商标法、消费者权益保护法、标准化法、著作权法等法律,加快修订互联网信息服务管理办法、商用密码管理条例等行政法规。加快重点及新兴信息消费领域产品、服务标准体系建设,发挥标准对产业发展的支撑作用。加大知识产权保护力度,引导标准、专利等产业联盟健康有序发展。

(二十五)开展信息消费统计监测和试点示范

科学制定信息消费的统计分类和标准,开展信息消费统计和监测。加强信息平台建设,保证统计数据的可用性、可信性和时效性。加强运行分析,实时向社会发布相关信息,合理引导消费预期。在有条件的地区开展信息消费试点示范市(县、区)建设,支持新型信息消费示范项目建设,鼓励地方各级人民政府因地制宜研究制定促进信息消费的优惠政策。

各地区、各部门要按照本意见的要求,进一步认识促进信息消费对扩大内需的积极作用,切实加强组织领导和协调配合,明确任务落实责任,尽快制定具体实施方案,完善和细化相关政策措施,扎实做好相关工作,确保取得实效。

3.关于延续宣传文化增值税和营业税优惠政策的通知(2013年)

各省、自治区、直辖市、计划单列市财政厅(局)、国家税务局、地方税务局,新疆生产建设兵团财务局,财政部驻各省、自治区、直辖市、计划单列市财政监察专员办事处:

为促进我国宣传文化事业的发展繁荣,经国务院批准,在2017年底以前,对宣传文化事业增值税和营业税优惠政策作适当调整后延续。现将有关事项通知如下:

一、自2013年1月1日起至2017年12月31日,执行下列增值税先征后退政策。

(一)对下列出版物在出版环节执行增值税100%先征后退的政策:

1.中国共产党和各民主党派的各级组织的机关报纸和机关期刊,各级人大、政协、政府、工会、共青团、妇联、残联、科协的机关报纸和机关期刊,新华社的机关报纸和机关期刊,军事部门的机关报纸和机关期刊。

上述各级组织不含其所属部门。机关报纸和机关期刊增值税先征后退范围掌握在一个单位一份报纸和一份期刊以内。

2.专为少年儿童出版发行的报纸和期刊,中小学的学生课本。

3.专为老年人出版发行的报纸和期刊。

4.少数民族文字出版物。

5.盲文图书和盲文期刊。

6.经批准在内蒙古、广西、西藏、宁夏、新疆五个自治区内注册的出版单位出版的出版物。

7.列入本通知附件1的图书、报纸和期刊。

(二)对下列出版物在出版环节执行增值税先征后退 50% 的政策:

1.各类图书、期刊、音像制品、电子出版物,但本通知第一条第(一)项规定执行增值税 100% 先征后退的出版物除外。

2.列入本通知附件 2 的报纸。

(三)对下列印刷、制作业务执行增值税 100% 先征后退的政策:

1.对少数民族文字出版物的印刷或制作业务。

2.列入本通知附件 3 的新疆维吾尔自治区印刷企业的印刷业务。

二、自 2013 年 1 月 1 日起至 2017 年 12 月 31 日,免征图书批发、零售环节增值税。

三、自 2013 年 1 月 1 日起至 2017 年 12 月 31 日,对科普单位的门票收入,以及县(含县级市、区、旗)及县以上党政部门和科协开展的科普活动的门票收入免征营业税。自 2013 年 1 月 1 日至 2013 年 7 月 31 日,对境外单位向境内科普单位转让科普影视作品播映权取得的收入,免征营业税。

四、享受本通知第一条第(一)项、第(二)项规定的增值税先征后退政策的纳税人,必须是具有相关出版物的出版许可证的出版单位(含以"租型"方式取得专有出版权进行出版物的印刷发行的出版单位)。承担省级及以上出版行政主管部门指定出版、发行任务的单位,因进行重组改制等原因尚未办理出版、发行许可的出版单位,经财政部驻各地财政监察专员办事处(以下简称财政监察专员办事处)商省级出版行政主管部门核准,可以享受相应的增值税先征后退政策。

纳税人应将享受上述税收优惠政策的出版物在财务上实行单独核算,不进行单独核算的不得享受本通知规定的优惠政策。违规出版物、多次出现违规的出版单位及图书批发零售单位不得享受本通知规定的优惠政策,上述违规出版物、出版单位及图书批发零售单位的具体名单由省级及以上出版行政主管部门及时通知相应财政监察专员办事处和主管税务机关。

五、已按软件产品享受增值税退税政策的电子出版物不得再按本通知申请增值税先征后退政策。

六、办理和认定

(一)本通知规定的各项增值税先征后退政策由财政监察专员办事处根据财政部、国家税务总局、中国人民银行《关于税制改革后对某些企业实行"先征后退"有关预算管理问题的暂行规定的通知》〔(94)财预字第 55 号〕的规定办理。

(二)科普单位、科普活动和科普单位进口自用科普影视作品的认定仍按《科技部 财政部 国家税务总局 海关总署 新闻出版总署关于印发〈科普税收优惠政策实施办法〉的通知》(国科发政字〔2003〕416号)的有关规定执行。

七、本通知的有关定义

(一)本通知所述"出版物",是指根据国务院出版行政主管部门的有关规定出版的图书、报纸、期刊、音像制品和电子出版物。所述图书、报纸和期刊,包括随同图书、报纸、期刊销售并难以分离的光盘、软盘和磁带等信息载体。

(二)图书、报纸、期刊(即杂志)的范围,仍然按照《国家税务总局关于印发〈增值税部分货物征税范围注释〉的通知》(国税发〔1993〕151号)的规定执行;音像制品、电子出版物的范围,仍然按照《财政部 国家税务总局关于部分货物适用增值税低税率和简易办法征收增值税政策的通知》(财税〔2009〕9号)的规定执行。

(三)本通知所述"专为少年儿童出版发行的报纸和期刊",是指以初中及初中以下少年儿童为主要对象的报纸和期刊。

(四)本通知所述"中小学的学生课本",是指普通中小学学生课本和中等职业教育课本。普通中小学学生课本是指根据教育部中、小学教学大纲的要求,由经国务院出版行政主管部门审定而具有"中小学教材"出版资质的出版单位出版发行的中、小学学生上课使用的正式课本,具体操作时按国家和省级教育行政部门每年春、秋两季下达的"中小学教学用书目录"中所列的"课本"的范围掌握;中等职业教育课本是指经国家和省级教育、人力资源社会保障行政部门审定,供中等专业学校、职业高中和成人专业学校学生使用的课本,具体操作时按国家和省级教育、人力资源社会保障行政部门每年下达的教学用书目录认定。中小学的学生课本不包括各种形式的教学参考书、图册、自读课本、课外读物、练习册以及其他各类辅助性教材和辅导读物。

(五)本通知所述"专为老年人出版发行的报纸和期刊",是指以老年人为主要对象的报纸和期刊,具体范围详见附件4。

(六)本通知第一条第(一)项和第(二)项规定的图书包括"租型"出版的图书。

(七)本通知所述"科普单位",是指科技馆,自然博物馆,对公众开放的天文馆(站、台)、气象台(站)、地震台(站),以及高等院校、科研机构对公众开放的科普基地。

八、本通知自2013年1月1日起执行。《财政部国家税务总局关于继续执行宣传文化增值税和营业税优惠政策的通知》(财税〔2011〕92号)同时废止。

按照本通知第二条和第三条规定应予免征的增值税或营业税,凡在接到本通知以前已经征收入库的,可抵减纳税人以后月份应缴纳的增值税、营业税税款或者办理税款退库。纳税人如果已向购买方开具了增值税专用发票,应将专用发票追回后方可申请办理免税。凡专用发票无法追回的,一律照章征收增值税。

4.关于加强数字出版内容投送平台建设和管理的指导意见 新出政发〔2013〕11号

各省、自治区、直辖市新闻出版局,新疆生产建设兵团新闻出版局,解放军总政治部宣传部新闻出版局,中央和国家机关各部委、各民主党派、各人民团体新闻出版主管部门,中国出版集团公司、中国教育出版传媒股份有限公司、中国科技出版传媒集团有限公司:

为贯彻落实国务院《文化产业振兴规划》、《国家"十二五"时期文化改革发展规划纲要》、《中共中央关于深化文化体制改革推动社会主义文化大发展大繁荣若干重大问题的决定》和党的十八届三中全会精神,进一步加快社会主义文化强国建设步伐,促进数字出版产业健康有序发展,现就加强数字出版内容投送平台建设和管理提出如下意见。

一、加强数字出版内容投送平台建设和管理的重要意义

1.本意见所称数字出版内容投送平台,是指将出版主体和著作权人拥有的数字出版内容资源进行集成整合,以分销投送数字出版内容为主营或兼营业务的网站、客户端以及其他数字出版内容交易渠道和数字阅读服务体系等网络出版的主要传播载体。作为数字出版产业链承上启下的关键环节,数字出版内容投送平台是聚合、投送优质数字出版内容的重要枢纽;是贯通内容提供者与消费市场的重要节点;是数字化时代新闻出版企业为读者提供优质、便捷服务的重要渠道。

2.目前,大型出版传媒集团、电信运营商、技术提供商、智能终端生产商以及电子商务企业等纷纷进入数字出版内容传播领域,在全国范围内形成数量众多、规模不等的数字出版内容投送平台,既相互竞争、互为促进,同时也存在缺乏规划、散而不强、管理缺失等问题。一方面,许多未经许可的大众阅读与综合服务型内容投送平台同质化倾向凸显,优质精品内容匮乏,有些甚至成为传播虚假、低俗和盗版内容的温床;另一方面,面向定向市场,提供专业化服务的专业和教育学习型出版内容投送平台发展相对缓慢,细分市场旺盛的消费需求得不到有效满足,众多传统新闻出版机构积累的优质出版内容资源得不到有效投送和广泛传播。

3.加强数字出版内容投送平台建设与管理,是推动新闻出版业转型升级,构建完善数字出版产业生态系统的现实需要;是促进新闻出版产业结构调整和发展方式转变,更好满足人民群众多样化、多层次和多方面精神文化需求的有效途径;是提升文化创新能力,打造现代文化传播体系的必由之路;是繁荣和发展社会主义先进文化,提高中华文化传播力和影响力,增强文化软实力和综合国力的客观要求。

二、数字出版内容投送平台建设和管理的主要目标

4.构建技术先进、覆盖广泛、传输快捷的现代优质数字出版内容传播体系。鼓励平台运营商提高技术创新能力,采用先进技术,形成动态聚合、实时分发、精准投送的数字阅读服务系统;充分利用多种网络传播渠道,形成不同类型数字出版内容投送能力;改善数字出版内容消费服务方式,提升人民群众数字出版内容消费满意度。

5.打造多种主体参与的数字出版内容投送新格局。鼓励大型出版传媒集团和有实力的电信运营商、技术提供商、电子商务企业等各类市场主体积极参与数字出版内容投送业务,建设大众阅读、专业信息、教育学习以及综合服务等多种类型数字出版内容投送平台,形成统筹规划、优势互补、良性竞争、服务规范、有序发展的数字出版内容投送格局。

6.培育带动数字出版产业快速发展的骨干平台。建立科学的评估体系,在现有数字出版内容投送平台基础上,遴选5-8家获得消费者好评、社会认知度广、市场占有率高的企业,支持其做大做强,形成一批导向正确、内容优质、传播能力强、用户体验好、善于开发目标读者的数字出版内容投送骨

平台与龙头企业,带动数字出版产业和新型文化消费市场快速发展。

7.营造健康有序的数字出版内容投送平台建设、运营市场环境。建立健全市场准入机制,引导企业依法有序开展数字出版内容投送业务;规范数字出版产业链各环节间的业务合作,提高协调协作水平;分类评估和推动国家级数字出版内容投送平台建设,正确引导大众阅读取向,培育专业数字阅读和教育服务市场;倡导正版阅读、健康阅读和绿色阅读,打击侵权盗版等违法违规行为,切实推进数字出版产业健康、快速和可持续发展。

三、数字出版内容投送平台建设和管理的主要任务

8.丰富内容资源。支持传统新闻出版企业积极开展出版内容资源的数字化加工制作,加快建设和积累优质数字内容资源;鼓励获得内容原创资质的网络出版企业加大创新力度,丰富内容品种,提高创作质量,推出精品力作;鼓励各类新闻出版企业、技术研发企业、运营服务企业积极开发符合社会主义核心价值观,满足消费者高尚精神追求,将高新技术与文化内涵完美融合的创新产品,为各类投送平台输送源源不断多品种高质量数字出版内容。

9.提升技术能力。支持和鼓励平台运营企业研发和引进关键技术,消除产业链各环节技术屏障,提高平台技术支撑和应用水平,提供基于多种网络传输渠道,适应多种终端无缝衔接的消费服务。

10.完善运营服务。推动平台运营服务企业创新建设思路,主动为内容供应商提供内容加工、格式转换、版权加密、市场推广和营销信息等综合服务;不断提高平台的开放兼容能力、聚合发布能力及版权保护水平,提高平台的分类营销和内容推送能力;改善和丰富用户体验,提高需求响应能力。

11.强化责任意识。各类数字出版内容投送平台是内容传播的责任主体,应对其传播和上线运营的数字出版内容和质量依法依规进行审核监督,并按要求向国家出版行政主管部门提供内容监管数据,承担相应法律责任。要建立规范的数字出版内容质量监控机制、科学的内容筛选发布流程、严格的内容把关和质量保障体系以及传播有害信息的责任追究制度,强化内容版权审核和确权管理,规范编辑出版标准,建立产品准入制度和上线运营规则,确保为读者提供导向正确、格调高雅、积极健康、质量上乘的数字出版内容。

12.优化结构布局。通过政策引导和市场选择,逐步优化大众阅读、专业阅读、学习教育与综合服务平台布局结构。鼓励跨区合作,力避重复建设;鼓励资源整合、倡导优势互补。鼓励建设定位精准、目标清晰、特色突出的专业信息型平台,形成专业内容与读者特定需求的契合互动。着力推动教育学习型平台发展,优先教学内容信息整合,推进教育资源公平分享。

13.建立共赢机制。制订落实数字出版内容平台相关政策法规、适用标准及配套措施,完善市场公平交易规则。平衡产业链各环节的合理利益,建立收益比例协商、交易信息透明、风险共同分担的良性市场机制。着力扭转优质数字出版内容价值倒挂和过分依赖第三方付费模式的局面。激励内容创新,提升作品质量,充分维护内容提供企业和著作权人的合法权益。鼓励创新合作模式,走合作共赢、共同发展之路。

14.健全资质管理。依据《出版管理条例》、《互联网信息服务管理办法》和《互联网出版管理暂行规定》等法律法规,对各种不同业务类型、面向不同消费市场的数字出版内容投送平台,采取分类管理方式。从事数字出版内容投送及相关业务的企业应依法取得网络出版资质;投送平台发布的应为获得图书、音像、电子、报纸、期刊等传统出版及网络出版资质的企业单位所提供的出版内容,平台运营企业提供服务时应核验内容提供方的资质;直接为个人原创作品提供出版服务的网络平台应依法取得具有原创业务范围的网络出版资质。

四、数字出版内容投送平台建设和管理的保障措施

15.确保正确政治导向。严格遵守新闻出版相关法律法规,积极传播导向正确、内容健康、形态多样的数字出版内容产品,不给违规和有害数字内容产品提供传播渠道;坚持把社会效益放在首位、社会效益和经济效益相统一。

16.强化内容质量管理。开展数字出版内容质量、编校质量、制作质量的检测与评估,提高企业生产优质精神食粮,传播民族优秀文化意识,引导企业在内容把关、编辑规范、质量保障等方面加大工作力度,改变数字出版优质内容匮乏现状,促进产业良性发展。

17.加强数字版权保护。从法规建设、专有技术、社会教育等多方面入手,完善数字出版版权保护体系;建立数字出版版权监管制度,持续打击数

字出版内容侵权盗版行为,逐步解决数字出版版权授权和使用中的深层次问题;开展数字出版内容资源唯一标识试点工作,鼓励有条件的内容提供和投送平台先行尝试建立本企业内容资源标识标准。

18.统一数字内容标准。加快推进数字内容出版系列标准自主研制以及与国际通用标准对接工作,尽快消除标准多元造成的资源浪费、消费成本高、用户体验差等弊端,为数字出版产业的繁荣发展营造优良生态环境。

19.加大政策扶持力度。在遵循市场规律前提下,引导优质出版内容资源向导向正确、版权清晰、技术先进、交易透明、特色鲜明、服务优良和用户广泛的投送平台适当集中;对认定为国家级投送平台的核心技术研发,予以政策、项目、技术等多方面扶持;支持数字出版内容投送平台为农村和中西部地区提供特色化服务,提升现有公共阅读服务设施的传播能力和信息化服务水平。

20.发挥示范引领作用。引导传统新闻出版企业探索建设符合自身资源、技术、资金、人才条件,具有明确目标受众和市场定位的数字出版内容投送平台;开展分类试点,推动重点企业在市场竞争中逐渐形成自身特色,完善服务功能,发挥示范引领作用。

21.加快人才队伍建设。加大人才培养力度,完善人才培养体系,建立人才引进机制,拓宽人才成长渠道,以高层次、高技能、复合型人才为重点,统筹推进数字出版相关策划人才、编辑人才、营销人才、技术人才和管理人才队伍建设。

22.倡导行业自律自管。充分发挥行业协会作用,加强产业链各环节间的充分沟通、互利合作,在凝聚共识基础上,制订行业规则,实现自律自管,促进共同发展。

国家新闻出版广电总局 2013 年 12 月 30 日

5.关于推动新闻出版业数字化转型升级的指导意见(2014 年)

各省、自治区、直辖市新闻出版广电局、财政厅(局),各计划单列市新闻出版广电局、财政厅(局),新疆生产建设兵团新闻出版广电局、财务局:

面对数字化与信息化带来的挑战与机遇,传统新闻出版业只有主动开展数字化转型升级,才能实现跨越与发展。开展数字化转型升级是进一步巩固新闻出版业作为文化主阵地主力军地位的客观需要,是抢占未来发展制高点、参与国际竞争的重要途径。经过几年的探索和积累,目前新闻出版业已经具备了实现整体转型升级的思想基础、技术基础、组织基础和工作基础,但还存在资源聚集度不高、行业信息数据体系不健全、技术装备配置水平较低、对新技术与新标准的应用不充分、市场模式不清晰、人才不足等问题。为贯彻党的十八大关于加快文化与科技融合的精神,落实《国家"十二五"时期文化改革发展规划纲要》关于"出版业要推动产业结构调整和升级,加快从主要依赖传统纸介质出版物向多种介质形态出版物的数字出版产业转型"的要求,推动新闻出版业健康快速发展,特制定本意见。

一、总体要求

(一) 指导思想

深入贯彻落实党的十八大、十八届三中全会精神,充分发挥市场机制作用,通过政府引导、以企业为主体,加速新闻出版与科技融合,推动传统新闻出版业转型升级,提高新闻出版业在数字时代的生产力、传播力和影响力,为人民群众的知识学习、信息消费提供服务,为国民经济其他领域的产业发展提供知识支撑,更好更多地提供生活性服务与生产性服务,推动新闻出版业成为文化产业的中坚和骨干,为把文化产业打造成国民经济支柱性产业做出积极贡献。

(二) 主要目标

通过三年时间,支持一批新闻出版企业、实施一批转型升级项目,带动和加快新闻出版业整体转型升级步伐。基本完成优质、有效内容的高度聚合,盘活出版资源;再造数字出版流程、丰富产品表现形式,提升新闻出版企业的技术应用水平;实现行业信息数据共享,构建数字出版产业链,初步建立起一整套数字化内容生产、传播、服务的标准体系和规范;促进新闻出版业建立全新的服务模式,实现经营模式和服务方式的有效转变。

(三) 基本原则

改革先行、扶优助强、鼓励创新、示范推广。优先扶持已完成出版体制改革、具备一定数字化转型升级工作基础的新闻出版企业,鼓励新闻出版企业在数字化转型升级进程中大胆创新,探索新产品形态、新服务方式、新市场模式,形成示范项目并进行推广。

分步启动、并行实施、迭加推进、市场调节。优先支持已经先行启动转型升级项目的企业,对不同支持方向的转型升级项目并行推进,正确处理政府与市场关系,充分发挥财政资金引导示范作用,培养企业市场风险意识,提高企业市场应对能力。

二、主要任务

(一) 开展数字化转型升级标准化工作

支持企业对《中国出版物在线信息交换(CNONIX)》国家标准开展应用。重点支持图书出版和发行集团。包括:支持企业研制企业级应用标准;采购基于CNONIX标准的数据录入、采集、整理、分析、符合性测试软件工具,开展出版端系统改造与数据规范化采集示范;搭建出版、发行数据交换小型试验系统,实现出版与发行环节的数据交换;开展实体书店、电子商务(网店)、物流各应用角度基于CNONIX标准的数据采集、市场分析、对出版端反馈的应用示范。

支持企业对《多媒体印刷读物(MPR)》国家标准开展应用。重点支持教育、少儿、少数民族语言等出版单位,推动企业从单一产品形态向多媒体、复合出版产品形态,从产品提供向内容服务的数字化转型升级。包括:研制企业级应用标准;部署相应软件系统;完成选题策划、资源采集,研发教材教辅产品、少儿、少数民族文字阅读产品;开展底层技术兼容性研究与应用;建设MPR出版资源数据库;创新产品销售体系,构建从实体店到电子商务的立体销售体系。

支持企业面向数字化转型升级开展企业标准研制。支持出版企业研制企业标准,以及开展国家标准、行业标准的应用研究;支持、鼓励相关技术企业研制基于自主知识产权技术的企业标准;支持以企业标准为基础申报行业标准、国家标准乃至国际标准。

(二) 提升数字化转型升级技术装备水平

支持企业采购用于出版资源深度加工的设备及软件系统。以实现出版资源的知识结构化、信息碎片化、呈现精细化为目标,支持企业采购出版资源专业化的深度加工服务;支持部分专业出版单位采购专用的扫描设备、识别软件等资源录入设备及软件。

支持企业采购用于出版业务流程改造、复合出版产品生产与投送的软件及系统。以数字环境下出版业务流程再造、实现出版业务流程完整性为目标,支持采购出版内容资源数字化加工软件、内容资源管理系统、编辑加工系统、产品发布系统等软件及系统;以实现出版产品表现形式完整性为目标,支持采购关联标识符编码嵌入软件、复合出版物生产和投送系统等软件及系统。

支持企业采购版权资产管理工具与系统。以支撑新闻出版企业版权运营多元化为目标,为全面开展版权运营奠定基础,支持采购版权资产管理工具与系统,包括:自有版权资产与外购版权资产数据输入模块,以控制版权资产的规范化输入;授权管理模块,以控制版权资产的规范化输出;版权管理模块和业务支撑管理模块,以记录版权资产状况、控制版权运营策略;与出版企业其他生产业务流程系统进行对接,以实现对版权资产的精细化管理,对存量版权资产的清查和增量版权资产的管控。

(三)加强数字出版人才队伍建设

支持出版企业与高校、研究机构联合开展基础人才培养,开展定向培养。支持、鼓励高校设立专业课程,联合研究机构,培养面向出版企业数字化转型升级的专业人才,定向输送出版与科技专业知识相融合的基础性人才。

支持相关技术企业与高校、研究机构联合开展数字出版业务高级人才培养。支持、鼓励技术企业提供技术支撑,参与高校、研究机构的高级人才培养计划,开展面向出版企业在岗高级数字出版人才的培养。

(四)探索数字化转型升级新模式

支持教育出版转型升级模式探索。重点支持部分以教育出版为主的出版企业开展电子书包应用服务项目。包括:研制电子书包(数字出版教育应用服务)系列标准;以课程标准和完整的教材教辅内容框架为基础,整合内容资源,开发富媒体、网络化数字教材,开展立体化的教育出版内容资源数字化开发,打造数字资源库,为电子书包试验的顺利推进奠定内容基础;构建对教育出版内容的价值评测、质量评测的完整评测系统;研发包括下载与推送、使用统计等功能的教育出版内容资源服务系统;构建包括教学策略服务、过程性评测、个性化内容推送、内容互动服务等教学应用服务支撑体系,并开展入校落地试验;基于用户数据分析技术开展个性化定向投送平台建设(B2C 模式),基于集团化学习的出版资源投送平台建设(B2B 模式)。

支持专业出版转型升级模式探索。重点支持部分专业出版企业按服务领域划分、联合开展专业数字内容资源知识服务模式探索。包括:开展知识挖掘、语义分析等知识服务领域关键技术的应用,基于专业内容的知识服务标准研制,基于专业出版内容的知识资源数据库建设,基于知识资源数据库的知识服务平台建设。

支持大众出版转型升级模式探索。重点支持出版企业在关注阅读者需求、引导大众阅读方向的模式创新。包括:建设作者资源管理系统,选题热点推荐与评估系统;开展生产与消费互动的定制化服务模式探索,形成线上与线下互动(O2O)的出版内容投送新模式;建设经典阅读、精品阅读产品投送平台。

三、保障措施

(一)加大财政扶持。加大财政对新闻出版业数字化转型升级的支持力度,将新闻出版业数字化转型升级项目作为重大项目纳入中央文化产业发展专项资金扶持范围,分步实施、逐年推进。发挥财政资金杠杆作用,推动重点企业的转型升级工作,引导企业实施转型升级项目。

(二)充分利用新闻出版改革与发展项目库。进一步完善新闻出版改革与发展项目库建设,征集符合本指导意见并具有较强示范带动效应的新闻出版业数字化转型升级项目,加强对重点项目的组织、管理、协调、支持和服务。

(三)加强组织实施。各级新闻出版广电行政部门、财政部门要按照本意见要求,在党委、政府的领导下,结合本地区实际,切实加强新闻出版业数字化转型升级工作的组织领导,同时加强跨地区、跨部门协作,确保各项任务的执行和落实。

6.国务院关于推进文化创意和设计服务与相关产业融合发展的若干意见 国发〔2014〕10号

各省、自治区、直辖市人民政府,国务院各部委、各直属机构:

近年来,随着我国新型工业化、信息化、城镇化和农业现代化进程的加快,文化创意和设计服务已贯穿在经济社会各领域各行业,呈现出多向交互融合态势。文化创意和设计服务具有高知识性、高增值性和低能耗、低污染等特征。推进文化创意和设计服务等新型、高端服务业发展,促进与实体经济深度融合,是培育国民经济新的增长点、提升国家文化软实力和产业竞争力的重大举措,是发展创新型经济、促进经济结构调整和发展方式转变、加快实现由"中国制造"向"中国创造"转变的内在要求,是促进产品和服务创新、催生新兴业态、带动就业、满足多样化消费需求、提高人民生活质量的重要途径。为推进文化创意和设计服务与相关产业融合发展,现提出以下意见。

一、总体要求

(一)指导思想

以邓小平理论、"三个代表"重要思想、科学发展观为指导,按照加快转变经济发展方式和全面建成小康社会的总体要求,以改革创新和科技进步为动力,以知识产权保护利用和创新型人力资源开发为核心,牢固树立绿色节能环保理念,充分发挥市场作用,促进资源合理配置,强化创新驱动,增强创新动力,优化发展环境,切实提高我国文化创意和设计服务整体质量水平和核心竞争力,大力推进与相关产业融合发展,更好地为经济结构调整、产业转型升级服务,为扩大国内需求、满足人民群众日益增长的物质文化需要服务。

(二)基本原则

统筹协调,重点突破。统筹各类资源,加强协调配合,着力推进文化软件服务、建筑设计服务、专业设计服务、广告服务等文化创意和设计服务与装备制造业、消费品工业、建筑业、信息业、旅游业、农业和体育产业等重点领域融合发展。根据不同地区实际、不同产业特点,鼓励先行先试,发挥特色优势,促进多样化、差异化发展。

市场主导,创新驱动。以市场为导向、企业为主体,产学研用协同,转变政府职能,加强扶持引导,实施支持企业创新政策,打破行业和地区壁垒,充分调动社会各方面积极性,促进技术创新、业态创新、内容创新、模式创新和管理创新,推进文化创意和设计服务产业化、专业化、集约化、品牌化发展,促进与相关产业深度融合,催生新技术、新工艺、新产品,满足新需求。

文化传承,科技支撑。依托丰厚文化资源,丰富创意和设计内涵,拓展物质和非物质文化遗产传承利用途径,促进文化遗产资源在与产业和市场的结合中实现传承和可持续发展。加强科技与文化的结合,促进创意和设计产品服务的生产、交易和成果转化,创造具有中国特色的现代新产品,实现文化价值与实用价值的有机统一。

(三) 发展目标

到2020年,文化创意和设计服务的先导产业作用更加强化,与相关产业全方位、深层次、宽领域的融合发展格局基本建立,相关产业文化含量显著提升,培养一批高素质人才,培育一批具有核心竞争力的企业,形成一批拥有自主知识产权的产品,打造一批具有国际影响力的品牌,建设一批特色鲜明的融合发展城市、集聚区和新型城镇。文化创意和设计服务增加值占文化产业增加值的比重明显提高,相关产业产品和服务的附加值明显提高,为推动文化产业成为国民经济支柱性产业和促进经济持续健康发展发挥重要作用。

二、重点任务

(一) 塑造制造业新优势

支持基于新技术、新工艺、新装备、新材料、新需求的设计应用研究,促进工业设计向高端综合设计服务转变,推动工业设计服务领域延伸和服务模式升级。汽车、飞机、船舶、轨道交通等装备制造业要加强产品的外观、结构、功能等设计能力建设。以打造品牌、提高质量为重点,推动生活日用品、礼仪休闲用品、家用电器、服装服饰、家居用品、数字产品、食品、文化体育用品等消费品工业向创新创造转变,增加多样化供给,引导消费升级。支持消费类产品提升新产品设计和研发能力,加强传统文化与现代时尚的融合,创新管理经营模式,以创意和设计引领商贸流通业创新,加强广告营销策划,增加消费品的文化内涵和附加值,健全品牌价值体系,形成一批综合实力强的自主品牌,提高整体效益和国际竞争力。

(二)加快数字内容产业发展

推动文化产品和服务的生产、传播、消费的数字化、网络化进程,强化文化对信息产业的内容支撑、创意和设计提升,加快培育双向深度融合的新型业态。深入实施国家文化科技创新工程,支持利用数字技术、互联网、软件等高新技术支撑文化内容、装备、材料、工艺、系统的开发和利用,加快文化企业技术改造步伐。大力推动传统文化单位发展互联网新媒体,推动传统媒体和新兴媒体融合发展,提升先进文化互联网传播吸引力。深入挖掘优秀文化资源,推动动漫游戏等产业优化升级,打造民族品牌。推动动漫游戏与虚拟仿真技术在设计、制造等产业领域中的集成应用。全面推进三网融合,推动下一代广播电视网和交互式网络电视等服务平台建设,推动智慧社区、智慧家庭建设。加强通讯设备制造、网络运营、集成播控、内容服务单位间的互动合作。提高数字版权集约水平,健全智能终端产业服务体系,推动产品设计制造与内容服务、应用商店模式整合发展。推进数字电视终端制造业和数字家庭产业与内容服务业融合发展,提升全产业链竞争力。推进数字绿色印刷发展,引导印刷复制加工向综合创意和设计服务转变,推动新闻出版数字化转型和经营模式创新。

(三)提升人居环境质量

坚持以人为本、安全集约、生态环保、传承创新的理念,进一步提高城乡规划、建筑设计、园林设计和装饰设计水平,完善优化功能,提升文化品位。注重对文物保护单位、历史文化名城名镇名村和传统村落的保护。加强城市建设设计和景观风貌规划,突出地域特色,有效保护历史文化街区和历史建筑,提高园林绿化、城市公共艺术的设计质量,建设功能完善、布局合理、形象鲜明的特色文化城市。加强村镇建设规划,培育村镇建筑设计市场,建设环境优美、设施完备、幸福文明的社会主义新农村。贯彻节能、节地、节水、节材的建筑设计理念,推进技术传承创新,积极发展绿色建筑。因地制宜融入文化元素,加快相关建筑标准规范的更新或修订。完善建筑、园林、城市设计、城乡规划等设计方案竞选制度,重视对文化内涵的审查。鼓励装饰设计创新,引领装饰产品和材料升级。

(四)提升旅游发展文化内涵

坚持健康、文明、安全、环保的旅游休闲理念,以文化提升旅游的内涵质量,以旅游扩大文化的传播消费。支持开发康体、养生、运动、娱乐、体验等多样化、综合性旅游休闲产品,建设一批休闲街区、特色村镇、旅游度假区,打造便捷、舒适、健康的休闲空间,提升旅游产品开发和旅游服务设计的人性化、科学化水平,满足广大群众个性化旅游需求。加强自然、文化遗产地和非物质文化遗产的保护利用,大力发展红色旅游和特色文化旅游,推进文化资源向旅游产品转化,建设文化旅游精品。加快智慧旅游发展,促进旅游与互联网融合创新,支持开发具有地域特色和民族风情的旅游演艺精品和旅游商品,鼓励发展积极健康的特色旅游餐饮和主题酒店。

(五)挖掘特色农业发展潜力

提高农业领域的创意和设计水平,推进农业与文化、科技、生态、旅游的融合。强化休闲农业与乡村旅游经营场所的创意和设计,建设集农耕体验、田园观光、教育展示、文化传承于一体的休闲农业园。注重农村文化资源挖掘,不断丰富农业产品、农事景观、环保包装、乡土文化等创意和设计,着力培育一批休闲农业知名品牌,提升农产品附加值,促进创意和设计产品产业化。发展楼宇农业、阳台农艺,进一步拓展休闲农业发展空间。支持专业农产品市场建设特色农产品展览展示馆(园),推进特色农产品文化宣传交流。建立健全地理标志的技术标准体系、质量保证体系与检测体系,扶持地理标志产品,加强地理标志和农产品商标的注册和保护。支持农业企业申报和推介绿色环保产品和原产地标记,鼓励利用信息技术创新具有地域文化特色的农产品营销模式。

(六)拓展体育产业发展空间

积极培育体育健身市场,引导大众体育消费。丰富传统节庆活动内容,支持地方根据当地自然人文资源特色举办体育活动,策划打造影响力大、参与度高的精品赛事,推动体育竞赛表演业全面发展。鼓励发展体育服务组织,以赛事组织、场馆运营、技术培训、信息咨询、中介服务、体育保险等为重点,逐步扩大体育服务规模。推动与体育赛事相关版权的开发与保护,进一步放宽国内赛事转播权的市场竞争范围,探索建立与体育赛事相关的版权交易平台。加强体育产品品牌建设,开发科技含量高、拥有自主知识产权的体育产品,提升市场竞争力。促进体育衍生品创意和设计开发,推进相关产业发展。

(七)提升文化产业整体实力

坚持正确的文化产品创作生产方向,着力提升文化产业各门类创意和设计水平及文化内涵,加快构建结构合理、门类齐全、科技含量高、富有创意、竞争力强的现代文化产业体系,推动文化产业快速发展。鼓励各地结合当地文化特色不断推出原创文化产品和服务,积极发展新的艺术样式,推动特色文化产业发展。强化与规范新兴网络文化业态,创新新兴网络文化服务模式,繁荣文学、艺术、影视、音乐创作与传播。加强舞美设计、舞台布景创意和舞台技术装备创新。坚持保护传承和创新发展相结合,促进艺术衍生产品、艺术授权产品的开发生产,加快工艺美术产品、传统手工艺品与现代科技和时代元素融合。完善博物馆、美术馆等公共文化设施功能,提高展陈水平。

三、政策措施

(一)增强创新动力

深入实施知识产权战略,加强知识产权运用和保护,健全创新、创意和设计激励机制。加强商标法、专利法、著作权法、反不正当竞争法等知识产权保护法律法规宣传普及,完善有利于创意和设计发展的产权制度。完善网络环境下著作权保护等法律法规,加强数据保护等问题研究。加强知识产权监督执法,加大对侵权行为的惩处力度,完善维权援助机制。优化知识产权申请与审查制度,建立并完善专利优先审查通道和软件著作权快速登记通道,健全便捷高效的商标注册审查体系。完善知识产权入股、分红等形式的激励机制和管理制度。活跃知识产权交易,促进知识产权的合理有效流通。提升企业知识产权综合能力,培育一批知识产权优势企业。鼓励企业、院校、科研机构成立战略联盟,引导创意和设计、科技创新要素向企业聚集,加大联盟知识产权管理能力建设,推行知识产权集群式管理。

(二)强化人才培养

推动实施文化创意和设计服务人才扶持计划,打破体制壁垒,扫除身份障碍,营造有利于创新型人才健康成长、脱颖而出的制度环境。优化专业设置,鼓励普通本科高校和科研院所加强专业(学科)建设和理论研究。鼓励将非物质文化遗产传承人才培养纳入职业教育体系,发挥职业教育在文化传承创新中的重要作用,重点建设一批民族文化传承创新专业点。推动民间传统手工艺传承模式改革,培养一批具有文化创新能力的技术技能人才。积极推进产学研用合作培养人才,发展专业学位研究生教育,扶持和鼓励相关行业和产业园区、龙头企业与普通本科高校、职业院校及科研机构共同建立人才培养基地,支持符合条件的设立博士后科研工作站,探索学历教育与职业培训并举、创意和设计与经营管理结合的人才培养新模式,加快培养高层次、复合型人才。加大核心人才、重点领域专门人才、高技能人才和国际化人才的培养和扶持力度,造就一批领军人物。完善政府奖励、用人单位奖励和社会奖励互为补充的多层次创意和设计人才奖励体系,对各类创意和设计人才的创作活动、学习深造、国际交流等进行奖励和资助。加强创业孵化,加大对创意和设计人才创业创新的扶持力度。规范和鼓励举办国际化、专业化的创意和设计竞赛活动,促进创意和设计人才的创新成果展示交易。积极利用各类引才引智计划,引进海外高端人才。健全符合创意和设计人才特点的使用、流动、评价和激励体系,按照国家有关规定,进一步落实国有企业、院所转制企业、职业院校、普通本科高校和科研院所创办企业的股权激励政策,推进职业技能鉴定和职称评定工作,加强人才科学管理。

(三)壮大市场主体

实施中小企业成长工程,支持专业化的创意和设计企业向专、精、特、新方向发展,打造中小企业集群。鼓励挖掘、保护、发展中华老字号等民间特色传统技艺和服务理念,培育具有地方特色的创意和设计企业,支持设计、广告、文化软件工作室等各种形式小微企业发展。推动创意和设计优势企业根据产业联系,实施跨地区、跨行业、跨所有制业务合作,打造跨界融合的产业集团和产业联盟。鼓励有条件的大型企业设立工业设计中心,建设一批国家级工业设计中心。积极推进相关事业单位分类改革,鼓励国有文化企业引进战略资本,实行股份制改造,积极引导民间资本投资文化创意和设计服务领域。支持有条件的企业"走出去",扩大产品和服务出口,通过海外并购、联合经营、设立分支机构等方式积极开拓国际市场。推进文化等服务业领域有序开放,放开建筑设计领域外资准入限制。围绕提升产业竞争力,建立健全文化创意和设计服务与相关产业融合发展的技术标准体系,加快制定修订一批相关领域的重要国家标准。鼓励行业组织、中介组织和企业参与制定国际标准,支持自主标准国际化。

(四)培育市场需求

加强全民文化艺术教育,提高人文素养,推动转变消费观念,激发创意和设计产品服务消费,鼓励有条件的地区补贴居民文化消费,扩大文化消费规模。鼓励企业应用各类设计技术和设计成果,开展设计服务外包,扩大设计服务市场。创新公共文化服务提供方式,加大政府对创意和设计产品服务的采购力度。消除部门限制和地区分割,促进形成统一开放、竞争有序的国内市场。充分利用上海、深圳文化产权交易所等市场及文化产业、广告、设计等展会,规范交易秩序,提升交易平台的信息化和网络化水平,促进产品和服务交易。鼓励电子商务平台针对创意和设计提供专项服务,帮助小微企业、创意和设计创业人才拓展市场。鼓励有条件的地区在国家许可范围内,根据自身特点建设区域性和行业性交易市场。在商贸流通业改造升级中,运用创意和设计促进专业市场和特色商业街等发展。鼓励批发、零售、住宿、餐饮等生活服务企业在店面装饰、产品陈列、商品包装和市场营销上突出创意和设计,更加注重节能环保,顺应消费者需求。

(五)引导集约发展

依托现有各类文化、创意和设计园区基地,加强规范引导、政策扶持,加强公共技术、资源信息、投资融资、交易展示、人才培养、交流合作等服务能力建设,完善创新创业服务体系,促进各类园区基地提高效益、发挥产业集聚优势。鼓励各地根据资源条件和产业优势,明确发展重点,科学规划建设融合发展集聚区,打造区域性创新中心和成果转化中心。建立区域协调机制与合作平台,加强产业集群内部的有机联系,形成合理分工与协作,构建优势互补、相互促进的区域发展格局。充分发挥各部门职能,组织实施基础性、引导性重大工程和重点项目,提升产业整体素质,增强发展后劲。

(六)加大财税支持

增加文化产业发展专项资金规模,加大对文化创意和设计服务企业支持力度。在体现绿色节能环保导向、增强可操作性的基础上,完善相关税收扶持政策。在文化创意和设计服务领域开展高新技术企业认定管理办法试点,将文化创意和设计服务内容纳入文化产业支撑技术等领域,对经认定为高新技术企业的文化创意和设计服务企业,减按15%的税率征收企业所得税。文化创意和设计服务企业发生的职工教育经费支出,不超过工资薪金总额8%的部分,准予在计算应纳税所得额时扣除。企业发生的符合条件的创意和设计费用,执行税前加计扣除政策。对国家重点鼓励的文化创意和设计服务出口实行营业税免税。落实营业税改增值税试点有关政策,对纳入增值税征收范围的国家重点鼓励的文化创意和设计服务出口实行增值税零税率或免税,对国家重点鼓励的创意和设计产品出口实行增值税零税率。

(七)加强金融服务

建立完善文化创意和设计服务企业无形资产评估体系。支持符合条件的企业上市,鼓励企业发行公司债、企业债、集合信托和集合债、中小企业私募债等非金融企业债务融资工具。支持金融机构选择文化创意和设计服务项目贷款开展信贷资产证券化试点。鼓励银行业金融机构支持文化创意和设计服务小微企业发展。鼓励金融机构创新金融产品和服务,增加适合文化创意和设计服务企业的融资品种,拓展贷款抵(质)押物的范围,完善无形资产和收益权抵(质)押权登记公示制度,探索开展无形资产质押和收益权抵(质)押贷款等业务。建立社会资本投资的风险补偿机制,鼓励各类担保机构提供融资担保和再担保服务。鼓励保险公司加大创新型文化保险产品开发力度,提升保险服务水平,探索设立专业文化产业保险组织机构,促进文化产业保险发展。政府引导,推动设立文化创意和设计服务与相关产业融合发展投资基金。积极引导私募股权投资基金、创业投资基金及各类投资机构投资文化创意和设计服务领域。

（八）优化发展环境

评估清理现有行政审批事项,确需保留的,要精简审批流程,严控审批时限,公开审批标准,提高审批效率。支持以划拨方式取得土地的单位利用存量房产、原有土地兴办文化创意和设计服务,在符合城乡规划前提下土地用途和使用权人可暂不变更,连续经营一年以上,符合划拨用地目录的,可按划拨土地办理用地手续;不符合划拨用地目录的,可采取协议出让方式办理用地手续。广告领域文化事业建设费征收范围严格限定在广告媒介单位和户外广告经营单位,清理其他不合理收费,推动落实文化创意和设计服务企业用水、用电、用气、用热与工业同价。完善城乡规划、建筑设计收费制度,鼓励和推行优质优价。创新政府支持方式,发挥社会组织作用,加强人才队伍建设,资助创业孵化,开展研讨交流等。

四、组织实施

各地区、各部门要按照本意见的要求,根据本地区、本部门、本行业实际情况,切实加强对推进文化创意和设计服务与相关产业融合发展工作的组织领导,编制专项规划或行动计划,制定相关配套文件。要建立工作机制,加强地区间、部门间、行业间的协同联动,确保各项任务措施落到实处。要加强宣传,积极营造全社会支持创新、鼓励创意和设计的良好氛围。加强文化产业振兴方面的立法工作,不断健全相关法律法规和制度。重视完善文化产业统计制度,加强文化创意和设计服务类产业统计、核算和分析。加快发展和规范相关行业协(商、学)会、中介组织,充分发挥行业组织在行业研究、标准制定等方面的作用。发展改革委要会同相关部门对本意见的落实情况进行跟踪分析和监督检查,重大事项及时向国务院报告

国务院 2014 年 2 月 26 日

7. 关于推动新闻出版业数字化转型升级的指导意见 新广出发[2014]52号

各省、自治区、直辖市新闻出版广电局、财政厅(局),各计划单列市新闻出版广电局、财政厅(局),新疆生产建设兵团新闻出版广电局、财务局:

面对数字化与信息化带来的挑战与机遇,传统新闻出版业只有主动开展数字化转型升级,才能实现跨越与发展。开展数字化转型升级是进一步巩固新闻出版业作为文化主阵地主力军地位的客观需要,是抢占未来发展制高点、参与国际竞争的重要途径。经过几年的探索和积累,目前新闻出版业已经具备了实现整体转型升级的思想基础、技术基础、组织基础和工作基础,但还存在资源聚集度不高、行业信息数据体系不健全、技术装备配置水平较低、对新技术与新标准的应用不充分、市场模式不清晰、人才不足等问题。为贯彻党的十八大关于加快文化与科技融合的精神,落实《国家"十二五"时期文化改革发展规划纲要》关于"出版业要推动产业结构调整和升级,加快从主要依赖传统纸介质出版物向多种介质形态出版物的数字出版产业转型"的要求,推动新闻出版业健康快速发展,特制定本意见。

一、总体要求

(一)指导思想

深入贯彻落实党的十八大、十八届三中全会精神,充分发挥市场机制作用,通过政府引导、以企业为主体,加速新闻出版与科技融合,推动传统新闻出版业转型升级,提高新闻出版业在数字时代的生产力、传播力和影响力,为人民群众的知识学习、信息消费提供服务,为国民经济其他领域的产业发展提供知识支撑,更好更多地提供生活性服务与生产性服务,推动新闻出版业成为文化产业的中坚和骨干,为把文化产业打造成国民经济支柱性产业做出积极贡献。

(二)主要目标

通过三年时间,支持一批新闻出版企业、实施一批转型升级项目,带动和加快新闻出版业整体转型升级步伐。基本完成优质、有效内容的高度聚合,盘活出版资源;再造数字出版流程、丰富产品表现形式,提升新闻出版企业的技术应用水平;实现行业信息数据共享,构建数字出版产业链,初步建立起一整套数字化内容生产、传播、服务的标准体系和规范;促进新闻出版业建立全新的服务模式,实现经营模式和服务方式的有效转变。

(三) 基本原则

改革先行、扶优助强、鼓励创新、示范推广。优先扶持已完成出版体制改革、具备一定数字化转型升级工作基础的新闻出版企业,鼓励新闻出版企业在数字化转型升级进程中大胆创新,探索新产品形态、新服务方式、新市场模式,形成示范项目并进行推广。

分步启动、并行实施、迭加推进、市场调节。优先支持已经先行启动转型升级项目的企业,对不同支持方向的转型升级项目并行推进,正确处理政府与市场关系,充分发挥财政资金引导示范作用,培养企业市场风险意识,提高企业市场应对能力。

二、主要任务

(一) 开展数字化转型升级标准化工作

支持企业对《中国出版物在线信息交换(CNONIX)》国家标准开展应用。重点支持图书出版和发行集团。包括:支持企业研制企业级应用标准;采购基于CNONIX标准的数据录入、采集、整理、分析、符合性测试软件工具,开展出版端系统改造与数据规范化采集示范;搭建出版、发行数据交换小型试验系统,实现出版与发行环节的数据交换;开展实体书店、电子商务(网店)、物流各应用角度基于CNONIX标准的数据采集、市场分析、对出版端反馈的应用示范。

支持企业对《多媒体印刷读物(MPR)》国家标准开展应用。重点支持教育、少儿、少数民族语言等出版单位,推动企业从单一产品形态向多媒体、复合出版产品形态,从产品提供向内容服务的数字化转型升级。包括:研制企业级应用标准;部署相应软件系统;完成选题策划、资源采集,研发教材教辅产品、少儿、少数民族文字阅读产品;开展底层技术兼容性研究与应用;建设MPR出版资源数据库;创新产品销售体系,构建从实体店到电子商务的立体销售体系。

支持企业面向数字化转型升级开展企业标准研制。支持出版企业研制企业标准,以及开展国家标准、行业标准的应用研究;支持、鼓励相关技术企业研制基于自主知识产权技术的企业标准;支持以企业标准为基础申报行业标准、国家标准乃至国际标准。

(二)提升数字化转型升级技术装备水平

支持企业采购用于出版资源深度加工的设备及软件系统。以实现出版资源的知识结构化、信息碎片化、呈现精细化为目标,支持企业采购出版资源专业化的深度加工服务;支持部分专业出版单位采购专用的扫描设备、识别软件等资源录入设备及软件。

支持企业采购用于出版业务流程改造、复合出版产品生产与投送的软件及系统。以数字环境下出版业务流程再造、实现出版业务流程完整性为目标,支持采购出版内容资源数字化加工软件、内容资源管理系统、编辑加工系统、产品发布系统等软件及系统;以实现出版产品表现形式完整性为目标,支持采购关联标识符编码嵌入软件、复合出版物生产和投送系统等软件及系统。

支持企业采购版权资产管理工具与系统。以支撑新闻出版企业版权运营多元化为目标,为全面开展版权运营奠定基础,支持采购版权资产管理工具与系统,包括:自有版权资产与外购版权资产数据输入模块,以控制版权资产的规范化输入;授权管理模块,以控制版权资产的规范化输出;版权管理模块和业务支撑管理模块,以记录版权资产状况、控制版权运营策略;与出版企业其他生产业务流程系统进行对接,以实现对版权资产的精细化管理,对存量版权资产的清查和增量版权资产的管控。

(三)加强数字出版人才队伍建设

支持出版企业与高校、研究机构联合开展基础人才培养,开展定向培养。支持、鼓励高校设立专业课程,联合研究机构,培养面向出版企业数字化转型升级的专业人才,定向输送出版与科技专业知识相融合的基础性人才。

支持相关技术企业与高校、研究机构联合开展数字出版业务高级人才培养。支持、鼓励技术企业提供技术支撑,参与高校、研究机构的高级人才培养计划,开展面向出版企业在岗高级数字出版人才的培养。

(四)探索数字化转型升级新模式

支持教育出版转型升级模式探索。重点支持部分以教育出版为主的出版企业开展电子书包应用服务项目。包括:研制电子书包(数字出版教育应用服务)系列标准;以课程标准和完整的教材教辅内容框架为基础,整合内容资源,开发富媒体、网络化数字教材,开展立体化的教育出版内容资源数字化开发,打造数字资源库,为电子书包试验的顺利推进奠定内容基础;构建对教育出版内容的价值评测、质量评测的完整评测系统;研发包括下载与推送、使用统计等功能的教育出版内容资源服务系统;构建包括教学策略服务、过程性评测、个性化内容推送、内容互动服务等教学应用服务支撑体系,并开展入校落地试验;基于用户数据分析技术开展个性化定向投送平台建设(B2C模式),基于集团化学习的出版资源投送平台建设(B2B模式)。

支持专业出版转型升级模式探索。重点支持部分专业出版企业按服务领域划分、联合开展专业数字内容资源知识服务模式探索。包括:开展知识挖掘、语义分析等知识服务领域关键技术的应用,基于专业内容的知识服务标准研制,基于专业出版内容的知识资源数据库建设,基于知识资源数据库的知识服务平台建设。

支持大众出版转型升级模式探索。重点支持出版企业在关注阅读者需求、引导大众阅读方向的模式创新。包括:建设作者资源管理系统,选题热点推荐与评估系统;开展生产与消费互动的定制化服务模式探索,形成线上与线下互动(O2O)的出版内容投送新模式;建设经典阅读、精品阅读产品投送平台。

三、保障措施

(一)加大财政扶持。加大财政对新闻出版业数字化转型升级的支持力度,将新闻出版业数字化转型升级项目作为重大项目纳入中央文化产业发展专项资金扶持范围,分步实施、逐年推进。发挥财政资金杠杆作用,推动重点企业的转型升级工作,引导企业实施转型升级项目。

(二)充分利用新闻出版改革与发展项目库。进一步完善新闻出版改革与发展项目库建设,征集符合本指导意见并具有较强示范带动效应的新闻出版业数字化转型升级项目,加强对重点项目的组织、管理、协调、支持和服务。

(三)加强组织实施。各级新闻出版广电行政部门、财政部门要按照本意见要求,在党委、政府的领导下,结合本地区实际,切实加强新闻出版业数字化转型升级工作的组织领导,同时加强跨地区、跨部门协作,确保各项任务的执行和落实。

国家新闻出版广电总局　财政部 2014 年 4 月 24 日

8.网络出版服务管理规定　国家新闻出版广电总局中华人民共和国工业和信息化部令第 5 号

第一章　总　则

第一条　为了规范网络出版服务秩序,促进网络出版服务业健康有序发展,根据《出版管理条例》《互联网信息服务管理办法》及相关法律法规,制定本规定。

第二条　在中华人民共和国境内从事网络出版服务,适用本规定。

本规定所称网络出版服务,是指通过信息网络向公众提供网络出版物。

本规定所称网络出版物,是指通过信息网络向公众提供的,具有编辑、制作、加工等出版特征的数字化作品,范围主要包括:

(一)文学、艺术、科学等领域内具有知识性、思想性的文字、图片、地图、游戏、动漫、音视频读物等原创数字化作品;

(二)与已出版的图书、报纸、期刊、音像制品、电子出版物等内容相一致的数字化作品;

(三)将上述作品通过选择、编排、汇集等方式形成的网络文献数据库等数字化作品;

(四)国家新闻出版广电总局认定的其他类型的数字化作品。

网络出版服务的具体业务分类另行制定。

第三条　从事网络出版服务,应当遵守宪法和有关法律、法规,坚持为人民服务、为社会主义服务的方向,坚持社会主义先进文化的前进方向,弘扬社会主义核心价值观,传播和积累一切有益于提高民族素质、推动经济发展、促进社会进步的思想道德、科学技术和文化知识,满足人民群众日益增长的精神文化需要。

第四条　国家新闻出版广电总局作为网络出版服务的行业主管部门,负责全国网络出版服务的前置审批和监督管理工作。工业和信息化部作为互联网行业主管部门,依据职责对全国网络出版服务实施相应的监督管理。

地方人民政府各级出版行政主管部门和各省级电信主管部门依据各自职责对本行政区域内网络出版服务及接入服务实施相应的监督管理工作并做好配合工作。

第五条　出版行政主管部门根据已经取得的违法嫌疑证据或者举报,对涉嫌违法从事网络出版服务的行为进行查处时,可以检查与涉嫌违法行为有关的物品和经营场所;对有证据证明是与违法行为有关的物品,可以查封或者扣押。

第六条　国家鼓励图书、音像、电子、报纸、期刊出版单位从事网络出版服务,加快与新媒体的融合发展。

国家鼓励组建网络出版服务行业协会,按照章程,在出版行政主管部门的指导下制定行业自律规范,倡导网络文明,传播健康有益内容,抵制不良有害内容。

第二章　网络出版服务许可

第七条　从事网络出版服务,必须依法经过出版行政主管部门批准,取得《网络出版服务许可证》。

第八条　图书、音像、电子、报纸、期刊出版单位从事网络出版服务,应当具备以下条件:

(一)有确定的从事网络出版业务的网站域名、智能终端应用程序等出版平台;

(二)有确定的网络出版服务范围;

(三)有从事网络出版服务所需的必要的技术设备,相关服务器和存储设备必须存放在中华人民共和国境内。

第九条　其他单位从事网络出版服务,除第八条所列条件外,还应当具备以下条件:

(一)有确定的、不与其他出版单位相重复的、从事网络出版服务主体的名称及章程;

(二)有符合国家规定的法定代表人和主要负责人,法定代表人必须是在境内长久居住的具有完全行为能力的中国公民,法定代表人和主要负责人至少1人应当具有中级以上出版专业技术人员职业资格;

(三)除法定代表人和主要负责人外,有适应网络出版服务范围需要的8

名以上具有国家新闻出版广电总局认可的出版及相关专业技术职业资格的专职编辑出版人员,其中具有中级以上职业资格的人员不得少于3名;

(四)有从事网络出版服务所需的内容审校制度;

(五)有固定的工作场所;

(六)法律、行政法规和国家新闻出版广电总局规定的其他条件。

第十条 中外合资经营、中外合作经营和外资经营的单位不得从事网络出版服务。

网络出版服务单位与境内中外合资经营、中外合作经营、外资经营企业或境外组织及个人进行网络出版服务业务的项目合作,应当事前报国家新闻出版广电总局审批。

第十一条 申请从事网络出版服务,应当向所在地省、自治区、直辖市出版行政主管部门提出申请,经审核同意后,报国家新闻出版广电总局审批。国家新闻出版广电总局应当自受理申请之日起60日内,作出批准或者不予批准的决定。不批准的,应当说明理由。

第十二条 从事网络出版服务的申报材料,应该包括下列内容:

(一)《网络出版服务许可证申请表》;

(二)单位章程及资本来源性质证明;

(三)网络出版服务可行性分析报告,包括资金使用、产品规划、技术条件、设备配备、机构设置、人员配备、市场分析、风险评估、版权保护措施等;

(四)法定代表人和主要负责人的简历、住址、身份证明文件;

(五)编辑出版等相关专业技术人员的国家认可的职业资格证明和主要从业经历及培训证明;

(六)工作场所使用证明;

(七)网站域名注册证明、相关服务器存放在中华人民共和国境内的承诺。

本规定第八条所列单位从事网络出版服务的,仅提交前款(一)、(六)、(七)项规定的材料。

第十三条 设立网络出版服务单位的申请者应自收到批准决定之日起30日内办理注册登记手续:

(一)持批准文件到所在地省、自治区、直辖市出版行政主管部门领取并填写《网络出版服务许可登记表》;

(二)省、自治区、直辖市出版行政主管部门对《网络出版服务许可登记

表》审核无误后,在10日内向申请者发放《网络出版服务许可证》;

(三)《网络出版服务许可登记表》一式三份,由申请者和省、自治区、直辖市出版行政主管部门各存一份,另一份由省、自治区、直辖市出版行政主管部门在15日内报送国家新闻出版广电总局备案。

第十四条 《网络出版服务许可证》有效期为5年。有效期届满,需继续从事网络出版服务活动的,应于有效期届满60日前按本规定第十一条的程序提出申请。出版行政主管部门应当在该许可有效期届满前作出是否准予延续的决定。批准的,换发《网络出版服务许可证》。

第十五条 网络出版服务经批准后,申请者应持批准文件、《网络出版服务许可证》到所在地省、自治区、直辖市电信主管部门办理相关手续。

第十六条 网络出版服务单位变更《网络出版服务许可证》许可登记事项、资本结构,合并或者分立,设立分支机构的,应依据本规定第十一条办理审批手续,并应持批准文件到所在地省、自治区、直辖市电信主管部门办理相关手续。

第十七条 网络出版服务单位中止网络出版服务的,应当向所在地省、自治区、直辖市出版行政主管部门备案,并说明理由和期限;网络出版服务单位中止网络出版服务不得超过180日。

网络出版服务单位终止网络出版服务的,应当自终止网络出版服务之日起30日内,向所在地省、自治区、直辖市出版行政主管部门办理注销手续后到省、自治区、直辖市电信主管部门办理相关手续。省、自治区、直辖市出版行政主管部门将相关信息报国家新闻出版广电总局备案。

第十八条 网络出版服务单位自登记之日起满180日未开展网络出版服务的,由原登记的出版行政主管部门注销登记,并报国家新闻出版广电总局备案。同时,通报相关省、自治区、直辖市电信主管部门。

因不可抗力或者其他正当理由发生上述所列情形的,网络出版服务单位可以向原登记的出版行政主管部门申请延期。

第十九条 网络出版服务单位应当在其网站首页上标明出版行政主管部门核发的《网络出版服务许可证》编号。

互联网相关服务提供者在为网络出版服务单位提供人工干预搜索排名、广告、推广等服务时,应当查验服务对象的《网络出版服务许可证》及业务范围。

第二十条 网络出版服务单位应当按照批准的业务范围从事网络出版

服务,不得超出批准的业务范围从事网络出版服务。

第二十一条　网络出版服务单位不得转借、出租、出卖《网络出版服务许可证》或以任何形式转让网络出版服务许可。

网络出版服务单位允许其他网络信息服务提供者以其名义提供网络出版服务,属于前款所称禁止行为。

第二十二条　网络出版服务单位实行特殊管理股制度,具体办法由国家新闻出版广电总局另行制定。

第三章　网络出版服务管理

第二十三条　网络出版服务单位实行编辑责任制度,保障网络出版物内容合法。

网络出版服务单位实行出版物内容审核责任制度、责任编辑制度、责任校对制度等管理制度,保障网络出版物出版质量。

在网络上出版其他出版单位已在境内合法出版的作品且不改变原出版物内容的,须在网络出版物的相应页面显著标明原出版单位名称以及书号、刊号、网络出版物号或者网址信息。

第二十四条　网络出版物不得含有以下内容:

(一)反对宪法确定的基本原则的;

(二)危害国家统一、主权和领土完整的;

(三)泄露国家秘密、危害国家安全或者损害国家荣誉和利益的;

(四)煽动民族仇恨、民族歧视,破坏民族团结,或者侵害民族风俗、习惯的;

(五)宣扬邪教、迷信的;

(六)散布谣言,扰乱社会秩序,破坏社会稳定的;

(七)宣扬淫秽、色情、赌博、暴力或者教唆犯罪的;

(八)侮辱或者诽谤他人,侵害他人合法权益的;

(九)危害社会公德或者民族优秀文化传统的;

(十)有法律、行政法规和国家规定禁止的其他内容的。

第二十五条　为保护未成年人合法权益,网络出版物不得含有诱发未成年人模仿违反社会公德和违法犯罪行为的内容,不得含有恐怖、残酷等妨害未成年人身心健康的内容,不得含有披露未成年人个人隐私的内容。

第二十六条　网络出版服务单位出版涉及国家安全、社会安定等方面重大选题的内容,应当按照国家新闻出版广电总局有关重大选题备案管理的规定办理备案手续。未经备案的重大选题内容,不得出版。

第二十七条　网络游戏上网出版前,必须向所在地省、自治区、直辖市出版行政主管部门提出申请,经审核同意后,报国家新闻出版广电总局审批。

第二十八条　网络出版物的内容不真实或不公正,致使公民、法人或者其他组织合法权益受到侵害的,相关网络出版服务单位应当停止侵权,公开更正,消除影响,并依法承担其他民事责任。

第二十九条　国家对网络出版物实行标识管理,具体办法由国家新闻出版广电总局另行制定。

第三十条　网络出版物必须符合国家的有关规定和标准要求,保证出版物质量。

网络出版物使用语言文字,必须符合国家法律规定和有关标准规范。

第三十一条　网络出版服务单位应当按照国家有关规定或技术标准,配备应用必要的设备和系统,建立健全各项管理制度,保障信息安全、内容合法,并为出版行政主管部门依法履行监督管理职责提供技术支持。

第三十二条　网络出版服务单位在网络上提供境外出版物,应当取得著作权合法授权。其中,出版境外著作权人授权的网络游戏,须按本规定第二十七条办理审批手续。

第三十三条　网络出版服务单位发现其出版的网络出版物含有本规定第二十四条、第二十五条所列内容的,应当立即删除,保存有关记录,并向所在地县级以上出版行政主管部门报告。

第三十四条　网络出版服务单位应记录所出版作品的内容及其时间、网址或者域名,记录应当保存60日,并在国家有关部门依法查询时,予以提供。

第三十五条　网络出版服务单位须遵守国家统计规定,依法向出版行政主管部门报送统计资料。

第四章　监督管理

第三十六条　网络出版服务的监督管理实行属地管理原则。

各地出版行政主管部门应当加强对本行政区域内的网络出版服务单位及其出版活动的日常监督管理,履行下列职责:

（一）对网络出版服务单位进行行业监管，对网络出版服务单位违反本规定的情况进行查处并报告上级出版行政主管部门；

（二）对网络出版服务进行监管，对违反本规定的行为进行查处并报告上级出版行政主管部门；

（三）对网络出版物内容和质量进行监管，定期组织内容审读和质量检查，并将结果向上级出版行政主管部门报告；

（四）对网络出版从业人员进行管理，定期组织岗位、业务培训和考核；

（五）配合上级出版行政主管部门、协调相关部门、指导下级出版行政主管部门开展工作。

第三十七条　出版行政主管部门应当加强监管队伍和机构建设，采取必要的技术手段对网络出版服务进行管理。出版行政主管部门依法履行监督检查等执法职责时，网络出版服务单位应当予以配合，不得拒绝、阻挠。

各省、自治区、直辖市出版行政主管部门应当定期将本行政区域内的网络出版服务监督管理情况向国家新闻出版广电总局提交书面报告。

第三十八条　网络出版服务单位实行年度核验制度，年度核验每年进行一次。省、自治区、直辖市出版行政主管部门负责对本行政区域内的网络出版服务单位实施年度核验并将有关情况报国家新闻出版广电总局备案。年度核验内容包括网络出版服务单位的设立条件、登记项目、出版经营情况、出版质量、遵守法律规范、内部管理情况等。

第三十九条　年度核验按照以下程序进行：

（一）网络出版服务单位提交年度自检报告，内容包括：本年度政策法律执行情况，奖惩情况，网站出版、管理、运营绩效情况，网络出版物目录，对年度核验期内的违法违规行为的整改情况，编辑出版人员培训管理情况等；并填写由国家新闻出版广电总局统一印制的《网络出版服务年度核验登记表》，与年度自检报告一并报所在地省、自治区、直辖市出版行政主管部门；

（二）省、自治区、直辖市出版行政主管部门对本行政区域内的网络出版服务单位的设立条件、登记项目、开展业务及执行法规等情况进行全面审核，并在收到网络出版服务单位的年度自检报告和《网络出版服务年度核验登记表》等年度核验材料的45日内完成全面审核查验工作。对符合年度核验要求的网络出版服务单位予以登记，并在其《网络出版服务许可证》上加盖年度核验章；

（三）省、自治区、直辖市出版行政主管部门应于完成全面审核查验工作的15日内将年度核验情况及有关书面材料报国家新闻出版广电总局备案。

第四十条 有下列情形之一的,暂缓年度核验:

(一)正在停业整顿的;

(二)违反出版法规规章,应予处罚的;

(三)未按要求执行出版行政主管部门相关管理规定的;

(四)内部管理混乱,无正当理由未开展实质性网络出版服务活动的;

(五)存在侵犯著作权等其他违法嫌疑需要进一步核查的。

暂缓年度核验的期限由省、自治区、直辖市出版行政主管部门确定,报国家新闻出版广电总局备案,最长不得超过180日。暂缓年度核验期间,须停止网络出版服务。

暂缓核验期满,按本规定重新办理年度核验手续。

第四十一条 已经不具备本规定第八条、第九条规定条件的,责令限期改正;逾期仍未改正的,不予通过年度核验,由国家新闻出版广电总局撤销《网络出版服务许可证》,所在地省、自治区、直辖市出版行政主管部门注销登记,并通知当地电信主管部门依法处理。

第四十二条 省、自治区、直辖市出版行政主管部门可根据实际情况,对本行政区域内的年度核验事项进行调整,相关情况报国家新闻出版广电总局备案。

第四十三条 省、自治区、直辖市出版行政主管部门可以向社会公布年度核验结果。

第四十四条 从事网络出版服务的编辑出版等相关专业技术人员及其负责人应当符合国家关于编辑出版等相关专业技术人员职业资格管理的有关规定。

网络出版服务单位的法定代表人或主要负责人应按照有关规定参加出版行政主管部门组织的岗位培训,并取得国家新闻出版广电总局统一印制的《岗位培训合格证书》。未按规定参加岗位培训或培训后未取得《岗位培训合格证书》的,不得继续担任法定代表人或主要负责人。

第五章　保障与奖励

第四十五条 国家制定有关政策,保障、促进网络出版服务业的发展与繁荣。鼓励宣传科学真理、传播先进文化、倡导科学精神、塑造美好心灵、弘扬社会正气等有助于形成先进网络文化的网络出版服务,推动健康文化、优秀文化产品的数字化、网络化传播。

网络出版服务单位依法从事网络出版服务,任何组织和个人不得干扰、阻止和破坏。

第四十六条　国家支持、鼓励下列优秀的、重点的网络出版物的出版:

(一)对阐述、传播宪法确定的基本原则有重大作用的;

(二)对弘扬社会主义核心价值观,进行爱国主义、集体主义、社会主义和民族团结教育以及弘扬社会公德、职业道德、家庭美德、个人品德有重要意义的;

(三)对弘扬民族优秀文化,促进国际文化交流有重大作用的;

(四)具有自主知识产权和优秀文化内涵的;

(五)对推进文化创新,及时反映国内外新的科学文化成果有重大贡献的;

(六)对促进公共文化服务有重大作用的;

(七)专门以未成年人为对象、内容健康的或者其他有利于未成年人健康成长的;

(八)其他具有重要思想价值、科学价值或者文化艺术价值的。

第四十七条　对为发展、繁荣网络出版服务业作出重要贡献的单位和个人,按照国家有关规定给予奖励。

第四十八条　国家保护网络出版物著作权人的合法权益。网络出版服务单位应当遵守《中华人民共和国著作权法》、《信息网络传播权保护条例》、《计算机软件保护条例》等著作权法律法规。

第四十九条　对非法干扰、阻止和破坏网络出版物出版的行为,出版行政主管部门及其他有关部门,应当及时采取措施,予以制止。

第六章　法律责任

第五十条　网络出版服务单位违反本规定的,出版行政主管部门可以采取下列行政措施:

(一)下达警示通知书;

(二)通报批评、责令改正;

(三)责令公开检讨;

(四)责令删除违法内容。

警示通知书由国家新闻出版广电总局制定统一格式,由出版行政主管部门下达给相关网络出版服务单位。

本条所列的行政措施可以并用。

第五十一条　未经批准,擅自从事网络出版服务,或者擅自上网出版网络游戏(含境外著作权人授权的网络游戏),根据《出版管理条例》第六十一条、《互联网信息服务管理办法》第十九条的规定,由出版行政主管部门、工商行政管理部门依照法定职权予以取缔,并由所在地省级电信主管部门依据有关部门的通知,按照《互联网信息服务管理办法》第十九条的规定给予责令关闭网站等处罚;已经触犯刑法的,依法追究刑事责任;尚不够刑事处罚的,删除全部相关网络出版物,没收违法所得和从事违法出版活动的主要设备、专用工具,违法经营额1万元以上的,并处违法经营额5倍以上10倍以下的罚款;违法经营额不足1万元的,可以处5万元以下的罚款;侵犯他人合法权益的,依法承担民事责任。

第五十二条　出版、传播含有本规定第二十四条、第二十五条禁止内容的网络出版物的,根据《出版管理条例》第六十二条、《互联网信息服务管理办法》第二十条的规定,由出版行政主管部门责令删除相关内容并限期改正,没收违法所得,违法经营额1万元以上的,并处违法经营额5倍以上10倍以下罚款;违法经营额不足1万元的,可以处5万元以下罚款;情节严重的,责令限期停业整顿或者由国家新闻出版广电总局吊销《网络出版服务许可证》,由电信主管部门依据出版行政主管部门的通知吊销其电信业务经营许可或者责令关闭网站;构成犯罪的,依法追究刑事责任。

为从事本条第一款行为的网络出版服务单位提供人工干预搜索排名、广告、推广等相关服务的,由出版行政主管部门责令其停止提供相关服务。

第五十三条　违反本规定第二十一条的,根据《出版管理条例》第六十六条的规定,由出版行政主管部门责令停止违法行为,给予警告,没收违法所得,违法经营额1万元以上的,并处违法经营额5倍以上10倍以下的罚款;违法经营额不足1万元的,可以处5万元以下的罚款;情节严重的,责令限期停业整顿或者由国家新闻出版广电总局吊销《网络出版服务许可证》。

第五十四条　有下列行为之一的,根据《出版管理条例》第六十七条的规定,由出版行政主管部门责令改正,给予警告;情节严重的,责令限期停业整顿或者由国家新闻出版广电总局吊销《网络出版服务许可证》:

(一)网络出版服务单位变更《网络出版服务许可证》登记事项、资本结构,超出批准的服务范围从事网络出版服务,合并或者分立,设立分支机构,

未依据本规定办理审批手续的;

(二)网络出版服务单位未按规定出版涉及重大选题出版物的;

(三)网络出版服务单位擅自中止网络出版服务超过180日的;

(四)网络出版物质量不符合有关规定和标准的。

第五十五条 违反本规定第三十四条的,根据《互联网信息服务管理办法》第二十一条的规定,由省级电信主管部门责令改正;情节严重的,责令停业整顿或者暂时关闭网站。

第五十六条 网络出版服务单位未依法向出版行政主管部门报送统计资料的,依据《新闻出版统计管理办法》处罚。

第五十七条 网络出版服务单位违反本规定第二章规定,以欺骗或者贿赂等不正当手段取得许可的,由国家新闻出版广电总局撤销其相应许可。

第五十八条 有下列行为之一的,由出版行政主管部门责令改正,予以警告,并处3万元以下罚款:

(一)违反本规定第十条,擅自与境内外中外合资经营、中外合作经营和外资经营的企业进行涉及网络出版服务业务的合作的;

(二)违反本规定第十九条,未标明有关许可信息或者未核验有关网站的《网络出版服务许可证》的;

(三)违反本规定第二十三条,未按规定实行编辑责任制度等管理制度的;

(四)违反本规定第三十一条,未按规定或标准配备应用有关系统、设备或未健全有关管理制度的;

(五)未按本规定要求参加年度核验的;

(六)违反本规定第四十四条,网络出版服务单位的法定代表人或主要负责人未取得《岗位培训合格证书》的;

(七)违反出版行政主管部门关于网络出版其他管理规定的。

第五十九条 网络出版服务单位违反本规定被处以吊销许可证行政处罚的,其法定代表人或者主要负责人自许可证被吊销之日起10年内不得担任网络出版服务单位的法定代表人或者主要负责人。

从事网络出版服务的编辑出版等相关专业技术人员及其负责人违反本规定,情节严重的,由原发证机关吊销其资格证书。

第七章　附　则

第六十条　本规定所称出版物内容审核责任制度、责任编辑制度、责任校对制度等管理制度,参照《图书质量保障体系》的有关规定执行。

第六十一条　本规定自 2016 年 3 月 10 日起施行。原国家新闻出版总署、信息产业部 2002 年 6 月 27 日颁布的《互联网出版管理暂行规定》同时废止。

参考文献

期刊

1. 黄先蓉、赵礼寿、刘玲武:《数字技术环境下的出版产业政策调整——基于2000年–2010年数字出版的政策分析》,《编辑之友》2011年第7期。
2. 莫远明:《国家数字出版基地的政策演进与发展态势分析》,《出版广角》2012年第8期。
3. 崔景华、李浩研:《韩日数字出版产业发展现状及扶持政策》,《出版发行研究》2012年第10期。
4. 杨贵山:《日本出版政策演变述略》,《中国出版》1993年第9期。
5. 金菊贤:《韩国教科书出版政策与环境》,《出版发行研究》1993年第3期。
6. 李汗:《出版政策是编辑工作的生命线》,《出版发行研究》1992年第4期。
7. 杨贵山:《加拿大的出版政策》,《科技与出版》1995年第3期。
8. 唐子畏:《读者购书动机与出版政策导向》,《编辑学刊》1990年第7期。
9. 修真:《三部有关新闻出版政策法规知识的书 中宣部、新闻出版署通知组织征订和学习》,《出版参考》1995年第3期。
10. 钱明辉、林法纲:《信息资源产业的融资结构及政策优化——以数字出版行业为例》,《国家行政学院学报》2012年第2期。
11. 陈玉、甄红军:《消弭数字鸿沟:数字出版的均衡发展及公共教育政策》,《编辑之友》2010年第9期。
12. 强琛:《简论宋代出版政策的双重倾向》,《长江大学学报(社会科学版)》2012年第12期。
13. 黄先蓉、赵礼寿、甘慧君:《数字技术环境下出版产业政策需求研究》,《出版发行研究》2011年第7期。
14. 周正兵:《我国出版产业政策演变及其趋势——兼及对出版产业"十二五"规划的建议》,《中国出版》2010年第11期。
15. 魏彬:《我国数字出版产业政府管制探析》,《出版科学》2010年第1期。

16. 张静:《我国科技出版产业政策研究》,《科技情报开发与经济》2008年第7期。
17. 朱明春:《我国产业政策的回顾与展望——"七五"以来产业政策分析》,《经济研究参考》1992年第Z4期。
18. 施勇勤:《数字出版:文化逻辑与产业规制——以媒介融合为视角》,《出版科学》2012年第2期。
19. 李文海:《我国数字出版的政府规制研究》,《中国出版》2012年第10期。
20. 陈邦武:《政府与市场在数字出版中的为与不为——试论数字出版产业链建设》,《出版发行研究》2010年第4期。
21. 周蔚华:《通过加快改革解决我国数字出版转型中的制约因素》,《出版发行研究》2010年第12期。
22. 耿相新:《中国出版产业政策的转向与展望》,《出版广角》2010年第4期。
23. 张大伟:《技术进步与制度惯性:对中国数字出版产业发展的一种思考》,《东岳论丛》2009年第11期。
24. 黄健:《政府在数字出版产业发展中的政策和策略》,《出版营销》2009年第7期。
25. 黄先蓉、刘菡:《传统出版业数字化转型的政策需求与制度、模式创新》,《中国编辑》2011年第1期。
26. 莫远明:《国家数字出版基地的运行实践及其走向》,《新闻研究导刊》2012年第11期。
27. 魏巍:《关于我国网络出版产业政府宏观管理政策问题的思考》,《经济研究导刊》2011年第2期。
28. 刘晓丹:《我国数字出版产业调控政策探析》,《魅力中国》2011年第12期。
29. 黄先蓉、赵礼寿、阮静:《出版产业政策的价值取向与原则的制定》,《中国出版》2011年第11期。
30. 陈喆、王媛媛:《广东数字出版产业发展战略》,《中国出版》2011年第06下期。
31. 王颖:《中国文化产业发展战略研究综述文》,《经济论坛》2009年第1期。
32. 李力、杨柳:《作为政策分析工具的动态随机一般均衡模型》,《湖北社会科学》2012年第3期。
33. 闫进进:《浅析政治学理论模型在公共政策分析中的应用》,《法制与社会》2008 年第 21 期。

34. 黄卫来:《CGE 模型理论、方法及其在产业政策分析中的应用研究》,《系统工程》1999 年第 5 期。

35. 朱永坤:《国外政策分析模型对提升教育政策公平性的意义》,《全球教育展望》2009 年第 9 期。

36. 柳斌杰:《加强研究当前我国传媒业重大理论问题》,《现代出版》2010 年第 9 期。

37. 柳斌杰:《加快传统出版与数字出版的融合发展》,《现代出版》2011 年第 4 期。

38. 柳斌杰:《文化产业的经济价值及其他》,《中国编辑》2006 年第 3 期。

39. 阎晓宏:《诚信是出版发行业健康发展的基础》,《现代出版》2011 年第 1 期。

40. 聂震宁:《加快出版产业发展方式的转变:必要性、紧迫性与着力点》,《现代出版》2011 年第 2 期。

41. 袁军:《大众传播时代"媒介环境"的负面功能》,《新闻记者》2010 年第 5 期。

42. 蔡翔:《理性看待数字出版》,《现代出版》2010 年第 11 期。

43. 郝振省:《"出版文化理性"问题应该予足够重视》,《出版参考》2010 年第 7 期。

44. 郭栋、刘海贵:《文化"走出去工程"的政策体系局限与优化思路——"我国文化走出去工程政策研究"专题研讨会综述》,《新闻大学》2012 年第 5 期。

45. 朱春阳:《我国影视产业"走出去工程"10 年的绩效反思》,《新闻大学》2012 年第 2 期。

46. 汤雪梅:《2011-2012 年中国数字出版发展述评》,《编辑之友》2012 年第 6 期。

47. 程晓龙:《2012:真实与幻象之中国数字出版脉络》,《出版广角》2013 年第 1 期。

48. Octavio Kulesz.Digital Publishing in Developing Countries:The Emergence of New Models[J].*Pub Res Q*(2011)27:311 – 320.DOI 10.1007/s12109-011-9241-4.

49. Guy Whitehouse.Developments and Tensions in the UK and US Audiobooks

Market[J]. *Pub Res Q* (2010) 26:176 – 182. DOI 10.1007/s12109-010-9165-4.

50. Bodour Al Qasimi. Digital Publishing and its Impact on the Publishing Industry in the Arab World[J]. *Pub Res Q* (2011) 27:338 – 344. DOI 10.1007/s12109-011-9236-1.

51. 伊元甲:《保罗·萨巴蒂尔.政策过程理论》,《公共管理评论》2004 年第 4 期。

52. 黄悦胜:《高科技产业政策研究述评》,《南方经济》2002 年第 10 期。

53. 姜睿、苏丹:《东道国产业结构政策的新制度经济学分析性》,《商业研究》2006 年第 15 期。

54. 汪明峰:《文化产业政策与城市发展:欧洲的经验与启示》,《城市发展研究》2001 年第 4 期。

55. 贾旭东:《文化产业金融政策研究》,《福建论坛(人文社会科学版)》2010 年第 6 期。

56. Potts J. and Cunningham S. Four Models of the Creative Industries[J]. *International Journal of Cultural Policy*. 14(3).

57. 娄孝钦:《我国文化产业政策研究现状与存在的问题》,《成都行政学院学报》2010 年第 2 期。

58. 赖茂生:《从电子出版到数字出版》,《中国电子出版》2000 年第 2 期。

59. 赵玉山:《出版业的数字化趋势与应对策略》,《科技与出版》2002 年第 6 期。

60. 张立:《数字出版相关概念的比较分析》,《中国出版》2006 年第 12 期。

61. 阎晓宏:《关于出版、数字出版和版权》,《现代出版》2013 年第 3 期。

62. 费钟琳、魏巍:《扶持战略性新兴产业的政府政策——基于产业生命周期的考量》,《科技进步与对策》2013 年第 2 期。

63. 周高辉:《改革开放后中国技术创新政策的演化分析》,《经济论坛》2011 年第 11 期。

64. 连燕华:《技术创新政策的分析框架》,《科学管理研究》1999 年第 6 期。

65. 张雅娴、苏竣:《技术创新政策工具及其在我国软件产业中的应用》,《科研管理》2001 年第 4 期。

66. 孔建华:《我国重大文化产业项目带动战略的现状评价及规划建议》,《新视野》2010 年第 4 期。

67. 姜占峰:《数字出版类财政资金项目申请探析》,《科技与出版》2013 年第 6 期。
68. 杨京钟:《我国新闻出版产业发展的财政政策激励》,《现代出版》2013 年第 4 期。
69. 王庚梅:《当前新闻出版业存在的主要问题及发展对策》,《产业与科技论坛》2009 年第 8 期。
70. 彭春燕:《完善需求面创新政策 扩大科技创新的市场需求——OECD 需求面创新政策报告对我国的启示》,《科技创新与生产力》2013 年第 5 期。
71. 常静:《完善新时期创新政策体系》,《科技管理研究》2012 年第 22 期。
72. 本刊记者:《数字化时代的书业状况——访加拿大莫赛克出版社社长霍华德阿斯特先生》,《编辑之友》2012 年第 11 期。
73. 肖东发、张文彦、于文、李武:《借鉴国外出版创新经验,提升我国文化软实力(三)——日本出版创新与文化软实力》,《编辑学刊》2012 年第 4 期。
74. 魏玉山:《英国数字出版业观察》,《出版参考》2012 年第 20 期。
75. 吴琦、苏蕾:《方兴未艾的英国数字出版业》,《编辑之友》2012 年第 8 期。
76. 沈明:《中外数字图书发展现状及定价机制比照》,《出版广角》2013 年第 13 期。
77. 陈玉凤、黄先蓉:《韩国数字出版法律制度的现状与趋势》,《出版科学》2013 年第 1 期。
78. 郝婷、黄先蓉:《德国数字出版法律制度的现状与趋势》,《出版科学》2013 年第 1 期。
79. 罗紫初:《中外出版业经济政策比较》,《大学出版》2004 年第 1 期。
80. 游翔:《美国出版业发展演变及其启示》,《出版发行研究》2011 年第 12 期。
81. 张凤合:《公共政策价值取向中的政策空间》,《南京社会科学》2005 年第 5 期。
82. 季芳芳、于文:《英国版权制度改革对我国数字出版的启示》,《编辑学刊》2013 年第 2 期。

著作

1. 欧阳坚:《文化产业政策与文化产业发展》,中国经济出版社 2011 年版。
2. 张新华:《转型期中国出版业制度分析》,中国传媒大学出版社 2010 年版。

3. 周蔚华:《数字传播与出版转型》,北京大学出版社 2011 年版。
4. 胡惠林:《我国文化产业政策文献研究综述 1999—2009》,上海人民出版社 2010 年版。
5. 胡惠林主编:《我国文化产业发展战略理论文献研究综述》,上海人民出版社 2010 年版。
6. 黄孝章、张志林、陈丹:《数字出版产业发展研究》,知识产权出版社 2011 年版。
7. 〔美〕约翰·A.皮尔斯二世、小理查德·B.鲁滨逊著:《战略管理——制定、实施和控制(第 8 版)》,王丹、高玉环、史剑新译,中国人民大学出版社 2005 年版。
8. 〔美〕G.J.施蒂格勒:《产业组织与政府管制》,潘振民译,上海人民出版社 1996 年版。
9. 〔美〕F.M.谢勒:《产业结构、战略与公共政策》,张东辉译,经济科学出版社 2010 年版。
10. 〔德〕柯武刚、史漫飞:《制度经济学》,韩朝华译,商务印书馆 2000 年版。
11. 柳斌杰:《中国版权产业的经济贡献度》,中国书籍出版社 2010 年版。
12. 阎晓宏等:《文化探索与体制创新》,中国传媒大学出版社 2005 年版。
13. 蔡翔:《大学出版发展战略研究》,中国传媒大学出版社 2008 年版。
14. 聂震宁:《我们的出版文化观》,中国书籍出版社 2008 年版。
15. 郝振省:《跨媒体出版调查与测试报告》,中国书籍出版社 2009 年版。
16. 祁述裕:《中国文化政策研究报告》,社会科学文献出版社 2011 年版。
17. 张京成、沈晓平、张彦军:《中外文化创意产业政策研究》,科学出版社 2013 年版。
18. 〔英〕吉姆·麦奎根(Jim McGuigan)著:《重新思考文化政策》,何道宽译,中国人民大学出版社 2010 年版。
19. 孙洪军:《日本出版产业论》,中国传媒大学出版社 2009 年版。
20. 周蔚华:《出版产业研究》,中国人民大学出版社 2005 年版。
21. 朱建纲、朱尔茜:《"十二五"时期新闻出版产业政策研究》,人民出版社 2013 年版。
22. 曲振涛、杨恺钧:《规制经济学》,复旦大学出版社 2006 年版。
23. 李思屈等:《中国文化产业政策研究》,浙江大学出版社 2012 年版。
24. 李治堂、张志成:《中国出版业创新与发展》,印刷工业出版社 2009 年版。

25.陈昕:《中国图书出版产业增长方式转变研究》,广西师范大学出版社 2008 年版。

26.黄升民、周艳、赵子忠:《数字传播技术与传媒产业发展研究》,经济科学出版社 2012 年版。

27.张泽一著:《产业政策与产业竞争力研究》,冶金工业出版社 2009 年版。

28.陈杰、闵锐武编:《文化产业政策与法规》,中国海洋大学出版社 2006 年版。

29.周睿睿:《文化是我们的力量——由德国文化政策所看到的》,《中德学志》第 3 期,陈洪捷主编,北京大学出版社 2012 年版。

30.〔英〕尼克·史蒂文森著:《文化公民身份全球一体的问题》,王晓燕、王丽娜译,北京大学出版社 2011 年版。

31.王海东:《探索全球性的人类文化生成——日本学者川崎贤一对发达国家文化政策的分析》,王世伟、荣跃明主编,《国外社会科学前沿 2011》(第 15 辑),上海人民出版社 2012 年版。

32.朱仲南主编:《出版新跨越:广东数字出版的生存之道与发展战略》,广东人民出版社 2008 年版。

33.杨海军、王成主编:《传媒经济学》,高等教育出版社 2008 年版。

34.吴江江等编:《中国出版业的发展与经济政策研究》,湖北人民出版社 1994 年版。

35.祁述裕主编:《中国文化产业国际竞争力报告》,社会科学文献出版社 2004 年版。

36. H. D. Lasswell and A. Kaplan. *Power and Society*. N. Y: McGraw Hill Book Co.1963.

37. Throsby D. *Modeling the Cultural Industries*. International Journal of Cultural Policy. Vol.14 NO.3. August 2008.

38. Michael Ridge Damien O' Flaherty Amy Caldwell-Nichols Richard Bradley Catherine Howell. *A Framework for Evaluating Cultural Policy Investment*. Frontier Economics 2007 A REPORT PREPARED FOR DCMS.

39.金冠军、郑涵、孙绍谊:《国际传媒政策新视野》,上海三联书店 2005 年版。

40.孙绍谊、郑涵:《新媒体与文化转型》,上海三联书店 2013 年版。

41.〔美〕劳伦斯·纽曼著:《社会研究方法——定性和定量的取向第五版》,郝大海译,中国人民大学出版社 2009 年版。

42. 娄伟:《情景分析理论与方法》,社会科学文献出版社 2012 年版。
43. 〔英〕约翰·B.汤普森著:《数字时代的图书》,张志强等译,译林出版社 2014 年版。
44. 〔英〕阿格拉:《欧洲共同体经济学》,戴炳然等译,上海译文出版社 1985 年版。
45. 〔日〕下河边淳、管家茂:《现代日本经济事典》,中国社会科学出版社 1982 年版。
46. 陈振明:《政治学前沿》,福建人民出版社 2000 年版。
47. 〔加〕文森特·莫斯可:《传播政治经济学》,胡正荣译,华夏出版社 2000 年版。
48. 刘晓红:《西方传播政治经济学研究》,世纪出版集团上海出版社 2007 年版。
49. 金冠军、孙绍谊、郑涵主编:《亚洲传媒发展的结构转型》,上海三联书店 2009 年版。
50. 张晓明:《拓荒者的足迹——中国文化产业改革发展十年路径与政策回顾》,社会科学文献出版社 2013 年版。
51. 柳斌杰:《论文化体制改革》,人民出版社 2013 年版。
52. 刘小玄:《中国转轨过程中的产权和市场——关于市场、产权、行为和绩效的分析》,上海三联书店、上海人民出版社 2003 年版。
53. 蔡翔、陆颖:《我们出版的方向——深化出版体制改革问题研究》,中国传媒大学出版社 2014 年版。
54. 黄先蓉编著:《出版法律基础》,武汉大学出版社 2013 年版。
55. 〔美〕霍华德·裘伯主编:《传媒政策与实务》,昝廷全等译,中国传媒大学出版社 2006 年版。
56. 〔英〕G.M.彼得·斯旺:《创新经济学》,韦倩译,格致出版社、上海人民出版社 2013 年版。
57. Rüdiger Wischenbart. *Global ebook: A report on market trends and developments fall* 2013.
58. 陈丹:《数字出版产业创新模式研究》,科学技术文献出版社 2012 年版。

报纸

1. 柳斌杰:《加快新闻出版业发展方式转变时当务之急》,《中国新闻出版报》2010年3月2日。
2. 阎晓宏:《我国将大力实施数字出版战略》,《中国新闻出版报》2007年7月17日。
3. 郭朝飞:《政策利好 数字出版驶入快车道》,《中国经济时报》2012年2月23日。
4. 姚轩杰:《数字出版扶持政策下半年或密集出台》,《中国证券报》2012年7月20日。
5. 余传诗:《上海出台数字出版产业政策》,《中华读书报》2011年4月27日。
6. 王振华:《中国改革报》,2009年12月17日(004)。
7. 程晓龙:《"转型示范"提速数字出版产业发展》,《中国新闻出版报》2013年10月25日。

硕博论文

1. 毕紫薇:《政府公共政策绩效评价需求:动因、测量及影响因素》,华南理工大学硕士论文2010年。
2. 刘娜:《南京国民政府出版政策研究》,山东师范大学硕士论文2006年。
3. 李川:《我国创意产业政策有效性的评价研究》,电子科技大学博士论文2009年。
4. 何跃鹰:《互联网规制》,北京邮电大学博士论文2012年。
5. 宋洪鹏:《基于演化博弈理论的产业政策分析模型研究》,天津理工大学硕士论文2011年。
6. 刘晓丹:《我国数字出版产业政策研究》,郑州大学硕士论文2011年。
7. 谢国敏:《我国数字出版法律问题研究——以数字版权交易为视角》,中国政法大学硕士论文2012年。
8. 李连英:《首都出版产业政策研究》,北京印刷学院硕士论文2007年。
9. 李频:《1978年以来中国省域出版体制变迁研究》,中国传媒大学博士论文2009年。
10. 周格非:《基于内容分析法的中国数字内容产业政策研究》,北京大学硕士论文2012年。

11. 肖洋:《我国数字出版产业发展战略研究——基于产业结构、区域、阶段的视角》,南京大学博士论文 2013 年。
12. 郭燕燕:《中外公共文化产业政策模式比较研究》,清华大学硕士论文 2009 年。
13. 李艳:《中美网络版权保护比较研究》,华东政法大学硕士论文 2006 年。

会议论文

1. 张立:《数字出版产业规模、态势及政策法规研究》,《2008 年第四届中国科技期刊发展论坛论文集》,2008 年 10 月 1 日。
2. 刘凌轩、毕军、袁增伟:《我国废纸回收利用系统的成本—收益模型与政策分析》,第二届全国循环经济与生态工业学术研讨会。

图书在版编目(CIP)数据

中国数字出版产业政策研究/侯欣洁著. —北京:中国传媒大学出版社,2016.12

(中国出版产业发展研究丛书/蔡翔总主编)
ISBN 978-7-5657-1600-3

Ⅰ.①我… Ⅱ.①侯… Ⅲ.①电子出版物-产业政策-研究-中国 Ⅳ.①G237.6-012

中国版本图书馆 CIP 数据核字（2016）第 017703 号

中国数字出版产业政策研究
ZHONGGUO SHUZI CHUBAN CHANYE ZHENGCE YANJIU

著　　者	侯欣洁
责任编辑	赵丽华　唐　颖
封面制作	泰博瑞国际文化传媒
责任印制	曹　辉
出版发行	中国传媒大学出版社
社　　址	北京市朝阳区定福庄东街 1 号　邮编:100024
电　　话	86-10-65450528　65450532　传真:65779405
网　　址	http://www.cucp.com.cn
经　　销	全国新华书店
印　　刷	北京艺堂印刷有限公司
开　　本	710mm×1000mm　1/16
印　　张	15.25
字　　数	250 千字
版　　次	2016 年 12 月第 1 版　2016 年 12 月第 1 次印刷
书　　号	ISBN 978-7-5657-1600-3/G·1600　定价 52.00 元

版权所有　翻印必究　印装错误　负责调换